Iniciação

A experiência de uma mulher com a espiritualidade inca

Outras obras publicadas pela Nova Era:

As novas profecias de Nostradamus – Jean-Charles de Fontbrune
As profecias de Saint Germain para a Era de Aquário – Elizabeth Clare Prophet
As profecias de Saint Germain para o Novo Milênio – Elizabeth Clare Prophet
As profecias maias – Adrian Gilbert e Maurice Cotterell
Nostradamus: As profecias do futuro – A. Gallotti
O calendário maia – Diana de Assis
Os passos do peregrino – Chamalu
Profecias e revelações sobre o fim dos tempos – José Mauro de Araújo Machado

Elizabeth B. Jenkins

Iniciação

A experiência de uma mulher
com a espiritualidade inca

Tradução de
ENEAS GUERRIERO

Rio de Janeiro
2000

CIP-Brasil. Catalogação-na-fonte
Sindicato Nacional dos Editores de Livros, RJ.

J51i
    Jenkins, Elizabeth B.
       Iniciação: a experiência de uma mulher com a
espiritualidade inca / Elizabeth B. Jenkins; tradução de
Eneas Guerriero – Rio de Janeiro: Record: Nova Era, 2000.

    Tradução de: Initiation
    ISBN 85-01-05367-8

       1. Jenkins, Elizabeth B. 2. Incas – Religião e
mitologia. 3. Mulheres e religião. I. Título.

00-0021
    CDD – 299.8
    CDU – 299.8

Título original norte-americano
INITIATION

Copyright ©1997 by Elizabeth B. Jenkins

Publicado inicialmente por G. P. Putnam, The Putnam Berkley Group,
Nova York. Todos os direitos reservados.

Publicado mediante acordo com Linda Michael Limited,
Internatioanal Literary Agents.

Nota da edição norte-americana: Os termos em Quechua utilizados na
edição original foram extraídos do dicionário de Quechua publicado em
1996 pela Higher Academy of the Quechua Language, Cuzco, Peru.

Todos os direitos reservados. Proibida a reprodução no todo ou em
parte, sem autorização prévia por escrito da editora, sejam quais forem
os meios empregados.

Direitos exclusivos de publicação em língua portuguesa para o Brasil
adquiridos pela
DISTRIBUIDORA RECORD DE SERVIÇOS DE IMPRENSA S.A.
Rua Argentina 171 – Rio de Janeiro, RJ – 20921-380 – Tel.: 585-2000
que se reserva a propriedade literária desta tradução

Impresso no Brasil

ISBN 85-01-05367-8

PEDIDOS PELO REEMBOLSO POSTAL
Caixa Postal 23.052
Rio de Janeiro, RJ – 20922-970

EDITORA AFILIADA

Agradecimentos

Em primeiro lugar, gostaria de agradecer à minha mãe e ao meu pai, que me deram este corpo; a meus irmãos, que me ajudaram a ser quem sou; e à minha família peruana, os Machicaos, por seu infinito amor e lealdade. Minha sincera gratidão e amor a Cyntha Gonzalez, pois sem ela esta história nunca teria acontecido. Agradecimentos eternos a meus amigos "leitores", especialmente Carol Adrienne, cujos encorajamento e apoio constantes nos dão vida. Toda a minha gratidão e admiração aos meus grupos intrépidos de viagem ao Peru e a todos os estudantes do Caminho Andino. À minha formidável e brilhante agente, Candice Fuhrman, minha mais profunda gratidão por ter visto o potencial neste livro e em mim, e o mesmo para minha magnífica agente internacional, Linda Michaels, por ter dado a este livro pernas para viajar. Agradeço à minha editora, Susan Allison, e a todos na Putnam por fazerem desse sonho uma realidade. A todos os meus mestres, incluindo Dom Manuel Q'espi e à nação q'ero do Peru, e especialmente a Juan Nuñez del Prado, por seu incrível amor, sabedoria e guia constante, mil vezes, muito obrigada. E, sem dúvida, embora nunca o tenha encontrado, agradecimentos a Dom Benito Qoriwaman, cujos ensinamentos e sabedoria correm por essas páginas. Amo a todos.

Este livro é dedicado com todo o meu coração à Pachamama, o espírito vivo da Terra e Mãe de todos nós.

Sumário

Parte I
A CHAMADA DE PACHAMAMA

1	O Espírito da Montanha	15
2	O Sacerdote Andino	31
3	Ritual em Ojai	51
4	A Festa de Aniversário	65
5	Peregrinações de Iniciação	79
6	O Prato Cósmico	105
7	Kurak Akulleq: Sacerdote do Grau Quatro	123

Parte II
HATUN KARPAY: A GRANDE INICIAÇÃO

8	A Semente Inca	149
9	Wiñay: Germinação	175
10	Phutuy: Florescer	191
11	Pachamama: A Mãe Terra	205
12	Willkañusťa: Princesa da Luz Negra	231
13	Templo da Morte	241

14	*Inca Mallku: O Grau Cinco*	*259*
15	*O Retorno do Inca*	*285*

Posfácio: O Mito de Inkari   *299*

A Autora   *301*

Certo dia, quando Dom Manuel e eu estávamos caminhando nas ruínas de Moray, observamos vários homens trabalhando na reforma de um muro inca. Tratava-se da restauração daquele sítio arqueológico. Perguntei a Dom Manuel o que ele achava daquele trabalho e ele disse apenas:

— Essas pessoas estão preparando a casa do inca para a hora em que ele voltar.

Aqueles trabalhadores não sabiam nada sobre a profecia andina; eles pensavam apenas em executar seu trabalho para ganharem o salário no final de cada dia. Porém, sob a perspectiva de Dom Manuel, um sacerdote andino, eles se ocupavam em uma obra mística.

— Temos de esperar — disse ele, rindo — para descobrir quem está certo.

— Juan Nuñez del Prado

Parte I

A Chamada de Pachamama

1

O Espírito da Montanha

ELIZABETH! *TELÉFONO!* — A SEÑORA CLEMENCIA CHAMOU-ME LÁ DE baixo, do segundo andar de sua enorme mansão em estilo espanhol. Com grande esforço me livrei das pesadas mantas de alpaca e rapidamente vesti um conjunto de moletom, respirando fundo quando aquele ar frio da manhã tocou em minha pele. Calçando os tênis, arrastei-me pelo corredor e quase tropecei nos cadarços desamarrados ao descer aquela barulhenta escada de madeira, para atender ao telefone.

— Ufa! — exclamou Panchita, a empregada indígena de pele escura, enquanto tentava equilibrar novamente a bandeja de pão fresco e *café con leche* que levava para a *señora*. Eu quase tinha derrubado a bandeja quando passei correndo por ela, fazendo a curva no final da escada.

Era um amigo peruano ao telefone, informando-me que um dos curandeiros locais, um "médium raizeiro", estaria, naquela tarde, fazendo um tipo especial de cura chamada diagnóstico do ovo. Agora, minha viagem a Cuzco, no Peru, que a princípio parecera impetuosa, começava a fazer sentido. Meses de busca por fim renderam algo. Eu iria fazer a minha primeira visita a um autêntico curandeiro local!

Em êxtase, subi de volta correndo pela escada para informar Carlos, meu amigo argentino de olhos azul-escuros, companheiro de minha aventura espiritual. Estava certa de que ele iria querer vir comigo. Carlos, um estudante de psicologia de Buenos Aires, também tinha sido atraído a Cuzco por causa da fama do lugar como centro de poder magnético e místico.

Assegurando-me da confirmação de Carlos para o programa das duas da tarde, saí para o terraço em direção ao meu quarto, mas parei hipnotizada com a vista da montanha Ausangate, um pico nevado de mais de sete mil metros no final do vale de Cuzco.

— Tudo bem, destino, aqui estou — sussurrei àquele pico imponente. — Agora, o que você quer de mim?

Essa era a pergunta que tinha atravessado meus pensamentos por dias e noites nos últimos três meses, tecendo uma sedutora teia de dúvida, apreensão e excitação aguda. A decisão súbita de partir para Cuzco tinha sido tão forte que deixei de lado tudo o que fazia na Califórnia — emprego, família, noivo, doutorado — e me mudei para o Peru em resposta a um ardente chamado espiritual, sabendo que a chave de meu futuro, e talvez de meu passado, estava aqui nesse antigo cenário, nessa antiga cidade. Não conhecia ninguém em Cuzco e não falava uma palavra sequer de espanhol. Nunca tinha feito nada parecido antes em minha vida.

Logo descobri que Cuzco — que um dia fora a imponente capital sulina do império inca, a cidade que os indígenas chamavam de "umbigo do mundo" — era agora uma grande metrópole de mais de quinhentas mil pessoas de sangue indígena misturado com espanhol. Cerca de quinhentos anos após a chegada dos conquistadores espanhóis, Cuzco ainda permanece uma cidade bela e vibrante aos pés dos enormes picos de montanhas. As ruas estreitas e emaranhadas, todas pavimentadas com pedras, casas com paredes caiadas, telhados de telha vermelha e terraços de madeira ornamentada que se sobressaem às ruas, exatamente como aquele no qual estava agora, ganharam meu coração. Pasmada com aquela arquitetura que deu à cidade seu espírito cultural, compreendi que, com exceção dos picos nevados, eu poderia estar olhando uma rua de qualquer vila espanhola.

No entanto, esses telhados vermelhos em estilo espanhol foram construídos sobre um antigo e misterioso passado. Fundações incas de um perfeito trabalho em pedra eram visíveis em toda parte. Seria isso o que dava a Cuzco sua qualidade tão especial? Ou seria apenas sua altitude de dois mil metros? Em dias claros, o céu era de um azul profundo e o ar calmo zumbia com um feitiço evidente. Era como se a própria terra tivesse uma riqueza, um poder especial que fez com que os incas a escolhessem, e que agora mantinha um magnetismo para os que, vindos de todas as partes do mundo, buscavam a espiritualidade. Com certeza serviu de ímã para mim. Agora eu estava impaciente para descobrir por quê. O que me levou a largar as raízes de minha carreira de psicóloga e me fisgou a mais de oito mil quilômetros de casa?

Como doutoranda em psicologia clínica, via minha vocação profissional de maneira bastante satisfatória. Amava meus amigos, meus estudos e minha vida em São Francisco. Recentemente, no entanto, eu me cansara com a erudição acadêmica seca. Sabia que havia algo mais no enigma humano do que os meus livros me diziam; e tinha o pressentimento de que o mistério estava em alguma parte da dimensão espiritual de nossa natureza humana. Portanto, vim ao Peru em busca de informação sobre curandeiros e cura indígenas. Pelo menos foi essa a razão que dei a meus amigos e colegas; e foi um pretexto aceitável para aqueles a quem não pude explicar sobre meu chamado espiritual, mais profundo e irracional. Com certeza, eu mal poderia explicar isso para mim mesma. Tinha sido criada na tradição ocidental dos racionalistas, e para a maioria de meus colegas psicólogos a palavra "espiritual" referia-se a um campo rudimentar de falsa experiência ou alucinações. A verdade era que eu não sabia por que estava em Cuzco. Sabia apenas que tinha sido atraída para cá.

No entanto, *era* verdade que desde a minha chegada a Cuzco estava tendo os melhores momentos de minha vida. Sentia-me verdadeiramente livre pela primeira vez; longe dos olhos observadores e expectativas sobre minha família *e* cultura. Ou talvez estivesse apenas tentando escapar de minhas próprias expectativas de quem e o que eu deveria ser e fazer. Tendo o inglês como língua materna, logo arrumei um emprego para lecionar no Instituto de Cultura Peruana e Norte-americana a fim de cobrir minhas despesas básicas. Mas minha verdadeira paixão se revelou quando comecei a tocar nos clubes noturnos locais. Foi durante uma dessas minhas primeiras noitadas que encontrei Carlos, um colega de psicologia também interessado no mundo espiritual. Curiosamente, descobri que dar vazão aos desejos artísticos — algo que nunca tive tempo de fazer na faculdade — permitiu aflorar em mim um aspecto totalmente encoberto de meu ser, a minha voz intuitiva. E tomei uma decisão consciente de usar tais hora e local especiais para cultivar minha intuição, deixando-a me comandar em lugar de minha mente racional, e viver de modo diferente.

De fato, uma de minhas primeiras experiências intuitivas levou-me à casa da *Señora* Clemencia. Em vez de procurar um apartamento para alugar no jornal, decidi simplesmente ficar na praça principal da cidade e deixar-me guiar por um sentido interior de direção. Quase que imediatamente, comecei a prestar atenção ao terreno acima da praça e à rua que dava na ruína arqueológica de Saqsaywaman. Comecei a subir a rua chamada "Ombro do Puma" e a casa da *señora* foi a segunda porta em que bati. Agora já morava havia três meses com a família Machicao — *Señora* Clemencia, seu marido Juan, seus filhos Rosario e Pepe — e a empregada Panchita. O filho mais velho, Luis Carlos, morava em Lima.

A *señora* era uma verdadeira matriarca e protetora que falava perfeitamente o quíchua, o idioma dos incas. Ela era entre os peruanos de classe média alta uma das poucas que tinham orgulho de sua herança indígena e da cultura inca. Como a própria *Señora* Clemencia dizia, ela não tinha "complexos" de sua ascendência de sangue misto. Seu marido, Juan, um banqueiro de profissão e pintor por espírito, fazia belas aquarelas nos finais de semana no quintal de sua velha casa em estilo espanhol de dezoito cômodos. Após trinta anos de casados, eles ainda andavam juntos de mãos dadas pelas ruas. Olhei para baixo

Iniciação: A experiência de uma mulher com a espiritualidade inca 19

no quintal para ver a *señora* e seu marido sentados ao sol em cadeiras de dobrar, conversando com a doce intimidade que somente muitos anos de felicidade podem trazer. Dei um suspiro, imaginando se algum dia experimentaria isso, mas deixei de lado o anelo ao contemplar com expectativa o programa do diagnóstico do ovo naquela tarde.

Minha melhor amiga, Cyntha Gonzalez, foi quem me introduziu no xamanismo; e foi ela quem me contou que os andinos, o povo montanhês do Peru, acreditam que um ovo galado é um receptor de energia muito sensitivo. Quando é passado pelo corpo humano, pode receber uma gravação energética da saúde física daquela pessoa.

Encontrei-me com Cyntha na escola de graduação de São Francisco e imediatamente nos tornamos grandes amigas. Em 1987, ela deixou sua carreira acadêmica para estudar com dois xamãs peruanos na cidade de Moche, perto de Trujillo, no Peru. Foi Cyntha quem me convenceu a escapar, por umas poucas semanas, dos rigores de meus estudos de doutorado; e em maio de 1988 viajei pela primeira vez ao Peru, para me juntar a ela em sua pesquisa sobre as cerimônias de cura desses xamãs da costa, as quais duravam a noite inteira. Cyntha descobriu que esses xamãs do litoral, guiados por crenças semelhantes àquelas dos xamãs montanheses de Cuzco, passam um porquinho-da-índia sobre o corpo do paciente e então cortam o animal ainda vivo. Supõe-se que os órgãos do porquinho revelam a enfermidade do paciente. Se o pescoço do porquinho dá uma estalada durante o diagnóstico, significa que o paciente está possuído. De certo modo, usar um ovo pareceu-me muito mais compassivo.

Estava claro que Cyntha tinha aberto o caminho para eu me desvencilhar de tudo e começar a seguir minha orientação interior, e foi nessa primeira viagem, quando Cyntha me levou a Cuzco e Machu Picchu, que descobri que tinha de me mudar para o Peru. No entanto, agora que estava aqui, somente *eu* poderia descobrir as razões de minha intensa atração por Cuzco e pelos incas. Por meses então, uma impaciência torturante crescia dentro de mim. Sabia que havia algo por aqui que eu teria de descobrir, algo para aprender. Não estava aqui para ser uma turista; isso pelo menos estava inegavelmente claro.

Talvez tenha sido por isso que pulei tão excitada da cama quando o telefone tocou — uma parte de mim sentindo que esse seria o telefonema para dar um fim aos meses de espera e aos meus dias como turista. De maneira abrupta. Para sempre. Enquanto contemplava a montanha além do terraço, a inquietude em meu sangue disse-me que a visita ao curandeiro local seria extremamente importante. Os movimentos inexoráveis do destino estavam funcionando aqui. O que eu não sabia é que aquele telefonema marcava um evento que mudaria o curso de minha vida irrevogavelmente e me colocaria em uma aventura sem precedentes.

ÀS 13H30 EM PONTO, DEIXEI DE LADO MINHA LEITURA E TIREI DO BOLSO o pedaço de papel branco amassado contendo as anotações para se chegar ao curandeiro, escritas às pressas. Olhando as anotações, não estava completamente convencida de que iríamos encontrar o local. Quando bati na porta de Carlos, ele logo pôs a cabeça para fora.

— Pronto — disse ele, com seus olhos azuis pegando fogo. Como eu, ele tinha curiosidade sobre os costumes locais, querendo penetrar nos mistérios que nos rodeavam como sólidos muros incas. De fato, éramos apenas dois entre centenas de estrangeiros atraídos para o magnetismo misterioso de Cuzco. A *Señora* Clemencia, bastante ciente do mercado turístico em Cuzco, estava convertendo sua grande casa em uma *pensión* peruana. Ela havia me pedido que trouxesse alguns turistas escolhidos a dedo para alugarem os quartos extras, e Carlos foi a minha primeira recomendação.

Carlos e eu começamos a nos conhecer bastante bem nas últimas semanas, enquanto visitávamos juntos as sagradas ruínas incas de Cuzco. Durante nossas viagens, fiquei impressionada pela grande curiosidade de Carlos e sua facilidade em conversar com desconhecidos. Em vez de a pobreza dos indígenas o afastar, ele demonstrava afeto e generosidade especiais para com eles. Bastante equilibrado e um companheiro de viagem que tem os pés na terra, ainda assim Carlos agia tanto com a intuição quanto com o senso comum, algo que eu estava apenas aprendendo. O que mais gostava em Carlos era o seu bom senso e seu sentido prático, embora houvesse uma riqueza em seu ser que me dizia que ele não era fechado aos mistérios da vida. Foi assim, portanto, que ao sairmos em busca da casa do curandeiro, fiquei surpreendida quando ele me contou a história extraordinária de como, um pouco antes de vir a Cuzco, tinha sido iniciado com um antigo objeto de poder.

— Meu mestre, *Señor* Martinez, disse-me que, quando ele tinha dezessete anos, dois monges tibetanos vieram à sua casa e o levaram a uma montanha no norte da Argentina — disse Carlos. — Eles apontaram em certa direção e pediram que ele escavasse ali. Depois de algum tempo, meu mestre desenterrou um bastão de pedra basáltica de sessenta centímetros. Os monges lhe disseram que ele se tornaria o guardião do bastão. Eles também contaram que havia uma profecia segundo a qual, quando esse bastão e o santo Graal se juntassem novamente, seria o sinal de uma nova era. — Carlos contou-me isso de maneira casual, seus olhos azul-escuros refletindo inteligência e concentração.

— E esse foi o bastão com o qual você foi iniciado antes de vir para cá? — perguntei.

— Sim. Eles o chamam de *bastón de mando*, o bastão do poder.

Na Califórnia, pensei para mim mesma, eu teria descartado isso como uma fantasia bárbara. Mas aqui na América do Sul, nesta antiga terra onde a realidade é mais maleável, isso não parecia impossível. E Carlos não era um maluco da Nova Era. Não sabia por quê, mas sentia que sua história era importante, e estava certa de que não iria me esquecer dela.

No entanto, o mistério mais imediato era encontrar esse curandeiro. Seguimos pelo íngreme caminho de San Blas, o bairro dos artistas de Cuzco, tentando seguir as direções confusas que tinha recebido. Havia poucas placas nas ruas de Cuzco e quase nenhum número pintado nas portas azuis e verdes, por isso tínhamos de descobrir nosso destino quase que por intuição apenas. Subimos caminhos de pedra, mais escada do que rua, passamos por casas caiadas amareladas que sem dúvida tinham centenas de anos.

Algumas das casas mostravam grandes pedras perfeitamente cortadas, restos de cantaria original inca, que tinham sido usados como fundações. Em outras, duas maciças pedras inclinadas no topo e cobertas por enormes dintéis de pedra eram na verdade portões originais incas. Essas casas poderiam ter quinhentos anos! Ouvi histórias de que os sacerdotes incas tinham se retirado de Machu Picchu e vivido ali, escondidos dos espanhóis. Então, os incas inexplicavelmente desapareceram. Tudo o que restou de sua cultura foram descrições feitas por cronistas espanhóis de um vasto e glorioso império que se estendia do sul da Colômbia até o que é agora o centro do Chile.

— Deve ser aqui! — anunciou Carlos triunfante, quando chegamos a uma casa de tinta branca fresca nas proximidades do que as nossas anotações indicavam. Um terraço de madeira se estendia para fora, em cima da rua. As venezianas estavam abertas e algumas pessoas se moviam por ali. Subimos a escada barulhenta de madeira.

— É aqui a casa de Patrícia Alvarez? — esforcei-me em meu rude espanhol, na esperança de que meu sotaque gringo não deixasse as palavras ininteligíveis ao homem de sorriso sereno que nos recebeu no topo da escada. Ele era magro e escuro, de estatura média, vestido de branco da cabeça aos pés, com cabelo longo e barba grisalha. Sua roupa e comportamento fizeram-me associá-lo aos *ashrams* da Índia. Ele nos levou através da sala até um pátio externo.

— *Sí*, esta é a casa de Patrícia — traduziu Carlos, enquanto o homem concordava com a cabeça e apontou para que nos sentássemos e esperássemos.

Uma grande tina de madeira estava encostada no lado interno do muro. Um líquido escuro borbulhava no topo e bafos de vapor eram levados pelo ar, exalando um aroma de ervas medicinais. O homem de branco reapareceu várias vezes e com muita calma executava a mesma operação: trazia um copo grande de água todo sujo de ovo cru no topo e, em uma pia ali no canto, jogava fora o conteúdo e lavava o copo, para depois enchê-lo novamente com o líquido escuro e vaporoso da tina. Eu me arrepiei, esperando não ter de tomar aquilo.

Iniciação: A experiência de uma mulher com a espiritualidade inca

Por fim, o homem voltou e falou conosco.
— Sou William, o marido de Patrícia. Vocês estão aqui para o diagnóstico do ovo? — Fizemos um sinal positivo com a cabeça. — Vocês trouxeram seus ovos? — perguntou ele em espanhol.
— Não — respondeu Carlos. — Não sabíamos disso.
William estalou a língua e balançou a cabeça, gesticulando novamente para que esperássemos.
Éramos os únicos não-nativos na sala de espera. Todos os demais eram peruanos e pareciam estar ali em uma visita costumeira para tratamento de saúde. Disseram-me que mais de noventa por cento da população peruana ainda procura os curandeiros indígenas para tratamento, por vontade própria, apesar de a medicina ocidental ser mais ou menos disponível. Carlos e eu contrastávamos com os demais, por causa de nossas roupas. Senti-me envergonhada, percebendo que todos deveriam estar sabendo que estávamos lá mais por curiosidade do que por causa de alguma doença. Ainda assim, tínhamos de seguir o mesmo procedimento dos demais.

Quando William desapareceu para dentro da casa, uma rechonchuda adolescente indígena, com longas tranças negras e um sorriso tímido, saiu para o pátio, trazendo uma cesta de ovos. Ela nos vendeu, a cada um de nós, um ovo galado, grande e quente, por mais ou menos dez centavos, e instruiu-nos para que o segurássemos apenas em nossas mãos esquerdas.

Pouco depois William reapareceu e me escoltou a um quarto pequeno e vazio, dividido em duas repartições por um biombo de algodão. Em cada "quarto" havia uma pequena cama e uma mesa com um copo grande de água, como aqueles que vimos serem enchidos no pátio. Ele gesticulou para que eu deitasse de costas naquela cama. Muito seguro, tirou o ovo de minha mão enquanto eu deitava nervosamente naquela velha cama que rangia, e mal parecia capaz de suportar meu peso.

De olhos fechados e com o corpo tenso de desconfiança, já planejava o que iria fazer se as mãos dele se desviassem para lugares errados. Silêncio. Dei uma olhadela paranóica para vê-lo segurando meu ovo com ambas as mãos em sua testa, seus lábios se movendo em prece silenciosa. Envergonhada, relaxei-me e então observei, fascinada. Com os olhos fechados, ele começou a mover o ovo por todo o meu corpo em séries de movimentos complexos. Começando em meus pés com a figura de um oito, ele foi subindo em circunferências pelo corpo. O ovo parecia estar dirigindo os seus movimentos.

Por fim ele abriu os olhos, e eu dei um grito involuntário com a sensação de cócegas, enquanto ele rapidamente esfregava o ovo com firmeza em cada uma de minhas axilas, depois na linha da cintura, estômago, coração e testa. Com um gesto, ele quebrou o ovo naquele copo d'água. Enquanto observava meu ovo, começou a balançar a cabeça e a estalar a língua novamente.

— O quê? É sério? — perguntei nervosamente em meu rude espanhol.

— Um pouco de muco nos pulmões... e algumas outras coisas, mas vamos esperar por Patrícia para dar o verdadeiro diagnóstico. Não se preocupe — disse ele, rindo de meu cenho franzido.

Poucos minutos mais tarde, Patrícia, uma vibrante peruana de cerca de quarenta anos, vestida profissionalmente, com um grosso cabelo castanho até os ombros, entrou com passos largos. Ela respirava sussurrando suavemente, e com ela entrou no quarto muita energia e confiança. Ela se apresentou a mim com um doce sorriso.

— Agora, vamos ver, hum... — disse ela olhando em meu copo com o ovo. De repente, seu ar alegre despencou. Ela parou de sussurrar. — Oh, nossa! — exclamou.

Estranho, mas eu não senti medo; a mudança em suas maneiras apenas fez com que eu ficasse mais alerta. Senti a adrenalina correr em excitação por todo o meu corpo, e meu coração começou a bater mais rápido antes que ela começasse a falar.

— Você tem se sentido estranha ultimamente e chorado muito sem saber por quê. Não?

Fiquei surpresa com suas palavras.

— Sim... mas como você sabia disso? — Ela estava absolutamente certa, apesar de eu não ter mencionado isso nem mesmo para Carlos.

— O ovo mostra seu estado físico, emocional e espiritual — informou-me. — Você não é uma turista, certo? — disse de maneira decidida.

— Não, vim aqui para morar, eu... — gaguejei.

— E você está aqui para fazer um trabalho espiritual — disse ela sabiamente.

Eu engoli a seco e afirmei com a cabeça. Patrícia olhou furiosamente em meus olhos.

— Então você tem de falar com os *apus*. — Eu a fitei sem entender. Ela respirou fundo e explicou pacientemente: — Os *apus* são os espíritos da montanha, os guardiões desta terra. Veja bem, seu problema é que você veio aqui em resposta a um convite, não foi? — De novo, fiquei impressionada em ver como ela verbalizava meus sentimentos mais profundos. — Deixe-me explicar desse modo. É como se você tivesse sido convidada a jantar na casa de alguém, e chegando lá você fala com o cozinheiro, com o jardineiro, mas não cumprimenta os anfitriões, aqueles que a convidaram.

Oh, Deus meu, pensei para mim mesma. Que imbecil! Eu estava em uma terra poderosa e misteriosa, e ainda assim não tinha feito qualquer saudação ou reconhecimento aos espíritos do lugar. Eu tinha ouvido falar que isso era necessário, mas apesar de tudo eu *era* uma gringa. Nada em minha educação tinha me preparado para isso.

— Patrícia, acho que entendo. Muito obrigada por me dizer isso, mas como posso cumprimentá-los? O que devo fazer? — perguntei.

— Você tem de encontrar um sacerdote que possa ajudá-la — respondeu ela.

— Um sacerdote? — perguntei, abismada. — Como um padre católico poderá me ajudar com isso?

— Não um padre católico — ela me corrigiu. — Um sacerdote andino. — Olhei-a, ainda mais confusa. — Os sacerdotes andinos podem falar diretamente com a natureza — disse ela, como se estivesse dando explicações para uma criança. — São eles que conversam com os espíritos das montanhas, os *apus*. Para atuar aqui, você tem de trabalhar com a ajuda e a permissão dos *apus*. Todos os que trabalham com curas, trabalham com os *apus*. Eu tenho vinte a trinta *apus* que trabalham comigo — explicou ela.

— *Ahpuus* — disse eu, tentando pronunciar a palavra.

Patrícia continuou a falar.

— Eu vou lhe dar algumas ervas para o muco em seus pulmões. Seu corpo astral parece turvo.

Nesse momento William trouxe Carlos ao meu cubículo e colocou o copo com o ovo dele bem ao lado do meu, para que Patrícia pudesse ver. Em nada parecia com a formalidade ou a confidência americana.

— Oh, incrível! — disse ela ao olhar para o ovo de Carlos. — Veja! — Ela apontou para o copo. Fiquei surpresa ao ver que o ovo dele parecia muito diferente do meu. A clara de meu ovo parecia com nuvens esparsas e finas, enquanto que a dele era transparente e uniforme. — O corpo astral de seu amigo é bem nítido e forte. De fato, ele está protegendo o seu. — De novo, o que ela dizia calhava bem com os meus sentimentos. Eu não tinha pensado nisso antes, mas agora estava claro que eu me *sentia* bem protegida e segura desde que Carlos chegara a Cuzco.

— Você — disse ela, olhando para Carlos — vai receber uma receita diferente de ervas porque você é um turista. Por outro lado, ela — Patrícia apontou para mim — mora aqui, por isso vou lhe dar algumas ervas para ajudá-la a se adaptar ao local. — Ela começou apressadamente a encher dois sacos plásticos com várias ervas de sua estante. Deu-nos instruções de como preparar as ervas e quando tomá-las. Nós lhe agradecemos, pagamos e fomos embora.

No caminho para casa perguntei a Carlos o que ele achava de Patrícia.

— Sempre fui muito cético com essas coisas — disse ele. — Ela não me disse nada do que eu já não soubesse. Mas para você, acho que foi importante — respondeu.

Eu estava extasiada com o seu diagnóstico e suas instruções. Fiz um voto dentro de mim de encontrar o sacerdote o mais rápido possível.

Iniciação: A experiência de uma mulher com a espiritualidade inca

Enquanto caminhávamos em silêncio, continuava pensando sobre o "convite" que Patrícia havia mencionado. Isso me fazia lembrar de algo que tinha acontecido nos Estados Unidos, quase um ano antes. Eu estava no calçadão de Santa Cruz, imaginando calmamente a viagem que faria, minha primeira visita para ver Cyntha no Peru, quando um estranho sentimento apoderou-se de mim. Ouvi uma voz interior que dizia: "Se você for ao Peru sua vida nunca mais será a mesma. Você ainda quer ir?" Não sendo uma pessoa de voltar atrás a um desafio, imediatamente respondi "Sim", para depois rir de mim mesma por ter respondido ao meu próprio diálogo interno como se fosse uma conversa. Além do mais, ouvir vozes, sentir medo de viajar nas férias, pelo amor de Deus! Para minha mente racional tudo parecia bobagem, algo bastante ridículo. Agora pensava se aquela voz que tinha ouvido, mesmo antes de ter pisado no Peru, tinha algo a ver com o "convite" de que Patrícia havia falado.

Uma semana depois comecei a ficar frustrada. Por dias eu estava tentando descobrir como entrar em contato com o sacerdote andino, mas não estava conseguindo nada. Ninguém, a quem eu perguntava, conhecia nada sobre os sacerdotes andinos. Quando eu dizia a palavra *apu*, as pessoas locais balançavam suas cabeças afirmativamente e apontavam para as montanhas, mas não consegui ir além disso. E estavam acabando meu tempo *e* dinheiro.

Já estava viajando pela América do Sul e vivendo em Cuzco por oito meses. Sentia necessidade de ir para casa, voltar para a Califórnia, mesmo que para uma breve visita. Além do fato de que praticamente não tinha mais dinheiro, sentia saudade de meus amigos e família, e o que dizer dos banhos quentes! Fiz uma reserva para a semana seguinte. Mas continuava pensando sobre o que Patrícia havia falado a respeito de "cumprimentar" os *apus*. Eu não poderia partir sem de fato ter chegado.

Passei o dia comprando presentes para levar para os Estados Unidos e quando voltei ao meu apartamento já era tarde. Como parecia não ter alternativa, decidi que o melhor seria eu mesma "conversar" com os *apus*. Eu *tinha* de fazer algum tipo de cerimônia para cumprimentá-los e honrá-los antes de sair do Peru. Sentia algo errado em meu coração por ter demorado tanto tempo para isso, mas tinha esperança de encontrar o sacerdote.

Sentei-me no chão de madeira de meu quarto em uma postura meditativa, sem nada mais além de uma intenção em meu coração. O sol já tinha se posto havia horas e as portas e janelas de meu quarto estavam fechadas, devido ao ar frio da noite. Sentei-me em direção ao pico gelado de sete mil metros do qual ouvira falar que o povo local chamava de Apu Ausangate. Nos dias claros eu tinha uma vista perfeita da montanha, ali da janela de meu quarto. "Segunda-feira, 13 de março de 1989", escrevi em meu diário. Olhei meu relógio e cruzei as pernas, acrescentando "21h25".

Momentos mais tarde, eu estava deitada de bruços no chão frio de madeira, esticada na direção do pico nevado, chorando histericamente. Um vento gelado soprava em minha cabeça. Não podia mover meu corpo. "Bem, o que você espera de um pico nevado... uma brisa quente?" Ouvi uma voz masculina, profunda e dominante. Era uma voz que consegui reconhecer. A mesma voz que tinha ouvido naquele dia no calçadão em Santa Cruz!

A realidade se derreteu enquanto estava acordada e ao mesmo tempo em um estranho estado sonolento:

Um homem grande com cabelos e barba bem longos, cabelos de uma imponente combinação de vermelho, branco e negro, está sentado no topo do pico de neve. Ele usa uma sandália de ouro no pé direito e uma de prata no esquerdo. Sua expressão é feroz e poderosa, mas ao mesmo tempo digna de realeza. "Senhor Apu", disse-lhe, tremendo e chorando, "por favor, perdoe-me por não tê-lo honrado antes. Sou uma gringa boba e não conheço os costumes de sua terra. Quero agradecer-lhe por ter-me convidado e peço-lhe permissão para viver e trabalhar neste lugar sagrado." Eu me curvo diante dele. A rígida expressão no rosto do apu se suaviza e ele vem em minha direção para me abraçar, dando-me um beijo caloroso. Lábios quentes tocam minha testa. Meu corpo se relaxa e eu paro de chorar. Sento-me. Eu fui aceita. Sei disso com o meu corpo. Instintivamente e sem abrir meus olhos, viro meu

Iniciação: A experiência de uma mulher com a espiritualidade inca

corpo em direção à enorme ruína inca de Saqsaywaman. Um cavalheiro mais velho aparece. "Acho que já nos conhecemos", diz ele. Sem hesitar, ele me abraça. Volto-me fisicamente em direção a outro pico, no lado oposto do vale da montanha Apu Ausangate. Um encantador pico verde que parece uma pirâmide. Vejo uma bela mulher com longos cabelos negros. Ela me recepciona, sorrindo calorosamente e me abraça, afagando minha cabeça e costas e chamando-me de "filha".

Tão de repente como vieram, as imagens e sensações desapareceram, e abri os olhos para me ver novamente no quarto. Parecia que haviam passado apenas alguns minutos. Mas o relógio marcava 22h33.

2

O Sacerdote Andino

ENQUANTO AINDA ESTAVA DEITADA NA CAMA NA MANHÃ SEGUINTE, minha experiência da noite anterior parecia um sonho estranho. Mas a realidade física não dava margens a dúvidas — o vento frio, o beijo cálido — e eu não sentia medo. Pelo contrário, sentia-me muito melhor. Curiosamente, senti uma profunda satisfação, como se eu tivesse terminado algo que tinha de ser feito, como limpar a cozinha. Além do mais, não era a primeira vez em minha vida que eu experimentara uma visão.

Quando eu tinha uns seis anos, em Minnesota, vi um passarinho bater no vidro da janela de nossa sala de estar e cair ao chão. Corri para fora para ver se poderia ajudar. Lembro-me de tê-lo pegado em minhas mãos e tentado alimentá-lo com um pouco da maçã que estava comendo. Um fio de sangue saiu de seu bico, ele suspirou e morreu bem em minhas mãos. Segurando-o ainda, vi um pequeno círculo de luz luminescente sair de seu corpo e flutuar para cima, em direção ao profundo azul do céu, até desaparecer fundindo-se na luz do sol. Na época pareceu-me uma ocorrência perfeitamente natural, e levei algum tempo para compreender que não foram todos que viram o que *eu* tinha visto. Logo aprendi a manter essas experiências para mim mesma.

No entanto, suponho que deve ter sido por causa dessas "visões" que eu sempre acreditei secretamente em um outro mundo, mais sutil, além deste mundo material. O meu interesse agora pelos curandeiros tradicionais talvez tenha surgido dessas experiências anteriores. Mas, sem nenhum contexto cultural para as minhas visões, além do fato de minha cultura sempre exigir uma prova tangível, com o passar do tempo eu rechacei a idéia como um produto de minha vívida imaginação infantil. Foi por isso que a "meditação" de ontem à noite com os *apus* foi tão poderosa. O vento frio despenteou meu cabelo e o beijo em minha testa... eu de fato *senti* lábios cálidos! Não dava para negar que algo completamente extraordinário estava acontecendo aqui; e apesar de tentar racionalizar e me livrar do pensamento, eu não conseguia.

Por ter estudado psicologia, minha explicação até então para pessoas que ouviam vozes e viam pessoas que não existiam era de que essas pessoas enfrentavam sérios problemas emocionais. Conhecia muitos casos, especialmente sobre abusos, nos quais as pessoas que se sentiam incapacitadas em seus relacionamentos deixavam a realidade para falar com seres invisíveis. Compreendia isso como uma tentativa de exercer algum controle em uma situação caótica ou impossível, e em muitos casos esse tipo de fuga da "realidade" de fato permitia uma sobrevivência psicológica.

Sabendo disso, examinei-me à procura de algum trauma psicológico. Senti-me muito bem! De fato, nunca estive tão relaxada em toda a minha vida. A vida que tinha deixado para trás havia uns oito meses, nos Estados Unidos, fazia-me correr entre dois empregos de meio expediente e meu programa integral de Ph.D., e era infinitas vezes mais estressante que meu estilo de vida atual. Veio-me à cabeça a idéia de que talvez eu não estivesse traumatizada, mas certamente minha teoria psicológica era um tanto falha.

Talvez fosse simplista demais o fato de minha profissão considerar todas as "experiências visionárias" como algum resultado de trauma. De fato, as obras mais recentes sobre psicologia transpessoal sugeriam

Iniciação: A experiência de uma mulher com a espiritualidade inca

outra possível interpretação através de estudos sobre culturas tradicionais, ou "xamânicas". Será que havia um mundo invisível? Será que tinha conseguido entrar em contato com ele? E se existe esse mundo, como funciona? Essas eram as perguntas que me trouxeram aqui, mas, por enquanto, adiei essas idéias estimulantes e levantei-me para mais um dia em Cuzco.

Enquanto andava pela cidade, consegui fazer tudo com uma facilidade misteriosa. Muitas pessoas que tentava contatar havia semanas simplesmente *me* encontraram na praça principal. E, mais impressionante, como num passe de mágica, os portões do templo de Qorikancha, antigamente o principal templo do Sol para os incas, mas agora um mosteiro católico de São Domingo, abriram-se para mim.

Fazia duas semanas que tentava entrar no templo do Sol, mas os guardas insistiam que eu comprasse um caro passe turístico para visitar quatorze lugares diferentes. Quando lhes disse que não era uma turista, que vivia em Cuzco e só queria ir ao templo do Sol, eles riram e insistiram para eu comprar o tíquete. Bem obstinada, eu recusei. Como foi, então, que *nessa* manhã eu pude entrar no templo de Qorikancha, que quer dizer o "campo dourado", como se tivesse sido convidada? Passei duas horas lá, e apesar de os guardas parecerem olhar diretamente para mim, não me pediram o tíquete de entrada. Estava tudo se harmonizando, como se alguma barreira invisível entre mim e o que eu queria fazer tivesse sido removida. Não conseguia parar de me lembrar das experiências da noite anterior. Será que os *apus* estavam me ajudando?

POUCOS DIAS MAIS TARDE FUI AO INSTITUTO DE CULTURA PERUANA E Norte-americana (ICPNA), onde lecionava inglês, para contar aos meus amigos e colegas que estaria partindo em dois dias. Cheguei no intervalo entre duas aulas e, enquanto estava na secretaria conversando animadamente com vários amigos, um homem magro mas muito bonito, um professor, aproximou-se de mim. Embora já o conhecesse de vista ali no ICPNA havia meses, só tínhamos sido formalmente apresentados uma única vez.

— *Hola*, Elizabeth — disse ele. Surpreendi-me por ele se lembrar de meu nome. — Sou Antonio — ele me fez lembrar do dele.

— *Hola*, Antonio, como está? — respondi, enquanto trocávamos os tradicionais beijos na face.

Ele olhou para mim de maneira bem intensa e disse:

— Elizabeth, ouvi dizer que você tem interesse pelas coisas esotéricas.

— Sim? — perguntei, querendo saber onde ele queria chegar.

— Elizabeth — hesitou ele, pesando as palavras com cuidado antes de dizer —, faço parte de um grupo que trabalha com os *apus*.

— *Apus!* — Quase que dei um grito, interrompendo-o com minha surpresa. Controlei-me e continuei a conversa quase num sussurro. — Podemos ir a algum outro lugar e conversar? — perguntei.

— Eu acabei de ter uma experiência com os *apus* e acho que tenho de falar com você sobre isso.

Quando nos distanciamos das outras pessoas, comecei a descrever-lhe, da maneira mais calma que pude, a experiência visionária que tive algumas noites antes. Foi um alívio tremendo poder contar a história para alguém porque a experiência tinha sido muito poderosa, de acordo com o campo de minhas experiências ordinárias, pelo menos minhas experiências ordinárias americanas.

Enquanto falava, os olhos de Antonio cresciam cada vez mais e seu rosto ficava mais sério. Quando terminei, ele deteve-se por um momento.

— Elizabeth, alguns de meus colegas e eu estamos muito interessados em nossas tradições nativas. Estamos tendo reuniões com um *altomisayoq*, que é quem chama os *apus*. Eu gostaria que você participasse de nosso grupo.

— Lógico, adoraria ir com vocês — respondi. Fiquei maravilhada. — Mas o que é um *altomisayoq*? — perguntei.

— A palavra quer dizer "alto sacerdote" em quíchua — explicou Antonio. Meu coração deu um pulo. Parecia exatamente o que estava procurando.

— Quando é a próxima reunião? — perguntei com entusiasmo.

— Bem, não é assim tão fácil. Entenda, nunca tivemos uma pessoa branca em alguma de nossas cerimônias. Tenho de falar com o grupo. Acho que em três ou quatro semanas poderei arrumar alguma coisa.

— Oh, muito mau — disse, interrompendo-o. — Parto para os Estados Unidos na segunda.

— Então — disse ele em tom decisivo — você tem de vir amanhã!

Fiquei surpresa pela sua súbita mudança. Por que era tão importante para ele que eu fosse? Ao mesmo tempo, eu estava excitada com a oportunidade que se apresentava.

— Está bem — concordei, e apertamos as mãos.

— Nos encontramos na igreja São Francisco às dez, amanhã de manhã — disse-me ele.

— Ótimo — disse, superexcitada com a mudança dos eventos. — Estarei lá.

Na manhã seguinte cheguei às dez em ponto e esperei os trinta minutos obrigatórios para Antonio chegar. Mesmo depois de todos esses meses vivendo em Cuzco, ainda chegava na hora marcada, mas já aceitava o fato de que provavelmente os peruanos não chegariam. Era uma linda manhã e, depois que Antonio chegou, caminhamos e conversamos através do mercado de São Pedro, e por uma longa rua de terra que seguia a linha de trem até fora da cidade. Fomos em direção ao canto nordeste da cidade, uma área muito pobre, onde as casas eram construídas de tijolos sem reboco e com telhados de palha. Vimos vários animais mortos pelo caminho. A vida era muito rude aqui e a morte não se escondia.

Enquanto caminhávamos, Antonio explicou-me que os *apus* fazem as curas e as operações astrais, e eram consultados sobre o paradeiro de pertences perdidos.

— Mesmo os médicos dos hospitais em Cuzco mandam seus pacientes para serem tratados pelos *apus*, quando já não podem fazer mais nada por eles — disse-me Antonio.

— Então, quem faz as operações? — perguntei, pelo menos um pouco familiarizada com algum conceito de cirurgia espiritual. — Alguém encarna os *apus*?

— Não — respondeu Antonio. — Ricardo, o *altomisayoq*, o sacerdote andino, *chama* os *apus*. Ele é conhecido como aquele que pode *chamar* os *apus*. — Antonio me disse que os *apus* sabem de tudo e que eles são mais parecidos com anjos. Fiquei estupefata. Comecei a me sentir mais e mais assustada. O que ele queria dizer com "chamar"? Será que eu iria me encontrar com anjos? O que iria dizer para eles?

Por fim, deixamos a trilha do trem e subimos uma longa e tortuosa escada de cimento até Antonio parar em uma pequena porta de madeira toda riscada. Ele bateu duas vezes, parou e bateu três vezes mais em uma sucessão rápida. A porta se abriu imediatamente e tivemos de nos agachar para passar por ela e entrar no quintal lamacento, todo cercado com arame farpado. O forte cheiro de excremento de animal entrava em nossos narizes e vários porcos e galinhas corriam livremente. Andamos em direção aos seis ou sete indígenas, com bochechas queimadas pelo sol e mãos e pés escuros e grossos, que estavam sentados em alguns bancos ao lado de uma casinha, debaixo do sol quente daquela manhã.

Era óbvio que aquelas pessoas não esperavam ver uma gringa em seu espaço. Todos eles olharam para mim, alguns com curiosidade, alguns com animosidade. Mal sabia espanhol e não falava uma palavra sequer de quíchua, a língua dominante neste pequeno canto do mundo. Um dos bancos estava vazio e Antonio gesticulou para que sentássemos. Esperamos desconfortavelmente ali fora até que as portas da casa se abriram e Antonio acenou-me para que o seguisse.

Curvamos nossas cabeças para entrar na pequena sala quadrada sem reboco, com telhado de amianto e chão de barro. No outro canto da sala, um homem de pele escura e estatura pequena com olhos negros brilhantes estava sentado em uma cadeira, rodeado por mulheres quíchuas usando saias tradicionais e longas tranças negras. As mulheres tiraram seus altos chapéus para entrar na sala interior, onde este sacerdote realizava a sua *mesa*, ou cerimônia de cura. Ricardo era sem dúvida um indígena. Ele tinha um belo rosto, com uma tez corada, cabelos curtos bem negro-azulados e um clássico nariz adunco inca. Devia estar perto dos quarenta anos, e era jovem para aquilo que ele parecia ser, algum tipo de feiticeiro.

— Ricardo é um sacerdote andino, no quarto grau do terceiro nível. Este é o sacerdote de nível mais elevado da região — sussurrou Antonio para mim. Parecia uma credencial que impressionasse, mas não tinha a menor idéia do que significava.

Quando as pessoas em volta de Ricardo começaram a se dissipar, Antonio pegou em minha mão e me levou até aquele homem na cadeira. Ao chegarmos perto pude notar que, como a maioria dos peruanos indígenas, ele usava calças puídas e uma jaqueta de poliéster, mas seus olhos dançavam com uma vivacidade rápida, como os olhos de um pássaro.

Enquanto nos movíamos através da multidão que saía da pequena sala, os pêlos de minha nuca se eriçaram, pois novamente senti medo e animosidade. Fiquei cada vez mais ciente de meu tênis Nike, branco e brilhante, minha blusa colante, uma calça Levi's bem nova e óculos Ray-Ban; minha pele parecia brilhar de branca. Eu parecia americana demais. Podia sentir uma certa inveja por minha aparente riqueza e ao mesmo tempo aquela mistura estranha de curiosidade, desprezo e admiração que muitos peruanos sentem pelos americanos. Só recentemente tinha aprendido que era *norte*-americana, e não apenas americana. "Sul-americanos são americanos também", meus amigos peruanos me diziam.

Essa talvez tenha sido minha primeira experiência palpável de estar em minoria, uma minoria branca, na maioria de pessoas indígenas. O sentimento de que eu, ou o que eu representava para essas pessoas, era odiada ou temida era extremamente doloroso para alguém tão sensível emocionalmente como eu. *Que é que eu estou fazendo aqui?* Pensei para mim mesma. Parte de mim queria dar as costas e sair correndo da sala.

Antonio estendeu minha mão para Ricardo. Por um momento vi Ricardo rodeado por uma névoa escura e amarela, mas quando pisquei os olhos a névoa desapareceu. Cumprimentamo-nos. Antonio estava vermelho de vergonha por não ter tido tempo de avisar a seu mestre que traria uma gringa para a *mesa*. Mas Ricardo aceitava tudo em um estado de completa calma. Ele me recebeu com um sorriso tímido, até bem infantil, descartando as explicações de Antonio e gesticulando para que nos sentássemos, enquanto continuava com os preparativos para a cerimônia.

A sala era pequena, mais ou menos três por quatro metros, com paredes tortas pintadas de um verde esmaecido. Olhei para o chão de terra. O telhado, de telhas de amianto sem forro, parecia que mal evitava as chuvas. O aroma da terra limpa era refrescante depois daquele forte cheiro de excremento no quintal. Ricardo ficou de pé em frente a uma grande mesa retangular que parecia ser um tipo de altar.

Em um pano branco no centro da mesa estavam vários cristais grandes de quartzo, papéis empilhados, um sino, um chicote de couro e um abridor de garrafa. Olhei com medo para o chicote. Alinhadas na ponta da mesa, encostadas na parede, estavam garrafas de soda e cerveja. Uma grande cruz de madeira estava pendurada sobre a mesa. Ao olhar em volta da sala, notei que havia ou uma imagem de Jesus ou uma cruz em cada uma das quatro paredes.

Cerca de trinta pessoas se sentaram em bancos rústicos de madeira que rodeavam a mesa do altar em três lados. Misturados ao grupo de indígenas com suas vestes tradicionais estavam seis ou sete mestiços. Embora seus rostos parecessem de índio, suas roupas — na maioria *jeans* e camisetas — eram mais ocidentais. Esse deve ser o "grupo" de que Antonio tinha me falado. Sentamo-nos em um banco ao lado esquerdo do altar. Estava colada a Antonio, sentindo-me extremamente vulnerável e não bem-recebida por todos, exceto por Ricardo. Não fazia a menor idéia do que ia acontecer em seguida. Estava nervosa porque mal falava o espanhol. Agora entendia que nem o espanhol ia me ajudar aqui, onde só se falava o quíchua. Dependia completamente de Antonio para que me traduzisse.

Iniciação: A experiência de uma mulher com a espiritualidade inca   39

Quando Ricardo terminou seus preparativos no altar, a sala de repente ficou silenciosa. Um peruano, alto e de aparência importante, gesticulou para que as últimas pessoas entrassem e fechou as portas. Um homem corpulento de bigode negro começou a pendurar pesadas mantas de alpaca sujas naquelas janelas e nas portas. Outra pessoa subiu em um pequeno banco e começou a desatarraxar a lâmpada. Eu engoli a seco. O que quer que fosse acontecer, aconteceria na total escuridão. Peguei no ombro de Antonio furiosamente.

— O que está acontecendo? Por que estão apagando as luzes?

— Fique quieta — pediu Antonio baixinho.

Ricardo estava sentado em uma cadeira à direita do altar. Ele falou para a multidão em quíchua e houve um silêncio imediato. Outra frase em quíchua e ele parecia perguntar se todos estavam prontos. Quando o silêncio afirmava sua pergunta, ele gesticulou para o homem que segurava a lâmpada. Com um último giro na lâmpada, a sala foi tomada por completa escuridão.

Ricardo imediatamente começou a entoar uma súbita prece em quíchua. Não compreendi nada. Ele orou três vezes e então assobiou três longas notas, como se estivesse chamando por algo. O grupo estava sentado silenciosamente. Foi apenas agora que compreendi que estávamos esperando. Mas o quê?

Esperamos muitos minutos mais e de novo Ricardo falou na escuridão. Antonio sussurrou para mim que Ricardo estava pedindo ao grupo que o ajudasse. Eles começaram a orar o Pai-Nosso em espanhol, e então, também em espanhol, Ricardo pediu permissão para fazer a "entrada de Jesus Cristo". Abri todos os meus sentidos ali na escuridão, tentando desesperadamente perceber o que estava acontecendo.

De repente, um barulho como uma pequena explosão veio de cima. O bater de grandes asas agitou o ar daquele quarto fechado; eu pude sentir o vento. Algo parecia voar rapidamente pela sala e, com um ruído surdo, pousar na mesa do altar.

— *Muy buenos días, Señor Pampahuallya de Abancay Prima*, estou à disposição — pronunciou uma jovem voz masculina, quase que em falsete, ali do centro do altar. Isso era estranho. Como poderia Pampahuallya, um terreno montanhoso nos arredores de Cuzco, estar "à disposição"? Enquanto ouvia a voz, uma imagem estranha apareceu em minha mente. Vi o corpo de um grande pássaro, mas não sei por que a cabeça e o rosto tinham características humanas, como uma criatura mitológica.

— *Ave María Purísima* — as pessoas na sala responderam em uníssono.

— *Sin pecado concebida* — respondeu a voz. Soava como uma frase em uma missa católica. Pequenos passos, andando de um lado a outro pela mesa do altar, fazendo barulho em contraste com a sala em silêncio. A voz parecia pertencer a quem dava os passos.

— Um bom dia para todos vocês — disse a voz novamente, e eu ouvi o som de alguém, ou *algo*, abrindo uma garrafa. — Saúde! — veio a voz ali da mesa, e então houve o som de um líquido efervescente sendo jogado na terra em frente ao altar.

— Saúde, *Papito* — respondeu o grupo.

Quando chegamos à sala, notei uma depressão circular no chão de terra, bem em frente ao altar, e agora entendia que a bebida estava sendo jogada no buraco.

— Antonio — falou a voz em tenor forte, enquanto os passos soavam mais perto de nosso lado da mesa.

— *Ave María Purísima* — respondeu Antonio obedientemente. Parecia um ato de cumprimento respeitoso e não gostei que Antonio não tivesse me informado antes sobre a maneira correta de se apresentar aos *apus*. Minha mente girava. Será que Ricardo estaria fingindo tudo isso?

— Aproxime-se da mesa — disse o *Señor* Pampahuallya. Antonio se levantou e aproximou-se do altar.

— Sim, Pai — disse ele, dirigindo-se ao ser na escuridão.

— Você trouxe uma convidada... Elizabeth. — Meu coração gelou quando o ser na mesa pronunciou meu nome. — Isso é muito bom, Antonio. Estamos felizes que ela esteja aqui.

Iniciação: A experiência de uma mulher com a espiritualidade inca

— Muito obrigado, Pai. Ela é uma psicóloga dos Estados Unidos, veio aqui para visitá-lo — disse Antonio em um espanhol bem simples, para que eu pudesse entender.
— Filha Elizabeth... — a voz em tom grave começou de novo. Minha garganta engasgou e, com a voz estrangulada, repeti o cumprimento.
— *Ave María Puríssima*.
— Muito bem, filha, muito bem. Aproxime-se da mesa — veio a ordem em espanhol. Tinha compreendido, mas hesitei, sentindo-me tímida e com medo.
Neste exato momento, houve um outro som explosivo do alto, seguido pelo mesmo bater de asas e baque surdo. Algo mais tinha baixado à mesa e apresentou-se.
— *Muy buenos días* — veio uma voz profunda e grave, que me fez sentir bastante medo. — *Señor* Sollacasa, à sua disposição. — Novamente, todos cumprimentaram a deidade recém-chegada e então as duas criaturas na mesa começaram a falar algo em quíchua.
— Filha Elizabeth, estamos felizes por você estar aqui. O que podemos fazer por você? — perguntou-me a voz mais alta. Fiquei com a língua presa, engasgada, querendo sair engatinhando por um buraco.
— Antonio, diga-lhes que estou sentindo muita vergonha, que meu espanhol não é bom, mas que me sinto muito honrada de estar aqui e quero pedir-lhes permissão para viver e trabalhar aqui. — Antonio falou baixinho que sim e traduziu para mim. Contrário à minha natureza, um tremendo medo e reverência deixou-me engasgada.
— Ah, permissão — a voz mais grave disse. — Para isso temos de chamar o *Señor* Potosí, da Bolívia. Ele pode dar a permissão. Mas leva algum tempo para ele chegar aqui, porque ele tem de vir da Bolívia. Enquanto isso, você quer chamar a sua *santa tierra*?
Antonio traduziu para mim, mas ainda assim não compreendia. Perplexo pela minha ignorância, Antonio por fim me perguntou:
— Onde você vive?
Em minha ansiedade, respondi errado:

— Mariscal Gamara. — Esse era o bairro em que fiquei, antes de me mudar para a casa da *Señora* Clemencia. Eu não sabia o nome com que o povo local chamava a minha vizinhança. Não parecia ser um problema.

— *La Mamita Mariscal Gamara, Papitos* — disse Antonio para eles.

Uma das criaturas na mesa pegou o sino e tocou-o, gritando bem alto:

— *Mamita Mariscal Gamara, Mamita Mariscal Gamara.*

Houve uma pausa, e então as duas criaturas pareciam ter se esquecido de mim e começaram a perguntar a Ricardo sobre a agenda do dia. Havia muitos pedidos de ajuda e de cura, e muitas outras *santas tierras* foram chamadas à mesa do altar, com o mesmo toque do sino.

Aos poucos, comecei a entender que a *santa tierra* era o espírito da terra da rua na qual a pessoa vivia. Nessa cerimônia, a *santa tierra*, ou espírito sagrado da terra, era chamada para responder perguntas pessoais ou resolver problemas das famílias que viviam naquela rua específica. Cada *santa tierra* parecia ter a jurisdição de sua rua. Imaginei que as *santas tierras* eram apenas parte de uma elaborada hierarquia de espíritos da terra. Fiquei fascinada. Por fim, o sino tocou e o *Señor* Potosí foi também chamado à mesa.

Desta vez, uma explosão menor soou do chão de terra na frente do altar, e o bater de asas subiu a partir da terra. Houve um baque seco e mais suave na mesa e uma voz feminina de tom alto, que falava apenas em quíchua, apresentou-se como a *santa tierra* da Mariscal Gamara.

Antonio novamente traduziu para mim.

— A *santa tierra* da Mariscal Gamara diz que você é uma pessoa forte e que tem visão forte. Você também conhece telepatia e viu os *apus* na rua, mas não os reconheceu. — Senti-me lisonjeada e especial, mas totalmente confusa. O que eles queriam dizer com visão forte? Clarividência? Minha mente girava rápido. O que se fala para criaturas não-físicas que se materializam em uma sala escura?

Iniciação: A experiência de uma mulher com a espiritualidade inca

Antonio continuou: — *La Mamita* diz que você é forte, mas que precisa de mais poder. Eles vão lhe dar mais poder.

Eu quis gritar "Esperem! Parem! Eu não entendo o que está acontecendo!" Sem saber o que fazer, fui bastante polida.

— Diga-lhes que estou pedindo permissão para viver e trabalhar aqui — disse a Antonio, sentindo a necessidade de me apoderar de algum controle sobre essa experiência louca. Estava tonta. De alguma maneira esses seres diziam que eu era importante. O fato de eles terem se dirigido a mim já era uma completa surpresa.

— Eles têm de esperar pelo *Señor* Potosí para conseguir a permissão — lembrou-me Antonio.

Os seres falavam em quíchua quase puro e tinham de cuidar de muita gente. Fiquei agradecida quando o foco de atenção saiu de mim e eles começaram novamente a cuidar dos outros ali na sala.

Havia muitos pedidos de ajuda para as *santas tierras*. Uma senhora tinha perdido seu carrinho de mão e queria saber se elas poderiam ajudá-la a encontrá-lo. Outra mulher pediu que seu filho de seis anos se curasse de uma febre. Os *apus* prometeram visitar o menino e livrá-lo da febre. Um senhor que pediu ajuda para curar seu câncer foi convidado à frente do altar para ser abençoado pelos *apus*.

Logo houve uma outra forte explosão vinda do teto e um bater do que parecia serem enormes asas, enquanto um *apu* maior e mais pesado que os outros baixava à mesa. Uma voz gentil falou em meio ao silêncio. Vinha mais de cima, como se esse *apu* fosse mais alto.

— *Señor* Potosí da Bolívia, à sua disposição.

A sala respondeu com o cumprimento costumeiro:

— *Ave María Purísima.* — Com a chegada do *Señor* Potosí, a atmosfera mudou e todos pareciam se relaxar mais. Estava claro que ele comandava.

Ele disse em espanhol para uma senhora que recebia uma cura na mesa:

— Sou um anjo, não tenha medo de mim.

Enquanto os *apus* respondiam a diferentes problemas e doenças, os colegas de Antonio, professores universitários, estavam atarefados escrevendo as receitas de ervas que eram ditadas pelos *apus*. Eu podia ouvir o ruído de suas canetas na escuridão.

À medida que o tempo passava, eu esperava ter sido esquecida. Meu coração batia forte e minha mente fervilhava, buscando explicações. Estava certa de que era algum tipo de embuste, mas não era capaz de explicar como podiam fingir algo tão elaborado. Eles precisariam de equipamentos muito sofisticados em um país quase sem nenhuma tecnologia.

— Filha Elizabeth — a voz do *Señor* Potosí de repente me chamou, quebrando a onda de meus pensamentos tumultuados.

— *Sí, Papito* — chamei-o da mesma maneira que ouvi as outras pessoas chamarem-no, tentando seguir o protocolo.

— Estamos muito felizes por você estar aqui — traduziu Antonio. — Você tem a permissão de trabalhar e viver aqui. Seu trabalho é bom, mas você precisa de mais poder — continuou o *Señor* Potosí da Bolívia.

O que eles querem dizer com "mais poder"? Pensava comigo mesma, sentindo-me um pouco insultada.

— Você sabe quem somos? — perguntou-me o *Señor* Potosí.

— Não, *Papito* — respondi francamente.

— Somos os anjos serafins de Deus que vivem nas montanhas — traduziu Antonio. Não sabia por quê, mas quando esse *apu* falou eu me senti melhor, mais segura. Ele parecia bondoso e gentil, em vez de assustador e prepotente como os outros dois que tinham me assustado. Senti vergonha de meus pensamentos; será que eles sabiam o que pensava sobre eles? No mesmo momento, o *Señor* Potosí falou: — Sabemos que você ainda não acredita na gente, mas você vai acreditar. Você acha que fazemos um tipo de truque. Isso não é verdade. Venha e aproxime-se da mesa. Vamos lhe dar mais poder — exigiu ele.

No momento em que eu pensava se queria mais poder, as pessoas a minha volta começaram a me empurrar para a mesa. Isso parecia ser uma verdadeira honra, talvez algo que elas quisessem para si mesmas, mas que estava acontecendo comigo. Será que eu queria isso? Não tive tempo para escolher. Já estava de pé na frente do altar.

Nos últimos dez minutos mais ou menos, eu tinha notado um som estranho de arranhado vindo do altar, como pedaços de vidro sendo raspados um contra o outro. Os únicos objetos que poderiam produzir tal som ali no altar seriam os cristais. Quando ouvi o som pela primeira vez, imaginei que um desses "pássaros pessoas" tinha pegado um dos cristais em suas presas e esfregava-o contra um outro, como um tipo de tique nervoso. O som de arranhado parou.

— Olhe para a mesa — pediu o *Señor* Potosí. Eu olhei em direção à voz. De repente, houve um profundo estalido e um *flash* de luz azul como se duas pedras tivessem se chocado com grande força. Os cristais? Esperei para ver se sentia alguma coisa. Não senti nada, mas o *flash* de luz na escuridão e o som causaram um impacto.

O *Señor* Potosí voltou a falar comigo.

— Agora, minha filha, nós lhe demos mais poder. Você tem permissão para trabalhar com nosso grupo. Na verdade, você tem de trabalhar com nosso grupo — disse-me o *apu*.

— *Gracias, Papito* — respondi, não sabendo mais o que dizer.

— Mas estou voltando amanhã para os Estados Unidos — continuei, sentindo que, se estava recebendo uma nova ocupação, deveria informar-lhe sobre minha disponibilidade.

— Muito bem — respondeu ele. — Quando você chegar aos Estados Unidos, mande nossas lembranças aos *apus* americanos. Vá para a montanha mais alta na costa oeste, perto de onde o presidente mora, e ofereça orações. Mas antes de pedir qualquer coisa aos *apus*, ofereça-lhes uma Cuzqueña [uma cerveja peruana feita em Cuzco], com nossos cumprimentos. Então tire fotografias das montanhas mais altas. Os *apus* vão aparecer nas fotos.

Eu não sabia o que dizer.

— Muito obrigada, *Papito*, obrigada por tudo.

A cerimônia terminou com cada espírito da terra saudando o grupo com seu nome e saindo em um bater de asas. As *santas tierras* voaram para baixo da terra e os *apus* para o telhado. Durante a cerimônia, o altar deve ter tido pelo menos de oito a dez *apus* por vez. O último a ir-se foi o *Señor* Potosí.

— *Señor Potosí, ciao* — disse ele, e o vento gerado pelo bater de suas grandes asas encheu a sala, enquanto ele saía pelo telhado.
— Abram as portas — pediu o homem alto. As mantas foram tiradas e as portas abertas. O ar fresco e o sol da manhã entraram livremente. Durante toda a minha vida, nunca me senti tão feliz em ver a luz do dia.

Agarrei Antonio pelo braço e o puxei para o lado, falando em seu ouvido com muita fúria:

— Muito bem, agora você e eu vamos ter um longo, longo almoço e você vai me explicar *tudo* isso. Certo?

Antonio olhou-me e começou a rir.

— Acalme-se — disse ele. Quando notou que minha expressão não tinha mudado, acrescentou: — Tudo bem, você pode me levar para almoçar.

Antonio continuava rindo de minha seriedade, e então apontou para a multidão: todos os rostos antes hostis estavam agora sorrindo e radiantes para mim. Aparentemente, os *apus* tinham me dado uma resposta muito favorável e isso parecia me conceder aceitação imediata na comunidade.

— Não sabia que você era assim tão importante, mas tinha um pressentimento — disse-me Antonio.

Olhei para ele com desconfiança.

— Antonio, você pode, por favor, parar de ser tão misterioso? O que quer dizer com isso? — perguntei. Os acontecimentos da última hora tinham me amedrontado até os ossos e agora reagia furiosamente por medo e choque.

— Vou explicar durante o almoço. Mas primeiro temos de apresentar nossos respeitos ao Ricardo.

"Aí vem coisa", pensei. Durante meus três meses no Peru já tinha tido experiências nas quais as pessoas tentavam "tirar o dinheiro da gringa". Como reação natural, tornei-me bastante cínica. O Peru era um país muito pobre e eu, embora uma "estudante morrendo de fome" em meu próprio país, sem dúvida nenhuma parecia rica para os peruanos. E de acordo com os padrões locais, eu de fato era. Pagava quase

Iniciação: A experiência de uma mulher com a espiritualidade inca

quarenta dólares mensais por quarto e comida. Poderia ficar em Cuzco por algum tempo mais, onde uma excelente refeição de três pratos custava quase cinqüenta centavos. Mas agora estava certa de que era daí que viria a facada; Ricardo iria me pedir muito dinheiro para poder participar de seu grupo. Estava preparada.

Ricardo cumprimentou-me e sorriu.

— Parece que os *apus* estão a favor de nossa Elizabeth — disse Antonio, piscando para Ricardo.

Ricardo apenas sorriu.

— Não se julga o gosto — brincou ele. — Venha e nos visite quando você voltar dos Estados Unidos. Você é bem-vinda a qualquer hora.

— Muito obrigada... eh... *gracias* — disse eu, ainda muito perplexa para encontrar outras palavras. Ele nunca mencionou dinheiro.

— MUITO BEM, ANTONIO, AGORA VOCÊ VAI ME EXPLICAR EXATAMENTE O que está acontecendo — exigi, enquanto nos sentávamos frente a frente em um pequeno restaurante local. Ainda estava chocada. Uma galinha dava voltas em nossos pés, ciscando as migalhas que tinham caído no chão de terra.

— Há alguns meses... — começou Antonio, mas sua voz foi diminuindo. Antonio parecia estar emocionado. Ele começou novamente, agora mais devagar — os *apus* tinham falado que um psicólogo dos Estados Unidos iria se juntar ao nosso grupo. Naturalmente, pensávamos que seria um homem. E aí você apareceu — disse ele, seu semblante sério quebrando-se em um sorriso. — Por alguma razão senti uma forte necessidade de falar com você no ICPNA somente na semana passada, apesar de tê-la visto por lá há meses. Aí você me contou sobre suas experiências com os *apus*. — Ele silenciou por alguns momentos, esperando para que eu pudesse entender.

— Bem? E aí?

— Você não percebe o significado dos acontecimentos? — perguntou Antonio com seriedade. — Quando me encontrei com você pela primeira vez, sabendo que você era uma psicóloga, pensei um pouco, mas não falei com você até a semana passada, até que você tivesse tido a sua própria experiência pessoal. — Meu coração começou a bater mais rápido, pois compreendi que isso estava conectado ao sentimento de missão que tive quando fui chamada para vir ao Peru pela primeira vez.

— Por que eles pensavam que essa pessoa viria? — perguntei.

— Quando os *apus* nos falavam da pessoa americana, disseram que junto com essa pessoa o grupo receberia o poder de chamar os *apus*. Isso nunca aconteceu antes na história da tradição — disse ele.

— No começo não estava seguro, mas agora, por causa da maneira como os *apus* responderam a você, estou convencido. Essa pessoa americana é você!

Fiquei ofegante. Senti-me honrada e humilde, quase envergonhada.

— Mas Antonio, o que posso fazer? Por que *eu*?

— Os *apus* trabalham misteriosamente, de maneiras que são difíceis até mesmo para nós, peruanos, compreendermos — respondeu ele. — Mas você deve saber de uma coisa: muitas pessoas vêm aqui procurando os *apus*, mas poucos os encontram. Se o seu coração lhe diz para trabalhar conosco, então faça isso. Você é livre para decidir.

"Algo mais você deve saber — disse ele, fazendo uma pausa breve para o impacto. — Alguns dos sacerdotes mais elevados pintaram figuras dos *apus*. Eles têm os corpos de um condor... mas com cabeças humanas." — Eu vibrei.

— Antonio, foi isso o que eu vi no olho de minha mente, quando os *apus* se materializaram!

Ele sorriu para mim.

— Então, por que você pergunta para *mim* a razão de ter sido *você* que eles escolheram? Eu já trabalho na *mesa* há um ano e nunca vi tal coisa.

Fiquei completamente confusa. Senti-me como se estivesse em um filme de aventura que de fato era real. Essa era a minha vida!

— Tudo bem — respondi —, de alguma maneira bem louca isso tudo se encaixa. Mas não posso fingir estar entendendo tudo. Antonio, se eu estava pedindo permissão aos *apus* para poder trabalhar aqui

Iniciação: A experiência de uma mulher com a espiritualidade inca 49

em Cuzco, por que, então, eles chamaram um espírito de montanha boliviano?
— Bem — respondeu Antonio pensativo —, isso é interessante. Os sacerdotes andinos não trabalham com a sua geografia moderna. Eles se ligam a uma identidade e a uma geografia mais antigas, algo que talvez corresponda mais ao império inca ou à hierarquia da própria natureza... Não estou bem certo. Mas uma coisa é certa: cada sacerdote tem de trabalhar com a permissão de seu *apu* chefe, e o de Ricardo é o *Señor* Potosí.
"Elizabeth, você está indo embora amanhã, não é? — perguntou Antonio. Eu confirmei com um gesto. — Os *apus* deram algo para o grupo. É um artefato inca, o que você chamaria de 'objeto de poder'.
— Fiquei intrigada e incitei-o a continuar. — É um prato de pedra de propriedades incomuns. Fica em um lugar não muito longe daqui. Gostaria que você fosse ver."
Senti-me como uma criança que sai pulando pelas poças na chuva. Já estava ensopada com estranhas experiências e por isso, a esse ponto, o que seria uma poça a mais? Além disso, racionalizei que se quisesse trabalhar com Antonio e seu grupo, eu deveria pelo menos conhecer mais a respeito deles.
— Tudo bem — respondi. — Vamos parar lá, em nosso caminho de volta.
Após uma pequena caminhada, chegamos a uma lojinha e fomos convidados a entrar na sala do fundo. A loja, de tecidos, pertencia ao pai de um dos membros do grupo. Antonio apresentou-me a três pessoas que reconheci serem da *mesa*: Felipe e Maria, um jovem casal, ambos professores de física da Universidade de Cuzco, e Raul, seu amigo de longa data.
— Estamos felizes por você poder se juntar a nós, Elizabeth — disse Felipe, enquanto nos cumprimentávamos. — Os *apus* nos contaram onde procurar para achar isto — disse ele, enquanto pegava um objeto aparentemente pesado embrulhado em um saco de linho. Ele desembrulhou e surgiu uma grande travessa de pedra com duas alças grossas. O prato tinha uns sete centímetros de espessura e era

feito de uma pedra branca com tons de verde-escuro que parecia granito. O lado interno era liso, mas a área côncava não era muito funda. Embaixo, no centro da travessa, três pontos brancos formavam um triângulo.

Enquanto admirava aquela travessa, experimentei uma sensação muito estranha, como se estivesse caindo. Senti uma vontade imediata de colocar minha mão no prato. Fiquei boquiaberta ao ver minha mão desaparecer em uma nuvem de estrelas. Fechei meus olhos e a realidade se derreteu.

O prato de pedra, dando círculos sem fim, liberta-se da atmosfera da terra e se joga para o espaço exterior. Enquanto flutua livre no espaço, vejo suas moléculas se separando, reajustando-se e juntando-se novamente em uma nova configuração. Alguma coisa é adicionada. Um metal rarefeito. Ouro! O prato começa a girar novamente e se joga para o espaço e de volta à terra.

Quando tirei minha mão do prato, o mundo aos poucos voltou ao normal. Olhei para os rostos ávidos a minha volta.

— O que você viu? — perguntou Antonio de maneira gentil.

— O prato, tem algo extra... ouro transformado — respondi meio sonolenta, sem saber direito o que estava dizendo. Felipe, Maria, Raul e Antonio balançaram suas cabeças. Eles não pareciam surpresos. De fato, para eles tudo isso parecia uma atividade normal de uma tarde qualquer.

— Corra sua mão por cima do prato, você pode sentir a energia — disse-me Raul.

Tendo cuidado para não tocá-lo, passei minha mão a uns trinta centímetros do prato. Pude sentir claramente o golpe de energia quente que zunia. Tentei várias vezes, sempre com o mesmo resultado. Nesse momento pude sentir que aquele prato e eu iríamos compartilhar uma história, e que de alguma maneira eu estaria conectada a ele no futuro.

Antonio e eu voltamos para casa em silêncio. Esperava, com alívio, meu longo vôo do dia seguinte. Tinha muito em que pensar.

3
Ritual em Ojai

OLHEI OS PICOS DAS MONTANHAS PELA JANELA DO AVIÃO, LÁGRIMAS corriam pelo meu rosto e sentia-me agradecida por ter toda a fileira de assentos só para mim. Sentia-me como um bebê deixando sua mãe. De todos os muitos lugares em que tinha vivido em minha vida adulta, incluindo a casa onde cresci em Minnesota, nunca tinha me acontecido de chorar ao partir. Já tinha chorado por pessoas, mas por um lugar, uma terra? Nunca.

Isso mudou agora, mas muitas coisas tinham mudado. Depois de me recuperar do choque inicial de meu encontro com os *apus*, bateu forte em mim o significado desse acontecimento. *Existe* um mundo invisível! Eu sabia disso! Meu eu infantil sempre soube disso, mas agora tive uma experiência vívida. Tinha provas! Lógico, desde que os *apus* não fossem um truque.

Mas se os acontecimentos na *mesa* não eram uma farsa, então os *apus* eram verdadeiros. Isso me impelia para uma revisão muito séria em toda a minha idéia sobre o mundo; de uma visão na qual o "mundo espiritual" passava de uma possibilidade torturante para tornar-se um fato verdadeiro. Será que eu tinha acabado de presenciar uma entrada sendo aberta e fechada para esse outro mundo? Será que era isso o que Ricardo queria dizer com a "entrada de Jesus Cristo"? Os *apus* vieram de algum lugar e voltaram para algum lugar. Mas onde? Um mundo completamente novo abriu-se de repente para mim, um mundo que incluía magia, e isso fazia com que meu retorno aos Estados Unidos, a terra do mundano, fosse ainda mais doloroso.

Ao sair de Cuzco, deixei o único lugar na Terra onde minha alma sentira-se completamente em casa. Deixei as lágrimas correrem livremente. Em Cuzco, os mundos externo e interno juntaram-se para mim, e eu sabia que meus nervos e meu coração, minha própria carne, pertenciam a essa parte do planeta. Embora fosse doloroso estar sendo arrancada dali, sabia sem sombra de dúvidas que voltaria. Era a viagem aos Estados Unidos que se tornava a viagem de férias, a partir de meu novo lar. Enxuguei os olhos e olhei as montanhas, sentindo o contato visceral com a terra. Em minha mente parecia poder ver três seres despedindo-se de mim. Os *apus*?

— Apertem os cintos, por favor. Comissários de vôo, preparar para a decolagem — ordenou o comandante através do alto-falante do avião. Olhei para baixo para poder afivelar meu cinto e fiquei boquiaberta de surpresa. Três discos prateados giravam a poucos centímetros de mim, um em frente ao meu coração, um em minha barriga e outro em meu púbis. O pensamento veio claro para mim: *esses são os centros de energia do meu corpo*. Questionei-me se a carga de energia que tinha recebido dos *apus* para me "dar mais poder" era responsável por esse efeito, abrindo minha visão sutil de algum modo.

A comissária aproximou-se e colocou meu assento na posição vertical. Olhei para baixo novamente e vi somente minha camisa branca amassada, as bordas da nova jaqueta de lã peruana e o topo da calça. Minha visão comum voltou, mas será que aquela visão momentânea do mundo energético seria um prenúncio do que viria a acontecer nos Estados Unidos? Pensara que por deixar o Peru as experiências estranhas iriam parar. Agora não estava tão certa.

Iniciação: A experiência de uma mulher com a espiritualidade inca 53

JÁ FAZIA DUAS SEMANAS QUE ESTAVA DE VOLTA A SÃO FRANCISCO E AINDA não tinha encontrado todos os amigos quando Rusa telefonou, convidando-me para um passeio e um chá na fazenda Greengulch. Minha prioridade ao voltar à Califórnia era encontrar um emprego no qual pudesse ganhar algum dinheiro durante o verão, e assim poder voltar ao Peru para continuar minha pesquisa sobre as curas com os *apus*. Tive algumas entrevistas, no entanto, nenhuma oferta de emprego. Os *apus* tinham me dito para falar abertamente sobre eles, por isso preparei-me para fazer uma palestra com entrada franca na faculdade onde fiz a graduação. Foi excitante imaginar falar em público sobre minhas experiências. Mas primeiro precisava contá-las em particular para meus amigos. Precisava do apoio da maior parte das pessoas equilibradas que conhecia. Rusa, uma estudante de doutorado em psicologia clínica, era uma delas.

Conhecia Rusa havia mais de cinco anos. Estudamos juntas na graduação, mas ela seguiu para completar seu doutorado. Respeitava sua perseverança. Rusa, uma delicada e elegante chinesa, era extremamente inteligente e tinha enorme força de vontade. Essa pequena mulher nadava quase todos os dias na baía de São Francisco, dizendo "um mantra para os tubarões". Tanto ela quanto seu marido, Reb, eram praticantes de longa data da meditação zen. Durante a graduação, morei com eles por um ano e cuidei de sua filha, Thea.

Durante o chá, contei minha história para Rusa e então esperei ansiosamente por sua reação.

— Se o que você me contou aconteceu, Lizzie, mesmo que possa parecer absurdo, ainda assim eu sei que de fato aconteceu. — Sua honestidade simples e sua profunda crença em minhas palavras me aliviaram bastante, para não dizer mais.

Logo em seguida o telefone tocou. Rusa levantou-se para atendê-lo e eu entrei na biblioteca de seu marido e comecei a olhar os livros da estante sem maiores pretensões. Um livro específico sobressaiu-se do resto. Parecia até que brilhava ou pulsava. Estranhamente magnetizada, eu o alcancei, tirei-o da estante e olhei a capa. *Parsifal:* um *romance da Idade Média*, escrito por Wolfram von Eschenbach. Tinha sido editado pela Random House, em 1961. Abri o livro casualmente e li:

> 10. O Graal
>
> ...esse segundo tesouro era um prato grande (em galês, dyscyl): "todo o alimento que alguém desejasse seria então instantaneamente obtido". A palavra dyscyl era, como tinha sido mencionado, o equivalente semântico ao francês arcaico graal, e por volta de 1240 o Helinandus definiu graal como "um prato grande e pouco profundo"... assim, um engano semântico levou por fim à criação do símbolo supremamente poético da Idade Média, o Santo Graal.

O livro ainda dizia que o *dyscyl*, ou prato, não era feito de metal, mas que provavelmente tinha sido esculpido em pedra. Um prato grande e não muito profundo feito em pedra! Na hora minha mente voou até o prato de pedra, ou "prato cósmico", que Antonio tinha me mostrado antes de eu sair do Peru. Por que abri nessa página? Será que o prato cósmico *era* o Santo Graal? "Não!", gritou minha mente racional. "Isso está além do absurdo!"

Meu estômago tremia e eu sentia de novo aquela estranha sensação de destino, como se tivesse levado um banho de água fria, mas de dentro para fora. Senti meus braços arrepiados. Certa de que devia estar tendo um ataque grave de grandiosidade psicológica, mantive-me calada, sem dizer a ninguém sobre o fato.

Pouco tempo depois recebi um telefonema de minha grande amiga Jennifer, e fizemos planos de sairmos para jantar. Decidimos nos encontrar em um restaurante no vale Noe, onde poderíamos conversar bastante durante uma boa refeição. Cheguei cedo e sentei-me a uma mesa mais afastada, para que pudéssemos ter alguma privacidade. Jennifer era uma das poucas pessoas de minhas relações a quem poderia falar livremente sobre minhas estranhas experiências espirituais, porque ela mesma já tinha tido algumas.

Mastigava um pão quente com manteiga, pensando em como iria explicar o que estava acontecendo comigo, quando Jennifer chegou.

Iniciação: A experiência de uma mulher com a espiritualidade inca 55

— Oi! — disse ela ao me ver ali no fundo. — Olhei para minha querida amiga, uma bela mulher, vestida de preto dos pés à cabeça, de modo que seus cabelos dourados brilhassem ainda mais. — Ah! Olhe para nós duas — disse ela. — Você, toda vestida de branco e eu de preto. Bem, suponho que este vai ser um encontro muito importante. — Somente então vi que de fato estava vestida totalmente de branco: um conjunto esportivo que minha mãe havia me dado de presente, no verão anterior. Fazia oito meses que não usava branco; no Peru nenhum viajante faria isso.

— Como está? — perguntei, dando-lhe um grande abraço. Então nos sentamos.

— Estou bem. E posso ver que você teve suas aventuras — disse ela, olhando fundo em meus olhos. Ela sempre teve muita facilidade em me examinar por dentro, e eu dependia dela por isso. Esse fato, além de nosso interesse mútuo por assuntos espirituais, juntou-nos como amigas de longa data, amigas de alma. — Quero que me conte tudo, mas primeiro vamos pedir a comida. — O espírito prático de Jennifer me deixou à vontade.

Fizemos nossos pedidos e rapidamente comecei a desvendar o conto, começando com minha visita ao doutor dos ovos e terminando com a cerimônia no escuro, com os *apus*.

— Eu realmente não sei o que pensar, Jennifer. Você sabe, sinto-me como se tivesse encontrado algo muito importante, mas ainda não consegui juntar todas as peças.

Pude sentir que Jennifer estava ouvindo atentamente, seus olhos presos aos meus. Ao terminar de falar, uma estranha sensação apoderou-se de mim. Senti minha consciência se deslocar. O restaurante de repente ficou em segundo plano, algo irreal. Meu coração começou a bater velozmente e uma sensação palpitante correu pelo coração e desceu pelo braço direito, como se um fluxo de força energética passasse por mim e chegasse à palma de minha mão direita.

Espontaneamente, levantei minha mão direita e mantive-a em direção a Jennifer, com a palma voltada para ela e os dedos para cima. Como por instinto, ela levantou sua mão esquerda para tocar a minha, mas retomando a consciência de si, ela de repente abaixou a mão de novo.

— Sim, sim! — disse eu, encorajando-a. — Acho que isso é para você!

Não muito certas do que estávamos fazendo, tentamos juntar as palmas de nossas mãos. Uma força magnética começou a jorrar de minha mão para a dela. Nunca tinha sentido nada igual. Olhei para Jennifer e em um instante seu rosto e cabelo, aquele cabelo fabuloso, fundiram-se em uma luz pura. Assustei-me, ofuscada pelo brilho. A cabeça de Jennifer tinha sido repentinamente substituída por uma lâmpada de mil watts. Todo o meu ser tremia com a felicidade que sentia por esse contato. Era sensual *e* espiritual, um tipo de êxtase energético.

Devido a algum ato celestial, tempo e espaço desapareceram e de repente fui capaz de observar a grande luminosidade que *era* Jennifer. Sua alma estava se revelando para mim. Meus olhos se encheram de lágrimas. Pisquei os olhos e a luz diminuiu apenas o suficiente para que pudesse enxergar a silhueta de seu rosto. Nesse momento fiquei ciente de que aquela luz ofuscante era a Jennifer *verdadeira*, e seu rosto era apenas uma projeção limitada daquele brilho. Ao contrário daquela luz, seu rosto agora parecia uma caricatura, um desenho animado. Podia ver linhas de dor gravadas ali, um pesar profundo.

De repente, pude compreender. Ela tinha se esquecido. Um tremendo alarme correu em mim e senti que tinha de percorrer uma grande distância para alcançá-la.

— Jennifer — insistia eu apaixonadamente —, lembre-se... lembre-se. Você *tem* de lembrar quem você *é*!

Não posso dizer precisamente o que disse e por quanto tempo falei. Minha alma falou direto à dela, repetindo a mesma mensagem urgente. Então, de minha estranha perspectiva, sua cabeça parecia se dividir e uma fonte de tristeza jorrava, cobrindo o mundo em lágrimas e choro. Era o pesar do esquecimento.

Tão rápido quanto a visão começou, ela foi-se embora. Foi então que soltamos nossas mãos.

Iniciação: A experiência de uma mulher com a espiritualidade inca 57

— Vocês querem algo mais? — perguntou o garçom, agora prestes a aproximar-se de repente da mesa. O restaurante logo voltou a seu aspecto normal.

— Não, obrigada — disse Jennifer com sua indiferença prática. Depois de um longo silêncio, eu falei.

— Jennifer... o que *foi* isso?

Ela parecia pensativa por vários minutos.

— Você estava me *vendo* — disse ela de maneira casual. — Muito obrigada.

Assim começou minha carreira de vidente, uma carreira que tomaria todo o verão e que me daria o dinheiro necessário para poder voltar ao Peru. Pouco tempo depois de meu jantar com Jennifer, encontrei um vidente que me disse que eu tinha dons mediúnicos e se ofereceu para me ensinar a fazer as leituras. Durante os dois meses seguintes, trabalhei quase que em tempo integral, em uma cidade cheia de médiuns, às vezes fazendo até seis leituras por dia. Em pouco tempo consegui juntar milagrosamente dinheiro bastante para continuar minha pesquisa. Só havia mais uma coisa a fazer. Tinha que completar a missão recebida dos *apus*.

Passamos como um foguete pela via expressa, ultrapassando os outros carros no novo Honda vermelho de Claudia. Estávamos com pressa. Tínhamos um encontro marcado com um espírito da montanha. Desde minha volta aos Estados Unidos, estava tentando decifrar a mensagem dos *apus*. O *Señor* Potosí disse que eu deveria executar um ritual aos pés da montanha no oeste perto de onde o presidente mora. "Mas o presidente mora na costa leste, na Casa Branca", argumentava minha lógica.

Foi necessário um outro antigo colega de escola fazer a conexão para mim. Estava tomando chá com ele, relatando esse mistério sobre as montanhas e o presidente, quando de repente ele olhou para mim e disse:

— Ojai. — A palavra saiu de sua boca como se tivesse estado sob pressão, e então soou como um sino em minha cabeça. — Eles estão falando de Ojai. Fica perto do rancho de Reagan — insistiu meu amigo.

— Mas ele não é o presidente — argumentei.

— Uma vez presidente, sempre um presidente — disse meu amigo, piscando para mim.

Muito mais do que sua lógica, foi o efeito que a palavra "Ojai" causou, quando saiu de sua boca como uma flecha e aterrissou bem fundo em meu corpo. Minha mente pode ter duvidado, mas meu corpo estava absolutamente convencido — era esse o local. Outra confirmação veio mais tarde, quando liguei para minha amiga Cyntha em Detroit logo ao chegar em casa. Em duas horas, ela conseguiu que sua amiga Claudia, uma bela e jovem argentina que morava em São Francisco, fosse me levar a Ojai. Ela arrumou até mesmo um lugar para pernoitarmos em Ojai, com uma mulher que apoiava muito os rituais. Os sinais eram verdes por todo o caminho!

Como foi Cyntha quem primeiro me introduziu no xamanismo, quando me forçou a ir a uma das cerimônias de cura dos xamãs, as quais duravam a noite inteira na cidade litorânea de Moche, ela agora tinha se tornado a minha confidente nas aventuras xamânicas. Nossas contas de telefone eram escandalosas. Quando cheguei ao Peru, Cyntha terminara seus estudos lá, antes que o destino a chamasse para viver na Europa. Foi pura sorte o fato de ela estar visitando sua família em Detroit na época em que eu estava na Califórnia. Mas nem mesmo Cyntha podia explicar o estranho fenômeno *apu*.

— Se os *apus* são anjos — perguntou-me Cyntha, durante nossa conversa ao telefone —, então por que eles precisam que você faça uma cerimônia, para poderem falar com os *apus* norte-americanos?

— Boa pergunta — respondi. — Acho que eles são um tipo de anjo da terra, e que talvez estejam relegados a certas áreas, mas isso ainda não explica como eles não poderiam se comunicar um com o outro. A não ser que...

— A não ser que eles estejam separados — Cyntha terminou minha frase com um tom de certeza. De novo, a informação atingiu em cheio o alvo da verdade dentro de mim.

Iniciação: A experiência de uma mulher com a espiritualidade inca 59

Essa era uma maneira peculiar, mas excitante de se mover pelo mundo. Tinha de lidar com eventos e situações que de modo algum podia confirmar com objetividade se eram autênticos. *Tinha* de depender de meu sentido intuitivo da verdade para poder agir. Durante toda a minha vida, ensinaram-me a usar a mente racional, a pensar e racionalizar as situações e agir pela lógica. Neste novo mundo da alma, a lógica tinha pouco poder. Ou melhor dizendo, a lógica não era tão importante como sempre fora no passado. Eu agora me movia e respondia a uma estrutura orgânica muito maior, a uma ordem universal na qual a lógica e o pensamento linear eram irrelevantes.

Mas a lógica ainda tinha grande poder em mim. Eu estava presa em minha própria jaula do racionalismo, e enquanto me esforçava contra as barras dessa jaula, elas se dobravam e se deformavam para então se abrirem completamente. Era ao mesmo tempo amedrontador e hilariante estar livre. Não importa quão temeroso, sabia que existia um outro mundo além da jaula e, com muita cobiça, eu o desejava.

Para viver nesse novo mundo, eu tinha de ser receptiva, atenta às sensações de meu corpo interno, e usar isso como minha força de guia. Não podia mais depender do mundo externo, dos ditames da cultura, da sociedade ou até mesmo de minhas próprias interpretações lógicas ou psicológicas. Tudo isso fora suspenso até segunda ordem. Estava agora seguindo os impulsos ondulados, sensíveis e orgânicos que vinham de dentro. Isso me fazia inacreditavelmente feliz... prestar atenção e seguir esse impulso interno mais sutil em vez de desprezá-lo pela lógica como sempre fizera no passado. Havia algo de profundamente feminino nessa maneira de ser.

Após sete horas de viagem, chegamos a Ojai e encontramos, esperando por nós, um mapa e a chave da casa onde passaríamos a noite, tudo arrumado antes por Cyntha. Enquanto íamos para nossas acomodações, Claudia ria, balançando a cabeça.

— Você e Cyntha são as mais bruxas das bruxas que conheço. É impressionante ver como você consegue que as coisas funcionem para você. Espero que um pouco desse poder sobre para mim. Sabe, é por isso que eu vim com você.

— Não se preocupe, Claudia, você também tem poderes de bruxa dentro de você. E não se esqueça, você é a fotógrafa oficial dessa expedição — disse eu para lembrá-la. Os *apus* tinham dito que eu fotografasse as montanhas durante o ritual e que os *apus* norte-americanos iriam aparecer nas fotos. Se eles realmente aparecessem nas fotos, isso seria uma prova concreta da realidade dos *apus*. Em Cuzco, Antonio me disse que os *apus* aparecem nas fotos, mas que depois de alguns meses a imagem deles enfraquece, deixando apenas a paisagem. Eu queria ver isso por mim mesma.

Na manhã seguinte acordamos bem tarde. Minha mente, uma confusão de sonhos e realidade, dificultava o meu despertar completo. Fazia um bom tempo que não dormia tão profundamente. Claudia pegou minha bolsa enquanto saíamos de casa.

— Eu vou cuidar disso — disse ela, enquanto nos apressávamos para entrar no carro. — Você tem outras coisas para levar. — Nós rimos, mas ela estava certa.

Para esse ritual, eu tinha reunido vários objetos: um pequeno manto peruano para usar como pano do altar; duas garrafas de Cuzqueña, a cerveja de Cuzco que eu contrabandeara do país, envoltas em minhas roupas de baixo; tabaco peruano dos cigarros chamados Inkas e uma concha do mar para queimar as ervas aromáticas. Eu sabia que os indígenas norte-americanos ofereciam ervas e tabaco durante suas cerimônias, e como agora estava nos Estados Unidos, pensei que seria melhor estar completa.

Descemos pela principal artéria da cidade, em direção a um pico alto a distância.

— Essa deve ser a sagrada montanha de Ojai — disse Claudia, apontando para o pico bem a nossa frente.

— É, mas você não pode nem mesmo chamar isso de montanha — brinquei. — Os Andes... eles sim são verdadeiras mon... — parei de falar no meio da frase. Claudia voltou-se para me olhar.

De repente, uma imagem do vale de Cuzco se sobrepôs ao cenário que estava vendo, fazendo-me instantaneamente ciente de que o vale Ojai era do exato formato, quase que uma réplica do vale de

Iniciação: A experiência de uma mulher com a espiritualidade inca

Cuzco, só que em miniatura. A sagrada montanha Ojai ocupava a mesma posição que a sagrada montanha andina de Ausangate. Quando consegui falar novamente, contei à Claudia o que estava vendo.

— Bom, bom — disse Claudia. — Você está se ajustando.
— Sim — respondi. — Temos de fazer o ritual exatamente dez para as duas. — Estava em um tipo de transe.
— Perfeito — respondeu Claudia. — Isso vai nos dar tempo bastante para passearmos um pouco e então almoçarmos.

Eram mais ou menos uma e meia quando terminamos de almoçar e tomamos a longa estrada esburacada que nos levava à montanha Ojai. Não queria me atrasar. Claudia estacionou o carro no portão e entramos no Ojai Center, passando por dois prédios octogonais que pareciam escritórios. Sabia que o Ojai Center tinha sido aberto nesse local sagrado como um centro de apoio às crenças e tradições xamânicas, e para realizar conferências com os indígenas. Pensei que eles estariam interessados em ajudar com o ritual que iria executar, mas o escritório nunca retornou meus telefonemas. De imediato, compreendi que teria de fazer esse ritual por minha própria conta.

— Por aqui — disse para Claudia, apontando uma pequena trilha que levava em direção ao pico. Seguia o meu instinto. Precisava de um local onde pudesse ver o pico e ainda ter uma certa privacidade. Tomamos o desvio da direita e subimos a colina. Arbustos altos cobriam o chão em ambos os lados do caminho, mas desviando pela direita, notei uma clareira. Atravessamos os arbustos em direção ao pequeno campo. — Perfeito — pronunciei, jogando minhas coisas no chão e supervisionando o local. Era uma área mais ou menos escondida da estrada devido aos arbustos, mas que proporcionava uma boa visão da montanha.

Não sabendo bem o que fazer em seguida, abri minha bolsa e comecei a tirar todos os itens que tinha reunido para esse momento. "Antes de falar com eles, ofereça-lhes uma Cuzqueña de nossa parte" os *apus* tinham me dito. Eu abri o manto para o altar e coloquei a concha no centro e as cervejas peruanas no canto de trás, como tinha observado no altar de Ricardo. Por sorte, eu não me esqueci do abridor de garrafas.

Acendi um fósforo e queimei um pouco da erva aromática, purificando-me e oferecendo o doce aroma à montanha. Em seguida, abri as garrafas de Cuzqueña e joguei um pouco da cerveja no chão, oferecendo-a a Pachamama, o espírito da terra. Então, joguei um pouco da cerveja em meus dedos, atirando as gotas em direção às montanhas, como tinha visto Ricardo fazer. Tomei um gole e fiz Claudia tomar outro. Enquanto trabalhava, comecei a entrar em transe. Acendi um cigarro e prendi a fumaça na boca, enquanto fazia uma prece aos espíritos da montanha. Joguei a fumaça em direção à montanha, à terra e às quatro direções. Mal podia ouvir o clique da câmara, enquanto Claudia tirava uma foto após a outra. Senti minha consciência fundir-se com a montanha.

> — Trago-lhe saudações. — *(Parecia que eu estava olhando para a montanha Ojai do alto do pico Ausangate, e dizia as palavras em voz alta.)* *Ele... eu... Ausangate... era uma bela luz tremeluzente verde-dourada. Ela estava irada, silenciosa.* — Venha, vamos esquecer essa antiga briga e viver em harmonia como antes. — *A montanha Ausangate falava através de mim. De repente, senti uma necessidade de mudar minha posição. Voltei meu corpo em direção ao sul, tomando o lado dela. Ela... Ojai... emanava uma adorável cor vermelho-dourada.* — Por que deveria perdoá-lo? — *falou ela em desafio, e se uma montanha pudesse bater o pé, ela o teria feito. Minha consciência voltou-se novamente para o Ausangate.* — Porque eu a amo, filha. — *Uma profunda dor e tristeza tomaram conta de mim. Lágrimas corriam de minha face. De repente abriram-se duas correntes de energia, e um fluxo de energia verde-dourada tomou conta de mim. O vermelho-dourado da filha e o verde-dourado do pai. Eles se fundiram em meu corpo. Senti enorme felicidade, bem-aventurança... amor... e a corrente de energia... Dois campos energéticos que deveriam caminhar juntos, mas que por muito tempo estavam separados, novamente se encontravam.*

Como que de repente, fui jogada de volta à minha própria consciência. Senti as personalidades das montanhas recuarem em direção a elas à medida que mudava meu estado de percepção. Ainda em transe, fiz o sinal-da-cruz e me ouvi dizer:

Iniciação: A experiência de uma mulher com a espiritualidade inca 63

— Assim como era no começo, assim deve ser novamente e para sempre. Amém. — Sentia-me como um sacerdote que acabara de executar uma cerimônia.

Tão de repente como começou, o ritual terminou. Parecia que estávamos lá fazia horas. Respirei fundo e, balançando minha cabeça para clarear a mente, caminhei em direção a Claudia e a abracei com força, tanto para agradecer-lhe quanto para sentir meu corpo físico de novo. Ajuntamos nossas coisas e nos dirigimos de volta ao carro. Eram duas horas. Um longo período de dez minutos havia transcorrido. Estava exausta. A cerimônia tinha sido intensa, poderosa, dolorosa; senti fortes emoções. Examinei-me psicologicamnte, tentando perceber se meu desejo de resolver minha própria raiva de meu pai me teria feito projetar esses sentimentos nas montanhas, as quais, sem nenhuma vergonha, eu tinha humanizado.

— Elizabeth — disse Claudia, quase sem ar devido à nossa caminhada até o carro. — Tenho de lhe dizer algo.

— O quê? — respondi, já consciente de mim mesma. Queria saber o que ela tinha visto.

— A montanha Ojai, acho que é filha dele. Sabe, filha da montanha de Cuzco.

— O quê? — exclamei. Claudia tinha ficado a uma distância respeitável, pelo menos a três metros. Será que ela teria ouvido o que eu murmurara? Peguei-a pelos ombros.

— Claudia, isso é muito importante. Você ouviu o que eu falava? — perguntei-lhe.

— Não — ela olhou para mim surpresa. — Eu apenas senti como se estivesse observando um pai e uma filha conversando.

— Sim — refleti. — Senti de fato que estava fazendo uma terapia familiar, mas com montanhas. — Poderia ser este, então, o significado da similaridade dos formatos? Será que havia famílias de montanhas? Eu nem mesmo sabia sobre o que era esta briga familiar. Foi resolvida puramente no plano energético.

Uma semana após nosso regresso de Ojai, saí para pegar a correspondência. Havia uma carta da Continental Airlines. Tinha recebido um *voucher* para uma viagem gratuita, embora não me lembrasse de ter entrado para o programa de milhagem da companhia. Ele dizia: "Bom para uma viagem de ida e volta a qualquer lugar no continente dos Estados Unidos. Tem de ser usado antes de 16 de junho de 1989." Esse incrível golpe de sorte fazia com que meu vôo de São Francisco a Miami fosse grátis, e isso cobria mais da metade da tarifa ao Peru! Eu não planejara voltar ao Peru tão cedo. Mas quando pensei sobre isso, vi que já havia completado tudo o que tinha vindo fazer. Fiz dinheiro, renovei contatos com velhos amigos, fiz novas amizades, desenvolvi um novo talento e completei a tarefa dada pelos *apus*. Era de fato a hora de voltar para Cuzco e esse *voucher* gratuito apenas selava o acordo.

4
A Festa de Aniversário

CHEGUEI A CUZCO QUATRO DIAS ANTES DE ANTONIO BATER A MINHA porta.

— Os *apus* querem vê-la — disse ele. — Eles disseram ao grupo que você é uma de suas "filhas especiais".

— Vamos — disse eu, amarrando os cadarços de minhas botas de montanha. Eu já o aguardava e agora tinha a esperança de que seu comentário significasse que tinha me saído bem em Ojai.

Desta vez estava pronta para encarar os *apus*. Na verdade, tinha uma lista de perguntas para fazer-lhes. Claudia e eu revelamos o filme que ela tirou em Ojai, mas nenhum *apu* apareceu, apenas uma estranha marca que parecia um rasgo no negativo. Fiquei desapontada com as fotos, mas ainda assim muito animada em começar o próximo estágio de minha pesquisa.

Enquanto caminhávamos, Antonio contou-me mais a respeito dos *apus*.

— Cada *apu* tem uma habilidade diferente. Por exemplo, o *Señor Volcán Misti*, uma montanha vulcânica em Arequipa, é conhecido como o carteiro.

— O carteiro? — perguntei, arregalando os olhos.
— É. Disseram-me que você pode colocar uma carta na *mesa* dos mestres que chamam esse *apu*, pedir ao *apu* Volcán Misti para enviá-la a qualquer um no Peru e a carta vai aparecer no quarto dessa pessoa.

— Incrível — disse eu, achando que esse sistema de correio místico talvez fosse mais confiável que o correio regular peruano.

— O *Señor* Potosí faz operações astrais. Tem uma mulher que precisa de um transplante de rim. Ela vai estar na *mesa* hoje.

Olhei para ele surpresa. Não podia imaginar como isso iria acontecer. Antonio riu de mim dizendo:

— Isso é só o começo. Existem muitas outras histórias sobre as habilidades dos *apus*. Você vai ver por si mesma. Eles são muito poderosos.

Antonio também me disse que houve problemas enquanto estive fora. Um dos estudantes de Ricardo roubou os cristais do altar. Infelizmente, ele era um policial que portava uma arma e ninguém sabia como conseguir os cristais de volta.

— *Los Papitos* dizem que os cristais são, na verdade, poderes, porque eles têm energia viva. Eles dizem que devemos chamar as coisas pelo que elas são.

— Vocês têm um plano de como conseguir os cris... quero dizer, os "poderes" de volta? — disse eu, imaginando em que poderia ajudar.

— Não. Temos de esperar e ver o que os *apus* comandam — disse-me Antonio.

Uma coisa que ele disse me intrigou. Por que os *apus* iriam comandá-los? Nunca gostei que alguém me dissesse o que eu teria de fazer, nem mesmo espíritos no escuro. Fiz-me recordar que estava ali para aprender através dessa situação tão diferente, e não impor meus julgamentos de valores.

Chegamos à *mesa* e logo nos levaram diretamente para ver Ricardo. Ricardo cumprimentou-me. Ele não falou, mas começou a preparar a *mesa* para a chegada dos "anjos". Os outros membros do grupo reuniram-se a nossa volta, cumprimentando-me com o *beso* peruano e me dizendo quão felizes estavam por eu ter voltado.

Iniciação: A experiência de uma mulher com a espiritualidade inca

Levei comigo as fotos do ritual Ojai. Elas ainda estavam no envelope do laboratório, por dentro de minha camiseta, o lugar onde sempre carrego as coisas de valor quando estou no Peru. Na minha excitação, eu tinha esquecido de mostrá-las a Antonio. De fato, por toda a nossa conversa eu nem mesmo mencionara as fotos para ele.

As mantas foram colocadas nas portas e janelas, e todos se sentaram. Estava nervosa, tensa, e ainda incerta sobre o que achava de tudo aquilo. Questionava esse fenômeno e ao mesmo tempo esperava ter feito bem o meu trabalho. Sentei-me no meio entre Ralph Nader e Little Bo Peep.

Ricardo entoou suas preces e o *Señor* Pampahuallya e o *Señor* Sollacasa imediatamente se materializaram vindos do teto, com uma força tremenda e um bater de asas.

— Filha Elizabeth — disse o *Señor* Pampahuallya —, devemos parabenizá-la. Você fez muito bem e estamos orgulhosos de você. Quero apresentá-la à *Mamita* Wakaypata, a praça central de Cuzco.

De repente, uma rajada de vento veio da terra em frente ao altar, seguido por um baque surdo sobre a mesa. Uma estridente voz feminina falou.

— *Mamita* Wakaypata, praça principal, Cuzco — disse ela, como apresentando-se ao dever.

— Ela só fala quíchua — cochichou Antonio para mim.

Enquanto ela falava, Antonio ia traduzindo.

— Quatrocentos *apus* estão felizes com a cerimônia que você executou, filha. Você possibilitou a comunicação entre *apus* que já não se falavam havia anos. — Senti meu rosto queimar. Estava orgulhosa e envergonhada ao mesmo tempo. Era uma validação de minha experiência. — Você trouxe vinte e cinco *apus* norte-americanos consigo. Eles estão em uma conferência sobre a montanha sagrada, Ausangate.

— Por favor... — disse eu, minha voz tremia com o esforço de querer falar. — Eu gostaria de poder conversar com os *apus* norte-americanos. A senhora pode pedir-lhes para virem à *mesa*? — Tinha certeza de que se pudesse ouvir os *apus* americanos falar em inglês, teria uma compreensão muito mais clara a respeito deles.

— Eles virão falar com você em poucos dias. Já esperaram muito tempo por esse dia e mandam seus cumprimentos, dizendo que se sentem tristes por verem você chorar em seu quarto. — Fiquei impressionada. Ninguém sabia que eu estivera chorando. De fato, sempre me assegurava de que ninguém pudesse ouvir quando, às vezes, escondia-me no quarto para chorar. Como ela poderia saber?

Todos ficaram quietos por um momento e então outra grande explosão veio do teto e o *Señor* Potosí da Bolívia anunciou sua chegada.

— *Ave María Purísima* — entoou o grupo, recebendo a deidade da montanha boliviana.

— Filha Elizabeth — disse-me ele. — Estamos muito satisfeitos por sua volta. Mas agora temos de trabalhar.

Antonio traduziu para mim e então explicou sussurrando:
— Eles vão fazer o transplante de rim. — Houve algum murmúrio, enquanto a senhora doente foi trazida para diante do altar. Eles lhe disseram para se deitar de bruços na mesa do altar.

— Filha Elizabeth — o *Señor* Potosí falou-me novamente —, suas preces são fortes. Tome um dos poderes e ore pela cura dessa senhora.

— Alguém me colocou um grande cristal de quartzo em minha mão e fechei meus olhos, começando a orar com todo o meu coração. Tive um sentimento cálido e amável que tomou conta de mim, algo normal quando fazia as curas. Fiquei repleta de sentimento de amor e comecei a estender esse amor à senhora.

De repente, *Mamita* Wakaypata falou.
— Filha Elizabeth, não sorria enquanto ora, pareça séria! — exigiu ela. Somente então vi que estava com um sorriso de orelha a orelha em meu rosto.

Imediatamente, parei de sorrir e fiquei mais séria. Vários pensamentos e sentimentos passaram por mim em milésimos de segundos. "Oh, não! Fiz algo errado e ofendi esses seres. Mas por que não deveria sorrir? É algo perfeitamente natural quando se sente bem. Oh, meu Deus, eles podem ver meu rosto nesta sala escura. Isso quer dizer que eles existem de verdade!"

Iniciação: A experiência de uma mulher com a espiritualidade inca 69

Estava em frente ao altar, segurando o cristal com as mãos. A senhora que recebia a operação estava deitada na mesa do altar diante de mim. O *Señor* Potosí parecia estar bem em frente a mim do outro lado da mesa, encarando-me, enquanto pairava por cima da senhora. Ele orava em voz alta e parecia borrifá-la com água benta. Algumas das gotas caíram em mim.

— Lembre-se, minha filha — disse ele à senhora —, a preocupação mata. Saiba que você não sabe de nada e que você está bem. — Ele falou com uma voz amável, mas bem firme. Um golpe de afeto por este ser tomou conta de mim. Gostava cada vez mais do *Señor* Potosí. Sem dúvida ele era o meu *apu* favorito.

— *Gracias, Papito, gracias* — gemeu a senhora ainda deitada. Ela era tão humilde, tão vulnerável. Novamente, meu coração foi até ela.

— Filha Elizabeth, venha aqui — chamou-me novamente o *Señor* Potosí.

— Ele quer que você confirme a operação — traduziu Antonio.

— Como faço? — perguntei a Antonio.

— Você tem de colocar sua mão no lugar da operação — disse-me.

Aproximei-me mais da mesa, sentindo o caminho através da escuridão. Ouvi uma inspiração profunda quando minha mão fria tocou na pele das costas da senhora. Senti uma grande faixa em suas costas, na altura dos rins.

— Lá! — explicou o *Señor* Potosí, enquanto minha mão tocava na atadura. — Agora você testemunhou uma de nossas operações, minha filha.

Voltei para o meu assento no banco, achando que não estava tão segura a ponto de dizer que tinha "testemunhado uma operação".

Os *apus* cuidaram do resto das pessoas na *mesa*. Lembrei-me de Antonio dizendo que os hospitais mandam seus pacientes com doença terminal para os *apus*, quando já não podem fazer mais nada. Antonio disse que em muitos casos as pessoas se curam. Quis tentar acompanhar o caso da senhora com o transplante de rim.

A *mesa* já estava quase para terminar. A maioria dos *apus* fizeram suas saudações e deixaram a mesa, permanecendo apenas o *Señor*

Pampahuallya, o *Señor* Sollacasa e o *Señor* Potosí. O *Señor* Pampahuallya chamou-me de volta à mesa.

— Filha Elizabeth — disse ele, tirando-me de meus pensamentos.

— *Sí, Papito* — respondi, já bastante treinada agora.

— Você tirou fotos do ritual como nós a instruímos? — perguntou ele já sabendo.

— Sim, *Papito*. Eu as tenho aqui — respondi.

— Aproxime-se — instruiu-me ele. Peguei as fotos de meu esconderijo especial e apalpei o caminho até mais perto da mesa, em direção à voz.

— Dê-me as fotos — ordenou ele. Segurei as fotos no ar em frente a mim. Ouvi pequenos passos se aproximarem de mim do outro lado da mesa, parando na ponta. Assustei-me quando as fotos foram tiradas de minha mão. Houve um movimento brusco, como se alguma mãozinha se precipitasse para pegar as fotos. Pude ouvir o *Señor* Pampahuallya rapidamente mexendo as fotos, um som como pequenas mãos fazendo movimentos rápidos e precisos.

Ele e os outros *apus* comentavam entre si em quíchua.

— *Muy bien, muy bien* — diziam.

— O que você estava dizendo na foto em que tinha as mãos para cima em direção à colina? — perguntou ele. De repente, pude visualizar a foto em minha mente e pude mais ou menos lembrar-me do que estava dizendo.

— Estava orando à pequena montanha para perdoar a grande, *Papito* — respondi.

— Muito bem, muito bem, filha, e na foto em que você está de cabeça baixa?

Desse modo, os *apus* viram umas cinco ou seis fotos comigo. Era espantoso que, na total escuridão, esses seres pudessem ver e descrever exatamente as cenas em cada uma das fotos. Embora parte de mim ainda quisesse acreditar que essas materializações dos *apus* fossem algum tipo de truque, as evidências contrárias rapidamente aumentavam. Ainda assim, mesmo que fossem verdadeiros, sentia-me cautelosa. Tinha muito receio de perguntar por que os espíritos

Iniciação: A experiência de uma mulher com a espiritualidade inca 71

das montanhas não tinham aparecido nas fotos. Embora estivesse claro que algumas das coisas que os *apus* faziam fossem boas, eu não sabia muito a respeito deles e tudo isso era muito repentino e estranho para mim.
Por outro lado, adorava o aspecto da cura que eles faziam e acreditava nisso. Concordava com o que o *Señor* Potosí tinha falado àquela senhora, que uma grande parte de sua saúde tinha a ver com ela acreditar que estava bem. Já estava familiarizada com a idéia de que nossos pensamentos e crenças afetavam diretamente nossos corpos e nossa saúde. O *apu* parecia estar operando com esse mesmo princípio.
— *Muy bien*, filha — congratulou-me o *Señor* Potosí pelas fotos. — Amanhã você deve vir para a *mesa*. É um dia muito especial. É o aniversário da *Mamita* Wakaypata. Você deve trazer sua viola e cantar para nós. — Presumi que ele se referia ao meu violão. Era interessante como o vocabulário deles parecia tão limitado em algumas assuntos.
— *Sí, Papito* — respondi, obediente. Os *apus* se despediram de nós e partiram, com um grande bater de asas.
Quando já estávamos fora, Ricardo aproximou-se de mim e disse:
— Elizabeth, quantos *apus* você gostaria que viessem à *mesa* amanhã?
— Não sei — disse, um tanto envergonhada. — Por que não uns trinta? — falei num tom de brincadeira.
— Está bem, trinta *apus* vão vir para a *mesa* amanhã, mas só se você prometer trazer sua "viola" — brincou Ricardo, fazendo troça do vocabulário dos *apus*.
Naquela noite, de volta ao meu quarto, meditei sobre os eventos recentes. Nada era concreto e não havia respostas simples às perguntas que passavam frenéticas em minha mente. Essa minha nova vida era excitante, mas também senti que havia alguns inconvenientes à minha sensitividade desenvolvida. Algumas coisas que tinham acontecido ainda nos Estados Unidos intrigavam-me. Por exemplo, depois de tocar na barriga de uma amiga que estava no começo da gravidez, senti que ela iria perder o bebê... e que o seu filho seguinte seria perfeitamente saudável. O que deveria fazer com esse tipo de infor-

mação? Era lógico que não poderia falar esse tipo de coisa para ela, só poderia tentar estar perto, quando ela sofresse o aborto.

Outra premonição aconteceu certo dia, enquanto corria na praia. De repente, o vento ficou frio e todas as cores sumiram. Comecei a ver tudo em preto e branco. Quando olhei para baixo, a única cor que existia era o vermelho. Estava correndo em sangue... sangue até minhas canelas. Olhei para o mar e vi corpos dilacerados e ouvi as palavras: "Muitos inocentes morrerão." Ajoelhei-me bem ali e orei, chorando bem forte e implorando a Deus para não deixar isso acontecer, para não deixar ocorrer o que estava vendo.

Por quê? Indagava. Por que via essas coisas se não podia fazer nada para evitá-las? Um mês depois vi exatamente a mesma cena no noticiário da noite, os corpos... o sangue. O repórter estava na China dizendo que muitas pessoas inocentes tinham morrido na praça Tiananmen, durante a rebelião estudantil. Havia certos aspectos em desenvolver essa sensitividade, a qual eu tanto tinha desejado, que eram um grande tormento.

Agora a *mamita* da praça principal de Cuzco dizia-me para não sorrir enquanto orasse! A "operação espiritual" dos *apus* pareceu uma farsa para mim. E havia certas outras coisas dos *apus* que, honestamente, me arrepiavam. Ao mesmo tempo, o fenômeno era muito fascinante. Estava caminhando por um mundo cinzento e nevoento, onde não havia respostas claras ou fáceis.

No dia seguinte Antonio me chamou, para que pudéssemos ir juntos até a *mesa*.

— Hoje — disse Antonio, enquanto caminhávamos pela já familiar linha de trem — é o aniversário da *Mamita* Wakaypata. Ela vai fazer duzentos e oitenta e sete anos de anjo. — Ele nunca poderia explicar-me qual a relação entre os anos de anjo e os nossos humanos. Disse que haveria uma grande celebração na *mesa*; todos estariam lá, incluindo todo o "grupo" e muitos outros que viriam para prestar seus respeitos à *Mamita* Wakaypata. — Ela é a mais poderosa de todas as *santas tierras* de Cuzco — disse-me Antonio. Segundo ele, os *apus* tinham explicado ao grupo sobre o nascimento de um anjo, mas ninguém tinha de fato compreendido como e por que eles nascem. Ele disse que esse era um dos pontos que o grupo esperava estudar, uma vez que fossem capazes de ter mais fundos e abrir um centro de estudos. O grupo pensava que eu poderia ajudá-los com isso. Eles queriam que eu fizesse contatos nos Estados Unidos com alguém que tivesse dinheiro para doar a essa causa. De fato, já tinha um contato. Um senhor que tinha grande interesse em curas alternativas. Só teria de lhe escrever mostrando a proposta do projeto.

Lembrei-me de uma visão que tive com apenas uma semana de minha primeira visita a Cuzco. Vi uma grande ponte branca em forma de arco ligando Cuzco à Califórnia, e que muitas pessoas viriam ao Peru em busca de iniciação espiritual. Senti que de alguma maneira eu seria um instrumento para fazer isso acontecer. Ao mesmo tempo, começava a sentir como se esse "grupo" fosse alguma sociedade secreta em que aos poucos estava sendo introduzida. Não gostava de todo esse lado secreto e confidenciei meus sentimentos a Antonio.

— De uma certa maneira você está certa, Elizabeth. Pense nisso: os andinos sempre foram muito fechados sobre seus ensinamentos e o caminho tem sido um segredo muito bem guardado há milhares de anos. É um evento histórico você, uma gringa, ter sido convidada para participar. — Seu comentário me fez sentir duas coisas diferentes ao mesmo tempo: por um lado me senti especial, privilegiada, escolhida, e isso me bateu como algo perigoso. Ainda assim, também senti como se estivesse sob uma pressão enorme para fazer ou ser alguma coisa importante.

Antonio e eu estávamos conversando sentados em um banco no quintal, fora da *mesa*, esperando para entrar, quando uma grande confusão aconteceu ali. Ouvimos vozes iradas. Raul, um dos membros do grupo, falava com muita ira a um garoto de uns sete anos. Eu não conseguia entender aquelas palavras rápidas em espanhol e quíchua. Antonio não teve tempo de explicar antes que entrássemos todos às pressas na sala do cerimonial.

Os *apus* se materializaram com menos força hoje do que no dia anterior. A força com que se materializavam parecia variar: dependendo de quê? Não estava certa. Também queria saber sobre a fome fantástica que senti depois da cerimônia do dia anterior.

— Isso é porque os *Papitos* sugam uma tremenda energia de nós, para que possam se materializar — explicou Antonio.

— Por que eles não têm sua própria força? — perguntei a Antonio, mas ele não sabia a resposta. Resolvemos que iríamos fazer-lhes essas perguntas.

Quando Ricardo abriu a *mesa*, o *Señor* Pampahuallya, o *Señor* Sollacasa e o *Señor* Potosí materializaram-se rapidamente, um em seguida do outro. De novo, senti meu coração aquecer-se quando o *Señor* Potosí veio à *mesa*. Parecia que estava desenvolvendo uma afinidade com ele. Era tão amável pensar que estava presente em uma reunião de anjos. Senti-me especial, honrada por estar lá e poder participar em suas cerimônias.

O *Señor* Potosí falou ao menino, pedindo que ele se aproximasse da mesa. O garoto aproximou-se da mesa do altar e de repente ouvi o silvo e o estalido de um chicote de couro, como se estivesse sendo segurado pelo braço de um *apu* e repetidas vezes caindo no garoto. Levei alguns instantes para compreender que esse assim chamado anjo estava chicoteando a criança e parecia ter um braço muito forte. Fiquei tão chocada que não pude nem mesmo protestar. A surra já estava terminando quando pude registrar o que estava acontecendo. O que era aquilo? Algum arcaico costume inca?

— O que está acontecendo aqui? — cochichei furiosamente a Antonio. Tinha receio de interromper a cerimônia, mas sem dúvida isso para mim era bastante *errado*.

— Esse menino é filho do Ricardo. Vou lhe explicar mais tarde.

— Surgiu um grande conflito emocional dentro de mim. Estava ali para aprender e observar costumes que eram diferentes dos meus, mas a surra em uma criança não tinha nada a ver com o espiritual. A explicação era que o garoto tinha roubado doces do bolso de um dos adultos da *mesa*. Ainda assim, essa explicação não era justificativa para

Iniciação: A experiência de uma mulher com a espiritualidade inca 75

mim. Sabia que culturalmente os indígenas não viam nada demais no abuso à esposa; eles chamavam isso de *amor serrano*, ou "amor no estilo da montanha". Mas não estava certa sobre o que eu chamaria de abuso à criança.

Após as chicotadas, os *apus* voltaram à rotina, executando as várias curas e respondendo aos pedidos daqueles que buscavam ajuda. Ainda estava chocada com o chicote. Comecei a questionar o que de fato tinha acontecido; será que eles tinham feito algum dano real à criança? Será que a punição era para humilhá-lo? Havia uma lição importante atrás disso? Bater em uma criança não é algo que se aceite nos Estados Unidos; na verdade, os pais podem ir para a prisão por isso. Comecei a debater o tema em minha cabeça, mas não importava de que maneira eu pensasse sobre isso, sabia que a surra estava errada. A violência não ensina nada além de violência.

A *mesa* terminou e as portas se abriram, mas o que veio a acontecer em seguida foi o suficiente para tirar qualquer outro pensamento de minha cabeça.

Durante a *mesa*, várias mulheres haviam se reunido ali fora. Agora elas entraram com pratos de comida cobertos com papel de alumínio. Elas colocaram seis ou sete dos pratos quentes no altar, junto com vários pratos empilhados e talheres. O aroma da comida recém-feita encheu a sala de cerimônia. Em seguida, elas colocaram mais cerveja na ponta da mesa do altar.

Colheres para servir foram cuidadosamente colocadas ao lado das travessas. Fiquei bastante surpresa quando Ricardo instruiu seus ajudantes a colocarem de volta os mantos nas portas e janelas. Nesse momento já havia mais de cinqüenta pessoas se espremendo naquela sala tão pequena. Muitos lotavam os bancos, enquanto outros ficavam de pé ou sentavam-se no chão.

Ricardo estava em frente ao altar.

— Trinta *apus*, não é, Elizabeth? — disse ele, sorrindo para mim. Balancei a cabeça afirmativamente, envergonhada por ele ter me destacado no meio daquela multidão. Quando Ricardo terminou seus preparativos, todos se afastaram do altar. Ele tomou seu assento costumeiro na ponta direita do altar e a lâmpada foi desatarraxada. Ricardo entoou suas preces e o grupo acompanhou-o com "Jesus" no final de cada sentença.

Os *apus* se materializaram com tremenda força para essa segunda sessão do dia.

— *Señor* Pampahuallya de Abancay Prima, *buenos días*.
— *Señor* Sollacasa, *muy buenos días*.
— *Señor* Potosí da Bolívia, a seu dispor.
— Bom-dia para vocês, *Mamita* Wakaypata, Plaza de Armas, Cuzco.

Ricardo citou sem esforço todos os *apus* convidados para a festa de aniversário e o *Señor* Potosí chamou-os pelo nome, tocando um sino à entrada de cada um.

— *Señor* Huaskaran, *Señor* Ruma Ruma, *Señor* Qorichaska, *Señor* Saqsaywaman, *Señor* Volcán Misti, *Apu* Huayna Ausangate, *Mamita* Chachapollas... — a lista continuava.

As deidades masculinas vieram batendo suas asas a partir do teto e as deidades femininas vieram a partir da terra. Cada uma aterrissava com um baque tremendo e se apresentava antes de parabenizar *Mamita* Wakaypata pelo seu aniversário.

Quando todos os *apus* já tinham chegado, os membros do grupo saudaram a todos e congratularam *Mamita* Wakaypata pelo seu aniversário, agradecendo-lhe a ajuda durante o ano que se passara. Embora tivesse perdido a conta dos nomes, sabia que havia pelo menos trinta *apus* reunidos ali na mesa.

— Sirvam-se — disse Ricardo. Então, ouvi garrafas de cerveja sendo abertas ali na escuridão e sendo derramadas no chão.

— *Salud!* — diziam os *apus*, um após o outro.
— *Salud!* — respondiam as pessoas.
— *Señores*, por que vocês não comem? — ofereceu Antonio. E com isso ouvimos o som do papel de alumínio sendo removido dos pratos e o barulho dos talheres, enquanto a comida estava sendo servida na total escuridão.

… *Iniciação: A experiência de uma mulher com a espiritualidade inca*

— *Papitos* — comecei, incapaz de permanecer em silêncio. Estava repleta de perguntas a fazer-lhes sobre essa curiosa "festa de aniversário" e ansiosa para falar com os novos *apus* que nunca tinha encontrado antes, especialmente o *Apu* Volcán Misti.

— Shhhh! — Antonio me fez calar. — Eles estão comendo! — A sala estava em silêncio exceto pelo barulho de pratos e talheres na escuridão, e o som surdo de mastigações.

De onde estava sentada, muito próxima ao altar, tinha certeza de poder ouvir ou sentir o movimento de alguém perto da mesa do altar. Mas, no máximo que minha audição e senso cinético poderiam perceber, nenhum ser humano havia mudado de posição desde que as luzes se apagaram. O som do bater de talheres vinha de toda parte do altar.

— Filha Elizabeth — veio a voz da *Mamita* Wakaypata —, sirva-se à vontade.

— Ela está lhe oferecendo o primeiro prato de comida — disse-me Antonio. — Vá para o altar e estenda a sua mão. — Fiz o que ele me instruiu, notando quanto barulho eu fiz para conseguir chegar ao altar no meio da escuridão. Imediatamente, um prato quente de comida foi gentilmente colocado em minhas mãos.

— *Gracias, Mamita, gracias* — mal pronunciando as palavras enquanto me afastava do altar.

Pratos de comida foram então dados a todos naquela escuridão. Após todos terem recebido seus pratos e começado a comer, garrafas de cerveja saíram do altar da mesma maneira misteriosa e foram distribuídas pela sala. Por fim, bolos e doces saíram de todas as partes do altar, acompanhados de muitas risadas dos *apus*.

— Filha Elizabeth, sua viola — disse *Mamita* Wakaypata. — Você não pensou que tivéssemos esquecido, não é? — disse ela, lendo minha mente por completo.

— Não, *Mamita* — menti, com esperança de escapar dessa. Respirei fundo e comecei a abrir a capa do violão. De novo, notei como meu movimento fazia barulho naquela sala pequena.

— Já ouvimos você cantar em seu quarto — disse ela, e começou a entoar um ritmo, imitando-me. — Cante para a gente agora. Tirei meu violão e tentei vasculhar uma música em meu cérebro, qualquer música que fosse. O ritmo que ela entoava me lembrou de uma velha canção do Elton John e eu a cantei na escuridão, para aqueles anjos das montanhas.

"As palavras que tenho a dizer podem ser muito simples, mas são verdade. Se você não dá o seu amor, não há mais nada que possamos fazer..."

Era uma audiência perfeita, *apus* e seres humanos juntos. Todos ouviram em silêncio e quando terminei fui muito aplaudida. *Mamita* Wakaypata falou-me novamente e Antonio traduziu:

— Ela diz que você tem muito amor dentro de si e que eles vão procurar um marido para você.

— Muito obrigada, *Mamita*, *gracias* — disse eu, bem envergonhada pelo último comentário. Quando a "festa" terminou, os *apus* e *santas tierras* nos saudaram com seus nomes e, um por um, saíram da mesa do altar da maneira como chegaram.

Assim que as portas se abriram e a luz entrou, olhei logo para baixo a fim de ver meu prato, que havia cuidadosamente colocado em um canto antes de pegar meu violão. O prato estava perfeitamente arrumado com um *cui*, porquinho-da-índia frito, que é uma iguaria local, uma bela salada e batatas, tudo muito bem servido. Meus olhos se moveram para a mesa do altar, onde vi as grandes travessas e o papel de alumínio muito bem dobrado ao lado e vários outros pratos de comida servidos de maneira bem elegante. A comida dos *apus* ainda estava em seus pratos, porque, como Antonio explicou, esses espíritos das montanhas apenas comiam a essência do alimento. Nenhum grão de comida caiu pelo chão. O local estava limpo, exceto por alguns biscoitos e doces que os *apus* tinham jogado para nós, que ainda permaneciam no chão.

5

Peregrinações de Iniciação

Após a "festa de aniversário", minha confusão só veio a aumentar. Já havia provas suficientes para não duvidar mais da existência dos *apus*. Mas será que eles eram anjos mesmo? Uma semana depois, durante uma das *mesas*, o *Señor* Sollacasa me perguntou como estava minha garganta. Sua voz ainda era assustadora para mim e queria saber por que esse "anjo" disse um pouco antes que os homens deveriam fumar e beber. Foi isso pelo menos o que achei que ele havia falado. Uma droga essa barreira de idioma! Decidi então deixar meus julgamentos de lado e obter mais informações. Quando o *Señor* Sollacasa perguntou-me sobre a garganta, não havia problema algum. Mas na manhã seguinte mal podia falar *"Buenos días"*. Pela primeira vez em muito tempo tive que ficar em casa, de cama, sofrendo de uma terrível gripe e inflamação na garganta.

Naquela tarde, alguns membros do grupo vieram à minha casa me visitar. Eles entraram em fila no quarto, com os chapéus nas mãos, trazendo-me laranjas e desejando minha melhora. Todos muito meigos, disseram que sentiam muito por eu estar doente. Antonio me disse que um *apu* norte-americano veio à mesa naquela manhã e os informou de minha doença. Ainda mais, o *apu* advertiu-os a cuidarem melhor de mim e então insistiu em que viessem me visitar. *Droga!* Pensei. *No dia em que um* apu *americano aparece, estou de cama em casa!* O grupo sugeriu que eu fosse à *mesa*, pois uma das "injeções cranianas" dos *apus* iria me curar na hora.

Na manhã seguinte fui à *mesa*. Depois que se materializaram, os *apus* me pediram para me aproximar do altar. Senti a mão do *Señor* Potosí, pequena como a de uma criança, tocando o topo de minha cabeça, e depois o pico da agulha, injetando uma substância no crânio. Uma parte do líquido escorreu por trás do pescoço.

Depois que a *mesa* terminou, saí da sala e fui para fora com o irmão de Antonio. Sentia fogo movendo-se em meu corpo e depois fiquei muito enjoada. Quando o enjôo diminuiu, senti novamente ondas de energia circulando pelo corpo. As ondas se movimentavam em sentido anti-horário, de dentro para fora, em direção ao coração. Na hora senti uma pressão e uma sensação de alguma coisa sendo espetada e entrando no coração. Senti que precisava chorar, mas não podia porque Miguel estava bem ao meu lado. Ele pareceu sentir minha vulnerabilidade emocional e com muito amor abraçou-me. Não consegui mais me controlar. Sentei-me na grama e, na frente de todos os vizinhos, caí no choro. Chorei bastante por mais de vinte minutos, sem saber de onde vinha toda aquela emoção. Miguel foi muito gentil, sorrindo para mim e segurando minha mão. Então, de repente, senti-me bem. Depois de meia hora da aplicação da injeção, o resfriado e a inflamação da garganta tinham melhorado mais de oitenta por cento. Parecia que os *apus* tinham desenvolvido uma cura para a gripe!

Estivera duvidando dos *apus* por causa das chicotadas no menino e pelo fato de eles precisarem absorver energia humana para se materializarem. Cada vez mais, eles pareciam se distanciar da imagem de anjos. No entanto, com a injeção no crânio, todas as minhas dúvidas desapareceram, por um tempo. Embora não fossem como os anjos que imaginava, era difícil acreditar que estivessem tentando me enganar, pois nem eles nem Ricardo expressaram jamais algum desejo de conseguirem algo de mim.

Durante as *mesas*, os *apus* sempre repetiam o que já tinham me dito em nosso primeiro encontro, que eu tinha uma "visão forte" e que precisava aprender a usá-la. Ensinaram-me a prática de "olhar" para as coisas com os olhos fechados. Mas quando fechei meus olhos para ver os picos das montanhas ao redor de Cuzco, vi enormes pássaros de luz, de estatura alta e asas dobradas, brilhando muito. Será que eram os mesmos seres que sempre encontrava na *mesa* de Ricardo?

— Elizabeth — perguntou-me Antonio na manhã seguinte —, você não entende que fato extraordinário é esse? Você recebeu uma oportunidade muito rara.

— Antonio, Ricardo pede dinheiro a você? — perguntei subitamente.

— O quê? — Antonio parecia surpreso.

— Bem, você e o resto do grupo têm de pagar-lhe as coisas que ele está ensinando a vocês?

— Não — disse Antonio —, nós pagamos pelas nossas curas com os anjos, assim como todas as pessoas.

Minhas dúvidas voltaram a pleno vapor.

— Quanto? — continuei, determinada a encontrar o ponto fraco.

— O mesmo que os outros, mil intis.

Calculei rapidamente:

— Isso é mais ou menos dois dólares. Tudo bem, então não pode ser o dinheiro. Então qual é a dele? Por que Ricardo está dando de graça todo esse conhecimento a vocês? — perguntei secamente.

— Porque *los papitos* disseram que nosso grupo tem de receber o poder de chamá-los. Quando pudermos fazer isso, então Ricardo pode ir descansar por um ano ou dois. Entenda, não é fácil trabalhar com os anjos. Se eles disserem: Levante-se às quatro da manhã para ir fazer uma cura em uma pessoa do outro lado da cidade!, Ricardo tem de obedecer. Já faz vinte e dois anos que Ricardo trabalha assim, e ele está cansado — explicou Antonio. Esse comentário estimulou minha compaixão e admirei a dedicação de Ricardo.

"Isso me faz lembrar — disse Antonio — que *los papitos* dizem que precisamos aumentar a união em nosso grupo. O poder de chamar

nunca foi dado a nenhum outro grupo antes. Sempre foi dado de mestre a discípulo, depois que o discípulo serve ao mestre pelo menos por três anos. Como eu tentava dizer, essa é uma situação especial. Os *apus* determinaram que, para que todo o grupo cresça, temos de fazer várias peregrinações. A primeira vai ser pelo rio Saphy."
— Ótimo... quando? — perguntei excitada. Ninguém gostava mais de uma boa caminhada do que eu, e também gostava da idéia de criar mais unidade no grupo; parecia espiritualmente correto.
— Amanhã — respondeu Antonio. — Passamos na sua casa às nove da manhã.

UMA PEDRINHA BATEU NA POSTIGO DE MINHA JANELA, FAZENDO UM barulho surdo. Esforcei-me para sair debaixo do cobertor de alpaca. Era a única coisa que me mantinha quente durante aquelas frias noites de Cuzco, já que a casa não tinha nenhum tipo de calefação. Debaixo daquela pele de alpaca, podia ir de zero grau até me tostar em apenas dez segundos.
Abri a janela e olhei para fora.
— *Buenos días*, Elizabeth — disse Antonio, acenando para mim.
— Que horas são? — perguntei, tentando tirar o sono de meus olhos.
— Está na hora — disse ele.
— Nem acordei ainda, dê-me alguns minutos.
— Lógico. Vamos esperar por você aqui.
Espreguicei-me para alcançar o relógio de pulso. Eram apenas oito horas. Nunca soube que os peruanos chegassem cedo para alguma coisa. Havia algo ali. Desci correndo para o banheiro e lavei o rosto com água fria. Enquanto passava pelo jardim até chegar no portão de entrada, Panchita, a empregada, acenou-me da cozinha.
— E o café? — repreendeu-me com afeto maternal.
— Mas, Panchita, meus amigos estão me esperando no portão.
Ela balançou a cabeça, a pele morena escura.
— Eles podem esperar alguns minutos mais. Sente-se, seu chá já está pronto.

Iniciação: A experiência de uma mulher com a espiritualidade inca 83

Os peruanos são as pessoas mais pacientes que já encontrei. Aqui, não havia pressão alguma sobre o tempo, como na cultura americana. Nada estava na hora, e por isso eles não se agitavam. Na verdade, era comum esperar uma ou duas horas por um amigo. Ainda assim, engoli rapidamente meu chá e pão com geléia caseira, e corri para a porta.

Fora encontrei Maria, Felipe, Raul e Antonio.

— *Hola* — disse, dando o *beso* em todos do grupo.

— Elizabeth, lembra-se daquele prato de pedra que você viu na primeira vez em que nos encontramos? — perguntou Raul.

— Como poderia me esquecer? — respondi.

— *Los papitos* disseram que deveria permanecer com você por algum tempo — disse ele, puxando um grande saco de pano. Ele tinha trazido o prato e era essa a razão de toda aquela excitação.

— Oh, puxa — disse, lisonjeada. — Lógico, seria um prazer. — Estendi as mãos para recebê-lo.

— Pesa oito quilos. Deixe-me ajudá-la — disse Raul, e levou o saco pesado até o meu quarto. Quando o guardamos de maneira segura embaixo de minha cama, ele se dirigiu à porta. Eu, no entanto, não consegui resistir. Puxei o saco e tirei dele o prato.

— Raul, o que os *apus* dizem a respeito desse prato? — perguntei.

Ele se virou rapidamente para me olhar e respondeu de maneira casual:

— Eles dizem que é uma ponte para o cosmos — e se dirigiu à porta para sair.

Com muito cuidado para não fazer nenhum contato físico, passei minha mão a alguns centímetros do prato, sentindo a onda quente da energia que vinha de seu centro. Virei o prato e passei minha mão pelo lado de trás. Nada. A energia só fluía em uma direção. Para cima.

Encontramos o resto do grupo e fomos para a margem direita do rio. A parte do rio mais perto de Cuzco era mais um depósito de lixo do que outra coisa. Queria fechar meu nariz, enquanto passávamos por montes de dejetos jogados perto da ribanceira. Depois da principal área do lixo, passamos por algumas famílias: homens com seus casacos usados, mulheres com longas tranças negras, usando chapéus bem altos; crianças com rostos sujos e descalças; todos fazendo diferentes coisas na margem do rio. Alguns cozinhavam em pequenas fogueiras, outros lavavam suas roupas, mas todos sorriam e abriram mão de seu quíchua apenas para dizer *Buenos días*, enquanto passávamos. Sabia que, com exceção de mim, todos os membros de nosso grupo falavam quíchua; mas por serem professores universitários e terem adotado as roupas ocidentais, em vez das roupas indígenas tradicionais, aquelas pessoas se dirigiram ao grupo em espanhol.

Enquanto caminhávamos, Raul explicou:

— O Saphy é um dos quatro rios sagrados a correr em Cuzco. Durante a época dos incas, o rio era totalmente ladeado por trabalhos em pedra e honrado com imagens sagradas que tinham sido colocadas em pequenas grutas em pontos-chave pelo caminho.

Conseguíamos ver ruínas de muros incas em ambos os lados, e uma força ainda emanava do rio. Tentando passar pelas pedras no rio, senti-me como se estivesse tomada por um transe. A sensação que vinha do rio era muito agradável e não era difícil compreender por que os incas o consideravam sagrado.

Caminhamos por uns quarenta minutos até chegarmos a um lugar de onde não era possível prosseguir. O ar estava ficando mais denso e pesado, a ponto de ser quase impossível levantar meu pé e depois baixá-lo. Instintivamente, quis voltar.

Tinha sentido uma sensação semelhante um ano antes, enquanto ainda trabalhava com Cyntha e com os xamãs do litoral, em Trujillo, uma cidade no litoral norte do Peru. Cyntha tinha nos levado para ver Chan Chan, o lugar onde o famoso Dom Eduardo Calderón tinha sido iniciado em sua carreira xamânica. Ele era um escultor que trabalhava na restauração de Chan Chan quando se abriu para o mundo espiritual.

Chan Chan era a maior ruína intacta da América do Sul. Aproximamo-nos do portão da frente para visitar esse enorme complexo da cultura pré-inca de Chimu, mas quando chegamos ao portão, meu

Iniciação: A experiência de uma mulher com a espiritualidade inca

pé começou a ficar cada vez mais pesado. Senti-me como se estivesse sendo repelida da ruína. Um panorama de pensamentos e sentimentos abriu-se para mim: senti que uma grande guerra tinha sido travada e que havia muitos prisioneiros, mas não em um sentido físico. Com a ajuda de meu amigo David, logo compreendemos que aquela ruína era uma prisão astral. Contei à Cyntha sobre minhas impressões, e ela as traduziu para nosso guia esotérico, Eliazar.

Eliazar era um rapaz muito misterioso que aparentemente sabia de tudo sobre o conhecimento esotérico inca e chimu, mas falava muito pouco. Enviezava seus olhos para mim, mas não dizia nada. Quando entramos no portão, o que tive de fazer com muito esforço, ele gesticulou:

— Essas — disse ele, mostrando-me os símbolos gravados na parede interior do portão — são palavras mágicas de poder designadas pelos chimus para manter os incas longe daqui. — Eu me arrepiei. — Os *brujos* dessa área acreditam que muitas almas estão presas aqui... você pode ouvi-las chorarem à noite — continuou Eliazar. Para mim, era um enorme alívio ter alguma explicação tangível sobre o que estava percebendo. Não estava sendo hiperimaginativa ou louca. Era apenas sensitiva.

Aqui, no rio Saphy, a sensação era semelhante mas muito menos intensa, como se tivéssemos alcançado uma barreira energética sutil. Antonio indicou uma ponta de pedra que sobressaía do leito do rio, um trabalho de cantaria inca.

— Esta é uma torre de vigia, ou o local de guarda dos incas. Ninguém pode passar daqui sem pedir permissão. — Todo o grupo parou e curvou suas cabeças em oração. Eu, também, pedi silenciosamente à *santa tierra* local permissão para passar.

Enquanto orávamos, notei uma mudança de energia, o sentimento de um suspiro sendo liberado. O grupo prosseguiu e de repente o ar estava leve, feliz e receptivo novamente; estávamos livres para passar. Fiquei maravilhada com o poder de pedir permissão. Isso era algo que não tinha experimentado em Chan Chan. Essas barreiras etéreas eram, na verdade, portões energéticos, cujas chaves eram as preces.

Enquanto prosseguíamos, passamos por vários desses "portões" etéreos. Cada vez podia senti-los com mais clareza. Então, confirmando minha percepção, o grupo parava e começava a orar. A permissão era consentida e assim prosseguíamos. Aos poucos compreendi que estávamos caminhando em um lugar sagrado, entrando em um diferente tipo de tempo e espaço. Estou certa de que poderia ter andado por todo esse rio, intrometendo-me por todos esses portões energéticos sutis, sem nem mesmo notá-los.

Mas como entramos no rio com um espírito diferente, penetramos em outra realidade, na qual estávamos em harmonia com a natureza, reconhecendo os dons energéticos do ambiente e respondendo a eles. Durante essa experiência, aprendi a dar mais atenção a outra parte de mim mesma, uma percepção energética mais direta.

Após duas horas de caminhada rio acima, chegamos a um belo muro inca ao lado de uma cachoeira.

— Cuidado — disse Raul de uma maneira misteriosa —, o espírito feminino da água nessa região é conhecido por vir e roubar os corações dos homens que dormem. — Parecia mais paranóia masculina para mim. — Ele gosta especificamente de música — continuou. — Sei de dois músicos, amigos meus, que vieram aqui em um piquenique certa vez. Eles dormiram com seus violões próximo ao rio. Um deles me contou que quando acordou, o espírito da água estava puxando as cordas de seu violão.

Olhei para a água, pensando sobre o espírito dela. O local não me pareceu nada assustador. Pelo contrário, era relaxante. A mata verde filtrava os raios de sol antes que chegassem à superfície da água. Contemplei aquela água, vendo ali o reflexo das árvores, do céu e o brilho do sol, e ao mesmo tempo olhando as pedras ali embaixo. Sentei-me em devaneio, quando de repente ouvi uma voz metálica feminina:

— Logo vai chegar a hora em que os homens novamente falarão com o deus da água.

— O quê? — perguntei a Antonio, envergonhada por não estar prestando atenção ao que o grupo me dizia. — Quem estava falando sobre o deus da água?

Iniciação: A experiência de uma mulher com a espiritualidade inca

— Ninguém falou nada — respondeu Antonio. — Mas talvez tenha sido o espírito da água que falou para você. O que ela disse?

— Uhh... — gaguejei, bastante surpresa com essa possibilidade.

— Ela disse que os humanos e os seres das águas poderão se comunicar novamente em breve. — Vários ali da roda balançaram suas cabeças concordando com a idéia.

— É bem isso o que os *apus* nos disseram. Mas parece que você tem uma receptividade especial. — No caminho de volta ponderei que em vez de ser muito sensitiva ou demais imaginativa, poderia ter uma "receptividade especial". Gostei da idéia.

O passeio foi maravilhoso, mas no dia seguinte já estávamos de volta ao trabalho na *mesa*. Os *apus* chegaram com força e começaram suas curas. Havia um homem possuído por um espírito da floresta, bastante irado. Estava todo desarrumado e sua mulher confessou que às vezes ele rasgava as roupas no meio da noite e corria nu pela rua, gritando.

Ricardo disse que seria necessário chamar o *Señor* Salkantay. Sabia que Salkantay era um pico nevado de mais de sete mil metros de altura, visível na estrada para Machu Picchu. Salkantay, em quíchua, quer dizer "o indomável".

A senhora que tinha recebido o transplante de rim desapareceu e não voltou mais à *mesa*. As pessoas que a viram na cidade disseram que ela estava andando normalmente como se não tivesse tido nada, apesar de os médicos no hospital terem lhe dito anteriormente que iria morrer.

A essa altura já sabia que Ricardo trabalhava principalmente com três *apus: Señor* Pampahuallya, *Señor* Sollacasa e *Señor* Potosí. Quando os três já tinham se materializado, o *Señor* Potosí falou:

— *Buenos días*, filha Elizabeth.

— *Ave María Purísima* — respondi, saudando o *apu.*

— Estamos muito satisfeitos por você estar trabalhando com o grupo. Hoje quero que você faça algo especial. Quero que você chame a *Mamita* Wakaypata, Plaza de Armas, Cuzco.

— *Eu?* — perguntei aterrorizada. — Mas então... o que... que tenho de fazer?

— Não se preocupe. Seu pequeno poder está na mesa, isso vai lhe ajudar. Apenas reze. — Um pouco antes tinha deixado na mesa do altar um pequeno quartzo todo sujo e quebrado, do tamanho de meu dedo mínimo. Nossa anfitriã em Ojai tinha me dado de presente.

— *Sí, Papito* — respondi.

Apesar da densa escuridão, ainda assim fechei meus olhos para me concentrar.

— *Mamita* Wakaypata, Plaza de Armas, Cuzco — disse, tentando focalizar todos os meus pensamentos e sentimentos em um raio de energia. Esperamos um pouco. Nada aconteceu. Tomei mais coragem e orei novamente, desta vez bem alto.

Ouvimos um som grave mas suave e de repente a terra sob mim tinha asas. Houve um baque na mesa e uma voz feminina e aguda disse:

— *Mamita* Wakaypata, Plaza de Armas, Cuzco. — Alguns aplausos da parte dos seres humanos na sala.

— *Muy bien*, Elizabeth. Muito bem, filha — parabenizaram-me os *apus*.

— Filha Elizabeth — chamou-me *Mamita* Wakaypata.

— Sim, boa Mãe — respondi como tinha ouvido outras senhoras fazerem.

— Quero que você conheça uma pessoa muito especial... a *santa tierra* de sua vizinhança... *Mamita* de las Niwas. — Sabia que *niwa* era a palavra em quíchua para designar um pequeno bambu que as crianças indígenas usavam para fazer suas pipas. Era um nome muito bonito.

Novamente, senti asas vindo da terra e uma voz feminina muito alta disse:

— Bom-dia para todos. Bom-dia, Elizabeth. Sou a *Mamita* de las Niwas, o local que vocês chamam de Sapantiana. — Era uma ruína inca bem debaixo de minha janela na casa da *Señora*. Disseram-me que significava "assento de meditação". Excitada, compreendi que ela era a minha *santa tierra*!

Iniciação: A experiência de uma mulher com a espiritualidade inca   89

— Você pode me chamar a qualquer hora que precisar — ofereceu-se.

— Gracias, Mamita — respondi.

Os *apus* começaram então seu trabalho, cuidando dos pacientes de Ricardo. Parecia que eles só conseguiam se materializar no máximo meia hora por vez. Então, cada um deles saudou-nos com seu nome e partiu assim como tinham chegado. Normalmente havia umas três ou quatro dessas sessões todos os dias, exceto aos domingos. Era o dia em que os *apus*, e Ricardo, descansavam.

Quando a luz se acendeu novamente, Ricardo aproximou-se do outro lado da mesa e fez sinal para que me aproximasse.

— Seu poder — disse ele, dando-me o que tinha restado de meu rústico cristal de quartzo. Tinha ficado pela metade. — A força de sua prece quebrou o cristal — disse-me Ricardo.

— Desculpe-me — disse, pensando que tinha feito algo terrível.

— Você não tem que se desculpar por ter preces tão fortes — riu Ricardo.

Enquanto estava no lado de fora, esperando pela próxima *mesa*, ponderei sobre minhas novas experiências. Na maior parte de minha vida nos Estados Unidos fui ridicularizada, importunada e desacreditada pelos meus devaneios e por ter uma natureza tão imaginativa, intuitiva e sensitiva. Mas aqui, em Cuzco, sonhos, intuição e receptividade eram encorajados e considerados "habilidades especiais". O lado feminino de minha natureza era admirado e de fato eu era apreciada pela sensitividade que vinha naturalmente comigo. Com esse apoio, minha natureza sensitiva abriu-se cada vez mais. Os peruanos tinham valores diferentes e isso possibilitava certas coisas aqui que não eram possíveis nos Estados Unidos.

Fomos chamados de volta à *mesa*. Quando o *Señor* Salkantay chegou, ele era ainda maior que o *Señor* Potosí. A sala estava escura como de costume, mas por um momento pensei tê-lo visto, uma figura segurando um pequeno bastão de luz, adornado com duas cobras que o envolviam. O *Señor* Salkantay trabalhou por muito tempo com aquele senhor possuído, dizendo preces especiais em quíchua de grande poder e borrifando-o com água benta. Algumas das gotas respingaram em mim. Vi o pequeno bastão subir e descer várias vezes, antes de a cerimônia terminar.

Quando as luzes voltaram, havia um saco de pano todo amassado em cima da mesa. Para o meu horror, Ricardo me informou que o espírito do mal tinha sido tirado do homem e colocado em um porquinho-da-índia. O animal agora seria deixado dentro do saco até morrer!

Antes de sair, Salkantay falou-me:

— Elizabeth, você nasceu para trabalhar com os *apus*. Você nasceu para nós. — Suas palavras me tocaram profundamente, mas também fizeram crescer o medo que tinha de não encontrar ou cumprir com a missão de minha vida. Por toda a minha vida estivera em busca, mas não sabia se realmente estava cumprindo o propósito, até chegar à Califórnia e estudar psicologia. Aí então senti que estava no caminho... até que um sentido de destino me trouxe até o Peru. Durante os três primeiros meses que estava em Cuzco, orei todos os dias para servir a minha missão mais elevada. Por certo, ao me encontrar com os *apus,* meus sonhos mais profundos e esperanças tão acalentadas estavam sendo ativados: aprender sobre o mundo dos espíritos e ser capaz de trabalhar e viver em harmonia com a natureza. E ajudar em um processo de mudança... de nascimento... do nascimento de um novo tipo de mundo. Será que por fim tinha encontrado meu chamado espiritual que havia tanto tempo esperava?

HOUVE POUCA ATIVIDADE NO GRUPO DURANTE O MÊS SEGUINTE, UMA VEZ que os *apus* tinham mandado Ricardo trabalhar em uma cidade perto da Bolívia. Após semanas sem notícia, Raul por fim recebeu uma carta de Ricardo, com instruções dos *apus,* dizendo que o grupo deveria ir a outra peregrinação, agora para *Mama* Simona.

— Qual deles é o *Mama* Simona? — perguntei a Antonio, enquanto olhávamos os altos picos que rodeavam a cidade.

Ele voltou-se e apontou para atrás de nós.

— Você vê aquela grande montanha verde?

Iniciação: A experiência de uma mulher com a espiritualidade inca

— Aquela que parece uma pirâmide? — disse, mas balançando a cabeça sem acreditar.

— É isso mesmo — respondeu Antonio, enquanto olhávamos para o alto, fazendo sombra em nossos olhos devido ao sol que estava se pondo.

— Mas Antonio, pensei que todas as montanhas fossem masculinas.

— Sim. De um modo geral é verdade. *Mama* Simona é uma exceção. Ela é a única dos doze *apus* sagrados de Cuzco que é fêmea. — Isso era surpreendente.

— Antonio, você se lembra da primeira vez que lhe contei sobre minha visão dos *apus*... você se lembra... no ICPNA?

— Lógico — disse ele sorrindo.

— Eu vi três: Ausangate, Saqsaywaman e... ela — disse eu, apontando para a montanha verde. — Ela era uma das três montanhas à qual me curvei automaticamente e sabia que era uma mulher. Eu a vi. — Meus olhos já estavam úmidos devido à emoção.

— Elizabeth, isso ainda é surpresa para você? É mesmo? — Seus olhos sorriram nos meus. Já tinha recebido uma confirmação após outra e ainda assim não acreditava. — Vocês, americanos, são muito céticos. Vocês têm fé nas coisas mais estranhas e acreditam nisso, mas o que está bem na frente, a própria experiência, vocês não acreditam.

"O que é mesmo que um americano uma vez me disse... como é que vocês chamam? O mercado de ações? — perguntou ele, com seu sotaque, fazendo as palavras soarem bem estranhas. — É uma coisa que ninguém pode ver ou tocar, ainda assim todos ficam tão excitados por isso. Muitos de vocês ficam dias pensando e se preocupando com isso, até mesmo orando por isso. Mas o que vocês não entendem é que é a sua crença coletiva nisso que dá o poder.

"Aqui nos Andes temos uma crença coletiva diferente. É sobre o poder da natureza. Para nós, Pachamama é muito importante. Nós passamos muito tempo cuidando dela, pensando nela, orando a ela. Ela é nossa mãe e sabemos que tudo de bom vem dela. Nós recebemos dela e temos de retribuir-lhe. Isso é *ayni*, a lei da reciprocidade. Na sua cultura, vocês pensam que o que precisam vem desse mercado de ações e oram por isso. Mas isso nunca pode se tornar sua mãe, dar-lhe de comer, vesti-lo e nutrir sua alma com toda a beleza que ela possui. Essa é Pachamama, o espírito da terra. É a ela que rezamos" — concluiu Antonio.

Cedo na manhã seguinte, fomos de carro para o lado oeste da cidade. Oito membros do grupo conseguiram se livrar de suas outras obrigações, entre eles Maria, Felipe, Raul, Miguel, Judith, Americo e, lógico, Antonio. Apesar de esses professores universitários serem pobres de acordo com o padrão americano, eles tinham uma riqueza interior que desafiava qualquer *status* econômico. Conversamos, rimos muito e tivemos profundas discussões filosóficas, nenhuma delas fossilizadas ou chatas como as de muitos professores americanos que conhecia.

Com esses bons companheiros, comecei a subir o desfiladeiro de um córrego, que, como nos disseram, tínhamos de manter sempre à nossa esquerda. Não havia trilha e tínhamos de pular cercas e cruzar propriedades particulares. Aparentemente isso não era problema, pois os proprietários apenas sorriam e acenavam para nós enquanto passávamos. Levávamos mochilas cheias de provisões para o almoço e Miguel levava um *despacho*, uma oferenda tradicional para a terra, como presente para *Mama* Simona.

A pirâmide verde era bastante visível enquanto nos aproximávamos de carro, mas agora, que subíamos para lá, perdi-a de vista. Raul disse que era uma curta caminhada, de apenas algumas horas, mas ainda assim orei a *Mama* Simona, pedindo-lhe forças para subir nela. Eu era a única pessoa a usar botas de montanha. Todos os demais usavam sapatos normais, sandálias surradas ou velhos tênis.

Caminhamos por quatro horas sem parar, com os peruanos falando e rindo, e subindo a um passo que me matava. Fiquei para trás, às vezes desesperada por falta de ar.

— Dizem que nós, montanheses, temos coração e pulmões uma vez e meia maiores que as pessoas das planícies — disse-me Raul. — Agora entendo o que eles queriam dizer — brincou.

Iniciação: A experiência de uma mulher com a espiritualidade inca

Após algumas horas mais de caminhada, chegamos a um ponto em que por fim podíamos ter uma vista da alta montanha. *Mama* Simona, em toda a sua glória, apareceu majestosa em frente a nós. Sentei-me, quase sem conseguir respirar, esforçando-me para tirar a câmara da bolsa. O grupo me olhava surpreso.

— Vou apenas tirar uma foto — disse inocentemente, antes de mirar o pico da montanha. Apertei o botão, mas nada aconteceu. Tentei novamente, e ainda nada. Chacoalhei a câmara. — Quebrou, ou talvez tenha acabado a pilha — racionalizei. O grupo me olhava com uma mistura de piedade e risada reprimida.

— Por que você não desiste, Elizabeth? — sugeriu Antonio. — Se os *apus* não querem que tiremos fotos deles, não podemos fazer nada — disse, como se eu fosse uma criança teimosa. Como uma criança teimosa, recusei-me a acreditar no que ele dizia. Tirei as pilhas e voltei a colocá-las, e ainda assim a câmara não funcionou.

Comemos nosso lanche em silêncio. E então retomamos nosso passo rápido. Algumas vezes ficava para trás de propósito, tirava minha câmara e, quando pensava que não tinha ninguém olhando, tentava novamente tirar uma foto. Nada, parecia que minha câmara estava pifada.

Logo entramos em um vale, que era muito mais verde do que a região seca e pedregosa que tínhamos atravessado durante o dia.

— Esse aqui é o Vale dos Dinossauros — disse-me Raul. — Olhe. Você pode ver os animais nas pedras? — Ele apontou para uma grande pedra pontuda ali em frente. Olhei abismada. — Parece um sapo, — disse ele. Os olhos de Antonio se arregalaram e ele botou a língua de fora para imitar a postura do reptil, fazendo com que todos ríssemos.

Eles começaram a apontar o formato dos animais: cachorros, leões, pumas, elefantes, enormes insetos. Estavam por toda parte, como se a própria Medusa tivesse passado pelo vale e, olhando esses gigantes de suas espécies, feito com que virassem pedras. As "esculturas" dos animais eram óbvias; não era necessário esforço da imaginação para vê-las.

— Como foi que elas vieram para cá? — perguntei, certa de que não poderiam ter sido esculpidas pela natureza.

— Há apenas poucos lugares onde elas podem ser encontradas em todo o vale de Cuzco. Ninguém sabe por que há uma concentração tão grande por aqui — disse Raul. — Talvez porque estejamos nos aproximando de *Mama* Simona.

Depois de passarmos pelo vale e subirmos um pouco mais, chegamos a outro ponto que dava visão da montanha.

— Aí está o altar — cochichou Antonio. — Olhei para cima e vi o pico em forma de pirâmide daquela montanha verde. Estava coberto de arbustos rasteiros e, bem no topo, onde a vegetação terminava, havia uma enorme pedra retangular.

— Lá? Aquela? — perguntei, apontando naquela direção e forçando meus olhos.

— É. É ela mesmo — assentiu Raul com uma certa reverência.

Mas de repente ele gritou com a felicidade de um herói conquistador e correu a toda velocidade para cima da montanha, em direção ao altar. Isso causou uma verdadeira debandada do grupo, pois todos correram para ver quem seria o primeiro a chegar à pedra do altar. Entrei na brincadeira, mas depois de cinco minutos meus pulmões, que não estavam acostumados com aquela altura, começaram a se queixar demasiadamente. Diminuí meu passo e agora só observava a procissão para cima da montanha. Raul chegou primeiro, com Antonio, Miguel, Maria e Felipe logo em seguida. Judith e Americo ficaram para trás. Quando consegui chegar à pedra, o grupo todo já tinha tido um bom descanso.

— Temos de fazer uma oferenda — avisou Antonio. Miguel pegou sua sacola e tirou um pacote de papel branco, dando-o para Antonio. Já tinha visto muitos *despachos* no altar da *mesa* de Ricardo, mas nunca tinha visto de que eram feitos. Observei, fascinada, enquanto Antonio esvaziava sua bolsa feita de folhas de coca para pegar as trinta e seis folhas de coca que fariam os doze *k'intus*, doze grupos de três folhas cada um. Cada *k'intu* foi oferecido a uma das doze montanhas que rodeavam o vale de Cuzco, cada uma um *apu* sagrado.

Iniciação: A experiência de uma mulher com a espiritualidade inca 95

A enorme pedra do altar era um pouco inclinada, como se tivesse sido empurrada de sua posição original por um terremoto. Sentamo-nos no lado sul da pedra, bem no pico da montanha. Era evidente que a pedra tinha sido trabalhada. Embora não fosse a delicada escultura inca de Qorikancha, parecia ter sido esculpida na forma de um altar por mãos humanas.

Antonio desembrulhou o pacote e separou os inúmeros pacotinhos contendo os curiosos itens que compunham o kit do *despacho*: sementes, estrelas-do-mar, flocos de lã, doces, bonequinhos, pedras magnéticas, gordura de lhama, açúcar e barbantes coloridos. A concha do mar e a cruz de madeira seriam usadas como o centro do *despacho*. Antonio encheu a concha com gordura de lhama, colocando-a no centro do papel estendido, e então pôs a cruz no centro da concha. Fiquei confusa, querendo saber o significado dos itens. Os *k'intus* foram "colados" um ao outro com mais gordura de lhama e cada *k'intu* foi colocado em direção ao espírito da montanha que estaria sendo invocado.

Enquanto Antonio se voltava para a direção de cada *apu,* todo o grupo juntava-se a ele orando em quíchua, chamando pelo poder da montanha e oferecendo o *k'intu* em respeito e apreciação por tudo o que as deidades das montanhas generosamente nos davam. Por fim, Antonio soprou três vezes no *k'intu*. Após invocar cada espírito da montanha, o seu respectivo *k'intu* era colocado no centro da concha de uma maneira circular. Depois Antonio colocou as sementes, plantas e pedras também, como presentes aos vários espíritos da natureza. Os bonequinhos, representando partes do corpo ou desejos pessoais, foram colocados no *despacho* por cada membro do grupo que pedia por alguma ajuda ou cura. Por fim, foram oferecidos doces ao *despacho* para acalmar os espíritos embusteiros, para que eles não tentassem atrapalhar as preces dirigidas ao céu.

Quando o *despacho* terminou, Antonio embrulhou tudo no papel, dobrando-o na maneira tradicional de diamante e amarrou o pacote com um barbante vermelho e branco. Em seguida, escrevemos na parte externa do embrulho as preces às *santas tierras* das ruas de cada membro do grupo.

Enquanto Antonio, Miguel e Raul estavam atarefados preparando o *despacho*, os outros foram catar pequenos gravetos e fizeram uma pequena mas vigorosa fogueira em cima do altar. Eles cantaram em quíchua durante o *despacho*, e Antonio entregou-me o embrulho para eu colocar no fogo. Estávamos para queimar o *despacho*, quando vimos dois grandes condores voando em círculos acima de nós.

— Eles vieram para ver se fizemos tudo certo — disse Raul. Os condores faziam enormes sombras quando passavam por nossas cabeças, sobrevoando-nos até colocarmos o *despacho* na fogueira. — Vamos — comandou Raul.

— Para onde? — perguntei ingenuamente.

— Demos uma oferenda aos *apus*. É como uma refeição para eles. Temos que sair para que eles possam vir e comer — explicou-me Antonio, pacientemente. O grupo moveu-se para o outro lado da pedra, longe da vista do fogo cerimonial e do *despacho* que agora queimava.

— Se queimar completamente, nossa oferenda foi aceita — disse-me Raul.

— E se não? — perguntei, preocupada.

— Nossa oferenda não foi feita com energia espiritual suficiente, e teremos de tentar de novo — disse ele. Depois de uns quinze minutos, fomos ver os restos no fogo. Nosso *despacho* tinha sido consumido por completo.

JÁ BEM DE TARDE, QUANDO DESCÍAMOS DA MONTANHA, VIMOS UMA MUlher à distância cuidando de um rebanho de lhamas. Ela se aproximava. Essa mulher, a única pessoa que vimos por todas aquelas horas, estava levando seu rebanho pela mesma trilha em ziguezague que estávamos descendo. Maria foi na frente para saudá-la e começaram a conversar animadamente. Quando nos aproximamos, pude ver seus lhamas, oito no total, um com belos panos multicoloridos, que pareciam meias, nas pernas. Eu decidi chamá-lo de Meias.

Algo naquela senhora chamou minha atenção. A maneira como se mexia e falava em voz alta fez-me pensar que estava bêbada. Ela usava um xale vermelho nos ombros e a típica saia cheia de anáguas das mulheres quíchuas. Mas em vez do chapéu alto, usava um ricamente bordado e bem chato no topo, como se ela tivesse uma tigela virada para baixo na cabeça.

Maria e a mulher falavam animadamente em quíchua quando nosso grupo se aproximou. Um a um, passamos por ela e seus lhamas, cumprimentando-a com as mãos e continuando nosso caminho de descida. Embora sentisse um pouco de medo dela por causa de seu jeito estranho, uma felicidade incomum tomou conta de mim quando me aproximei. E quando a cumprimentei tive a sensação mais suave de minha vida, e pegajosa também, como se não lavasse a mão por bastante tempo.

— Buenos días — disse.

— Buenos días, Mama linda — disse ela, e começou a falar comigo em quíchua. Notei que ela não me encarava nos olhos e isso fez aumentar minha suspeita de que estivesse bêbada. Mas a cumprimentei com afeto e rapidamente voltei a descer a trilha. O "Meias" passou por mim e de novo me maravilhei com suas cores. Todos os seus lhamas eram lindos, talvez os mais bonitos que já tinha visto. A mulher queria conversar e reteve Maria por bastante tempo depois que passamos. Senti que ela teria me prendido por lá também se eu compreendesse o que falava.

Pouco tempo depois, Maria nos alcançou.

— Que senhora interessante. Não queria parar de falar!

— Mas ela não falou nada comigo — disse Raul, um pouco descontente.

— Hum... é verdade — Maria pôs-se a pensar. — Ela não falou com nenhum dos homens.

— O que ela disse que fazia? — perguntou Raul.

— Ela disse que veio de onde mora, bem para cima na montanha. — O grupo parou e se acercou de Maria para ouvi-la melhor. — Ela pediu por algo para comer e eu lhe dei algumas laranjas. Ela disse que ia a um funeral — continuou Maria.

— Mas ela não estava usando o chapéu preto de luto, ela usava um vermelho! — gritou Antonio excitado.

Raul caiu de joelhos.
— *Madre Santíssima* — orou ele em voz alta, fazendo o sinal-da-cruz. — Acabamos de ser muito reverenciados.
— Antonio, o que isso quer dizer? — perguntei, bastante trêmula.
Mas foi Raul que olhou para mim com lágrimas nos olhos.
— Ela não era nenhuma senhora. Era a própria *Mama* Simona! Todo o grupo agora caiu de joelhos, olhando para a direção que a mulher tinha tomado. Todos oraram enfaticamente e fizeram o sinal-da-cruz, e alguns choraram baixinho.
— Sabemos que os *apus* podem se materializar na forma humana em momentos especiais. Em todas as antigas histórias e mitos a respeito, os *apus* sempre dizem: "Vivo ali em cima, no topo da montanha", em um local onde não há casas. Muitas vezes aparecem pobres ou bêbados para testar a compaixão daqueles que estão para ser iniciados — explicou Antonio.
— *Nós!* — gritei.
— Certo — continuou Antonio. — Os iniciados têm de ter uma compreensão clara sobre os *apus,* reconhecer a inconsistência em suas histórias e chamar o *apu* pelo seu nome. Está dito que se você fizer isso, pode então pedir alguma coisa para ele.
— Acho que não conseguimos perceber isso — disse eu meio deprimida.
— É melhor você mudar sua atitude, Elizabeth... foi uma honra que ela viesse até nós. Além do mais, não fizemos tão mal. Graças à Maria — disse Raul, levantando-se e dando-lhe um abraço caloroso.
— Pelo menos você evitou que a gente fizesse o papel de tolo, ignorando-a por completo. Sinto vergonha. Pensei que ela estivesse bêbada.
— Não importa, ainda estamos aprendendo — disse Felipe, humildemente.
— Se tivéssemos compreendido o que estava acontecendo, poderíamos ter-lhe pedido para ir à *mesa* — acrescentou Miguel.
— Mas parece que ainda não estamos preparados! — argumentou Antonio.

Iniciação: A experiência de uma mulher com a espiritualidade inca

— É incrível saber quão próximo estamos chegando — disse Maria, com um olhar cheio de satisfação. Ela tinha salvado o grupo devido à sua interação sensitiva com esse ser supernatural e, com direito, agora sentia orgulho disso.

Poucos dias depois, Ricardo voltou da Bolívia. Ele nos chamou quase que imediatamente, para termos um encontro especial com os *apus*. O grupo combinou de se encontrar na casa de Antonio, pois o local regular de encontros na casa de Ricardo não estava disponível. Cheguei mais cedo para ajudar a preparar a sala. Movemos mesas e cadeiras para converter a sala de visitas em uma *mesa*. Ricardo chegou e nos cumprimentou de maneira calorosa.

— *Los papitos* dizem que vocês fizeram muito bem em sua peregrinação.

— Esperamos que sim — respondeu Antonio.

Rapidamente, Ricardo fez as preparações finais na mesa do altar e a sala foi toda fechada para ficar escura. Após repetir a prece e o assobio, os primeiros dois *apus* chegaram com um baque suave e um bater de asas; mas de maneira bem diferente, desta vez eles vieram através de um quadro na parede, em vez de virem do teto.

O *Señor* Pampahuallya avisou sua chegada e, logo em seguida, o *Señor* Sollacasa desejou-nos um bom dia.

— O grupo está melhorando — disse o *Señor* Pampahuallya. Antonio traduziu que os *apus* sentiam que em breve seríamos capazes de chamá-los sem a ajuda de Ricardo. Mas, ainda, precisávamos de mais unidade. De repente, ouviu-se a chegada de outro *apu*, e uma voz estridente mas forte cumprimentou-nos.

— *Mama* Simona, à disposição — disse a deidade feminina. Fiquei impressionada. A própria *Mama* Simona tinha chegado! — Grupo — disse ela —, vocês foram me visitar em casa.

— *Sí, Mama linda* — respondeu Antonio, cheio de respeito.

— Vocês até me cumprimentaram com um aperto de mãos, mas não me reconheceram.

Os membros do grupo engoliram a seco e Antonio murmurou para si mesmo: Eu sabia.

— Vocês se lembram daqueles oito lhamas que viram? — continuou ela.

— *Sí, Mama linda* — respondeu Raul.

— Oito de vocês, *el grupo*, e oito de nós. E aquele com as meias coloridas, aquele de que Elizabeth gostou tanto, era um *apu* norte-americano. — Meu queixo caiu de surpresa. Mas era um fato que fazia nexo, pois aquele lhama era diferente de todos os demais que já tinha visto. — Os dois condores que vocês viram sobrevoando eram o *Señor* Potosí e o *Señor* Rio de Janeiro. — Depois de mais alguns momentos de silêncio por parte do grupo estupefato, ela continuou: — O grupo pode agora tentar nos chamar por si próprio. Vocês têm de tentar hoje à noite, às nove horas, na casa de Elizabeth.

— Por favor, por que minha casa? — perguntei.

— Porque você ainda não acredita completamente em nós, filha.

Naquela noite o grupo inteiro, no total de treze, reuniu-se no quintal da casa da *Señora*. Encontramo-nos às 20 horas para que pudéssemos preparar meu quarto e a nós mesmos. Tinha trazido dos Estados Unidos, por instinto, uma túnica branca, e como senti que iria me submeter a algum tipo de cerimônia de iniciação e essa parecia ser a oportunidade perfeita, vesti-a debaixo de minha jaqueta. Quando todos nos reunimos em meu quarto, o mesmo quarto em que tive a primeira visão dos *apus* mais de seis meses antes, fechamos tudo para não entrar luz e, com muito cuidado, seguindo as instruções de Ricardo, montamos o altar.

Às 20h30 todos já haviam chegado, menos Antonio. Sentamo-nos em um círculo no chão frio de madeira; o pequeno aquecedor elétrico, nossa única fonte de calefação, não servia para nada naquele ar frio da noite de Cuzco.

Poucos minutos antes das 21 horas Raul disse:

— Temos de começar.

— Mas Antonio não está aqui — protestei.

Iniciação: A experiência de uma mulher com a espiritualidade inca

— Temos de ser pontuais. Antonio está muito atrasado — disse Raul. Com o coração partido, fechei e tranquei a porta. Desligamos as luzes, deixando apenas uma vela iluminando o espaço. A experiência me fez lembrar as festas que ia quando jovem: sentávamos-nos em círculo e contávamos histórias à luz de vela, tentando assombrar um ao outro.

Concordamos que Raul seria o primeiro a chamar, depois Felipe e por fim Miguel. Raul começou com a prece da "vinda de Jesus Cristo", com a qual os *apus* poderiam se materializar. Nós o ajudávamos com o Pai-Nosso, e repetíamos juntos "Jesus", no final de cada oração. Esperamos e nada aconteceu. Raul tentou por mais de vinte minutos, repetindo a prece, às vezes bem e às vezes mal, esquecendo-se de algumas palavras ou então adicionando-as.

Felipe tentou em seguida. Ele repetiu as preces com mais fervor e atenção. Senti-me bem enquanto ele chamava, mas ele não conseguia se lembrar das palavras da oração, menos até do que Raul. Ainda assim, nada aconteceu. Depois, foi a vez de Miguel. Com certeza ele tinha a intensidade do sentimento que Ricardo nos disse ser necessária. Depois de uns dez minutos, o quarto de repente se encheu com o aroma de água de rosas e de flores, um aroma curioso que sempre acompanhava a materialização dos *apus* na *mesa* de Ricardo. O grupo ficou atento, mas não houve nada mais.

Após quase duas horas de intensa concentração, estávamos exaustos.

— Bem, acho que ainda não estamos preparados — disse Felipe sensatamente. Trocamos os *besos* e eles saíram. Estava certa de que a ausência de Antonio tinha algo a ver com nosso fracasso, e isso eu disse para Raul.

— Antonio não é de confiança — disse, Raul friamente. Ele não deu o *beso* em mim e saiu irritado, quase que irado.

No dia seguinte Maria e Felipe vieram em casa para falar comigo.

— Achamos que tem algo que você precisa saber sobre Raul — disse Maria, enquanto nos sentávamos confortavelmente na sala do andar superior para um chá e pão. — Raul é uma pessoa muito boa, mas ele teve problemas no passado.

— Que tipo de problemas? — perguntei, sentindo que a trama estava se fechando. Felipe e Maria trocaram olhares. Ele indicou que continuasse.

— Há alguns anos Raul trabalhava com outro mestre.

— Um sacerdote andino? — perguntei.

— Não, alguém que dizia que era um mestre espiritual. Era uma pessoa muito poderosa. Agora Raul admite abertamente que eles trabalhavam com magia negra. Um de seus melhores amigos morreu por causa disso.

— Uau — baixei minha cabeça, achando que isso era exatamente o tipo de coisa de que não queria nem saber. Visualizei Raul em minha mente e seu rosto tomou a aparência de um ser diabólico. Eu me arrepiei.

— A vida dele mudou depois disso — continuou Maria. — Ele se tornou muito mais devotado a Deus, um devoto católico. Mas às vezes penso que ele ainda busca o poder.

Nas semanas seguintes cresceu, repentinamente e sem explicação alguma, uma animosidade entre os membros do grupo. Essa luta interna não me caía bem, especialmente porque tinha feito um contato para custear nossas pesquisas. Tinha tratado com uma fundação dos Estados Unidos que estava interessada em financiar pesquisas no campo de curas alternativas. Eles pediram que apresentávamos uma proposta com os custos necessários para o projeto do grupo e como o dinheiro seria usado. Certa noite fiquei acordada até o amanhecer escrevendo e reescrevendo a proposta. Às oito da manhã Antonio bateu em minha porta. Fomos chamados para uma reunião de emergência com o grupo. Vesti-me rapidamente e Antonio levou-me para a reunião.

Entrei em uma casa desconhecida onde Raul, Maria, Felipe, Judith, Americo, Miguel e Liliana já estavam reunidos. Não demos nenhum *beso* e a ira pairava no silêncio da sala.

— O que há de errado? — Olhei para eles com meus olhos ainda nebulosos de sono. — Tenho a proposta aqui... — comecei, mostrando a papelada, como se fosse uma defesa.

Iniciação: A experiência de uma mulher com a espiritualidade inca 103

— Já basta de suas conversas — disse Raul de maneira ríspida.
— Sabemos que você está nos traindo.
— O quê? — respondi, horrorizada. A intensidade de sua emoção me deixou mais alerta. Raul olhava irritado para mim.
— Você se recusou a comprar cadeiras para a nossa sala de reunião — disse Judith, fuzilando-me com os olhos.
— Você não nos convidou para trabalhar com o prato cósmico. Na verdade, você não deixou que trabalhássemos com ele nessas últimas semanas — acrescentou Maria.
— Vocês o deram para mim! — falei de maneira enfática. — O que está acontecendo com vocês? — exigi saber, indignada. Estava claro que todos pensavam que eu tinha me tornado seu inimigo comum.
— Por que vocês estão dizendo essas coisas? — perguntou Antonio em minha defesa.
— Quieto, você! — Raul olhou-o ferozmente. — Sabemos que você está nisso com ela.
— No quê, Raul? De que vocês estão falando? — olhei para eles, confusa e desesperada.
— Você foi muito inteligente. Fingiu ser nossa amiga, mas já descobrimos quem você é. É por causa de pessoas como você que o Caminho Andino esteve fechado por tanto tempo. Você está vendendo segredos andinos para a CIA e recebendo bem por isso! — proferiu Raul cheio de cólera. A idéia era tão paranóica e ridícula que quase dei uma risada.
— Vocês não podem estar acreditando nisso! — olhei para todos, incrédula. Seus rostos estavam fechados como portões de ferro, suas bocas com ira intransponível. Todos acreditavam naquilo.

Não sabia como me defender. Estava exausta e o pensamento de que tinha trabalhado a noite inteira para eles, apenas para ser tratada assim, era horrível. Fiquei tão chocada que tive pena de mim mesma, e embora nunca tivesse chorado na frente de ninguém, comecei a chorar copiosamente. Estava certa de que minhas lágrimas seriam a prova de minha inocência. Mas para meu choque e surpresa, minhas lágrimas não causaram efeito algum. Eles me tratavam de modo inflexível e impassível. Senti-me ainda mais fraca.

Fiz um enorme esforço para segurar minhas lágrimas e meu sentimento transformou-se em raiva ardente.

— Vocês são um bando de maníacos paranóicos! — gritei, perdendo todo o controle. — Para a informação de todos, estive acordada a noite inteira datilografando essa proposta para *vocês*, a fim de conseguir fundos para o projeto de *vocês* e é assim que vocês me tratam? — Estava zangada. — É sério que vocês pensam que eu estaria aqui, sem família ou amigos, deixando um emprego em que poderia estar recebendo oitenta dólares por hora, para me sentar em um quarto escuro com um bando de palermas? Digam-me, quanto dinheiro ganhei da CIA? Espero que tenha sido bastante para pagar o que trabalhei nessa bosta! — joguei o projeto no chão e saí correndo do quarto. Notei, com alguma satisfação, que meu espanhol tinha melhorado bastante.

No dia seguinte recebi um pedido de desculpas do grupo, mas o estrago já tinha sido feito. Um cisma começou. Antonio, seu pai, irmão, a namorada do irmão e eu estávamos de um lado. Raul, Maria, Felipe, Judith, Americo e seus parentes de outro.

6

O Prato Cósmico

Nas seis semanas seguintes as coisas foram de mal a pior. O filho de Maria e Felipe, Enrique, ficou doente; e eles culparam a mim, dizendo que tinha feito algum tipo de magia negra para o garoto. Essa acusação me doeu demais, pois sempre tive um carinho especial por Enrique e o simples fato de pensarem que eu poderia ter intencionalmente feito algo contra ele me arrasava. Durante toda essa provação, a origem da estranha suspeita do grupo em relação a mim permanecia um mistério.

Fiquei irritada com todos, incluindo os *apus*. Parecia-me que esses "anjos" estavam colocando uma facção contra a outra. Eles nos haviam dito que devíamos fortalecer mais a unidade do grupo, mas depois faziam *mesas* particulares para cada facção. Esse tipo de comportamento, que minava nossas relações, era típico das famílias problemáticas, mas será que poderia julgar a situação de acordo com meus padrões da psicologia americana? Talvez esses padrões não valessem para uma experiência xamânica. Quais eram as regras para tratar com os *apus* no mundo invisível? Quem estava criando todos os problemas, os *apus* ou nós?

Sabia através de livros que muitas iniciações xamânicas eram "testes", tais como resolver conflitos difíceis ou atuar com tremenda coragem, até mesmo resolver situações confusas. Freqüentemente, para serem bem-sucedidos, os iniciados tinham de desenvolver a habilidade de se manterem firmes e lutar. Nas histórias que li, os iniciados eram testados por seus mestres; às vezes até mesmo colocados em situações de risco de morte, para ver se poderiam superar o medo e desenvolver força espiritual. Essa era a pergunta que agora eu me fiz: será que estava sendo testada por Ricardo e os *apus* na tentativa de eles me ensinarem? Ou será que estava sendo usada como um títere em seu jogo insondável?

Odiava brigas e conflitos de qualquer espécie e passei a maior parte de minha vida tentando evitá-los. Mas também desprezava o sentimento de estar sendo intimidada ou manipulada. Por várias ocasiões Ricardo me pedira para ir e desfazer a *mesa* de um de seus estudantes que o havia "traído". Ele me contava todo tipo de história sobre os malfeitos desses alunos. Mas foi apenas quando os *apus* entraram em cena que me senti realmente empurrada.

Em uma das *mesas* de Ricardo, o *Señor* Potosí pediu-me para executar a mesma tarefa.

— Você ama os anjos, Elizabeth? — perguntou-me ele. Quando disse que de fato amava os anjos, ele ordenou: — Então você fará isso para nós. — Quando o *Señor* Potosí me pediu, concordei a princípio; mas me senti manipulada e ao mesmo tempo culpada por não querer fazer aquilo que eles haviam me pedido. Não tinha vindo ao Peru para combater os aprendizes de Ricardo. Tinha vindo para aprender sobre curas. Com toda essa confusão, comecei até mesmo a duvidar das intenções de Ricardo. Toda a situação começou a ficar cada vez mais como uma estranha *Peyton Place* espiritual.

Lembrei-me do conselho da mãe de uma amiga, uma poderosa clarividente. "Lembre-se", disse ela de maneira enfática, "os seres superiores *nunca* fazem você se sentir mal ou culpada." Mas eu me *sentia* mal *e* culpada. Estava pronta para largar tudo e voltar para casa. Mas tanto do sonho de minha vida estava envolvido em permanecer no Peru e seguir o que pensava ser meu destino, que não podia simplesmente fugir.

Iniciação: A experiência de uma mulher com a espiritualidade inca   107

No meio de tudo isso, Antonio levou-me a uma *mesa* que mostrou claramente que a situação estava fora de controle. A *mesa* tinha começado havia um certo tempo, com a apresentação costumeira dos *apus*, incluindo minha *santa tierra* pessoal, a *Mamita* de las Niwas, quando *Mama* Simona de repente falou para mim:
— Filha Elizabeth, você tem de viajar — disse ela. — Você tem de pegar o prato e ir para a Argentina! — Os *apus* queriam que eu vendesse o prato cósmico para eles, e até já tinham pensado em um comprador e preço: tinha de vender o prato para o *Señor* Martinez, o mesmo homem que havia iniciado meu amigo Carlos com o bastão de poder. Já haviam estabelecido a quantia de sessenta mil dólares. Com esse dinheiro o grupo poderia comprar a *mesa* de Ricardo e então poderíamos finalmente receber o poder de chamar os *apus*.

Minha mente voou para aquele dia na Califórnia, uns meses antes, quando entrei na biblioteca de Reb e tirei da estante o livro sobre o Santo Graal. Será que esse prato de pedra, esse estranho artefato, que estava debaixo de minha cama havia meses, tinha algo a ver com o Santo Graal? E será que levar esse prato para a pessoa que mantinha o bastão de basalto tinha algo a ver com a profecia que Carlos me contara tantos meses antes? Um calafrio do destino me percorreu. Se os condores poderiam se materializar nessa pequena sala, então nada era impossível. Mas *será* que esse fenômeno *apu* era verdadeiro? Esta era a dúvida.

Algo estalou dentro de mim. Tinha de descobrir se realmente havia alguma coisa naquela *mesa*. Lembrando-me do fato de que os *apus* podiam ver na escuridão, levantei-me de repente e fingi tropeçar para a frente, segurando-me na mesa do altar em um falso esforço de me equilibrar. Imediatamente, minha mão encontrou algo quente, firme e carnoso, como o pé de uma galinha, só que muito maior. Algo que parecia vivo.

— Não toque em meu pé! — gritou a *Mamita* de las Niwas. Então, *havia* mesmo algo físico ali. Tinha acabado de tocar em um *apu*.

— Oh, desculpe-me — gaguejei. Envergonhada mas satisfeita, sentei-me novamente e concordei com o que *Mama* Simona havia proposto. Concordei porque, no que se referia a mim, estava levando o prato cósmico para um encontro marcado havia muito tempo. Iria para a Argentina encontrar-me com Martinez, que mantinha consigo o bastão do poder, e assim reunir esses dois antigos objetos de poder. Iria cumprir a profecia de que Carlos me falara tantos meses antes. Era uma missão que me caía bem. Além do mais, me distanciaria daquelas lutas irritantes, pelo poder, que o grupo e os *apus* estavam tendo, e me daria uma oportunidade para pensar.

MINHA VIAGEM DE TREM ATÉ A ARGENTINA LEVOU SEIS DIAS E DEIXOU-ME fisicamente exausta. Chegando lá, continuei me sentindo confusa. Martinez, quando por fim consegui encontrá-lo, era um senhor alto, sério, de cabelos grisalhos e uns setenta e cinco anos. Contei-lhe um pouco de minha história e que sabia que o prato teria de se encontrar com o bastão, mas que não estava certa como isso iria acontecer. Então, para minha surpresa, o próprio Martinez sugeriu que nos encontrássemos uma semana mais tarde com o prato cósmico, o bastão e alguns de seus aprendizes selecionados.

Na semana seguinte cheguei bem na hora marcada. Martinez apresentou-me a quatro de seus alunos que iriam assisti-lo na sessão. Descobri que Martinez era um mestre esotérico que iniciava seus discípulos em uma sociedade hermética com o bastão de poder. Esse bastão, o mesmo com que Carlos havia se iniciado, estava na mesa quando cheguei. Era muito bonito, como Carlos havia descrito: uns sessenta centímetros de comprimento e feito de uma pedra negra de basalto.

Embora fosse de tarde, Martinez começou a sessão fechando as persianas e deixando a sala em um tom de crepúsculo. Ele e seus alunos fecharam os olhos, enquanto Martinez começou a bater no braço de madeira de sua poltrona em um ritmo de percussão, querendo induzir um transe. Pelo menos foi o que presumi. A atmosfera no quarto ficou densa e pesada, como se o quarto estivesse cheio de fumaça. Achei estranho não haver nenhuma prece de abertura, nenhum agradecimento, nenhuma invocação do divino. Entramos direto no assunto.

Pouco depois, Martinez começou a falar com uma voz diferente e áspera.

— Vejo sete feiticeiros nas montanhas... no Peru eles estão lhe dando o... — ele disse algo ininteligível e depois quase gritou: — O

Iniciação: A experiência de uma mulher com a espiritualidade inca 109

prato cósmico! — gesticulou em direção ao prato. — Sim, o prato cósmico é um velho amigo do bastão sagrado.

Quando Martinez sentou-se bruscamente de volta em sua poltrona e ficou quieto, houve um outro som de gargarejo, desta vez vindo do outro lado da sala. Uma de suas aprendizes começou a reagir. Ela rosnava e se contorcia, e de repente levantou-se, e começou a gritar em minha frente:

— Parsifal... Parsifal... Parsifal.

Parsifal era um personagem histórico. Ele tinha sido o guardião do Santo Graal! Por que será que ela me chamava agora com esse nome? Então, em voz mais baixa, ela começou a me implorar:

— Cante para o bastão... cante as cores do bastão. Cante, Parsifal, cante. — Sua voz ficava mais alta à medida que ia me dando a mesma ordem. Parecia que a mulher estava completamente louca.

Apesar de minha reação mental, misteriosamente, um som brotou em minha garganta, esperando para sair. Tentei soltar o som, para "falar" com o bastão. Deixei-me soltar e o som desta vez saiu em notas puras e longas, como freqüências. Nunca tinha feito esses sons em minha vida. Podia ver cores com as freqüências do som e parecia que os dois objetos de poder estavam sendo envolvidos juntos por uma teia colorida e brilhante de som. Continuei a emitir sons que aos poucos formaram palavras.

— Da escuridão... da escuridão... virá a luz. — Construí as palavras quando os sons ficaram inteligíveis para mim e, logo que se tornaram palavras, a canção terminou.

Perdi minha consciência por um tempo, e quando abri os olhos vi que tinha escorregado do sofá e agora estava sentada no chão, meu peito na altura da mesa. E ainda mais, a ponta do bastão tocava em meu peito. De repente senti uma sensação ardente, como se o bastão estivesse penetrando em meu corpo, perfurando meu coração e movendo-se completamente através de mim. Sabia que era um fenômeno energético, mas sentia como se o bastão estivesse mesmo forçando uma abertura. Era assustador e maravilhoso ao mesmo tempo: a penetração mais deliciosa, como o sexo, mas em um nível espiritual e emocional.

Foi somente naquele momento que compreendi algo que era óbvio desde o começo. Os dois artefatos eram objetos de poder macho e fêmea. O poder penetrante do bastão era muito masculino, enquanto a qualidade receptiva e mantenedora do prato era feminina. Ocorreu-me que quem tinha o bastão poderia ter-se tornado demasiadamente masculino e que precisava do equilíbrio do lado feminino. Talvez, então, eu precisasse do foco laser do bastão.

No momento em que a sessão terminou, houve uma enorme salva de palmas. No lado de fora começou uma chuva torrencial. A própria natureza confirmava nosso trabalho.

O *Señor* Martinez abriu as persianas, sorrindo. Ele parecia bastante satisfeito com a sessão. Tinha de fazer a decisão bem ali. Em nosso primeiro encontro, Martinez falou-me que não poderia comprar o prato. Como a maioria dos mestres espirituais, ele não tinha um centavo sequer. Embora minha instrução fosse para vender, eu não queria fazê-lo, apesar de sentir medo de desobedecer os *apus*. Queria fazer a coisa certa, a ação moral e espiritualmente correta.

— O senhor pode ficar com ele por um tempo — disse a Martinez, enquanto entregava o prato em suas mãos. — O senhor e seus aprendizes poderão usá-lo.

POUCOS DIAS MAIS TARDE COMECEI A FICAR INQUIETA. A DECISÃO DE DEIXAR o prato com Martinez já não soava bem para mim. Por certo não queria que o prato caísse em mãos erradas; e quando investiguei mais sobre seu caráter, disseram-me que Martinez era considerado um fanático, motivado por poder. Dei uma desculpa esfarrapada e peguei o prato de volta.

Nas semanas seguintes, andei por toda Buenos Aires conversando com mestres espirituais, clarividentes e qualquer um que pudesse me dar mais informação a respeito do prato cósmico ou dos *apus*. Ninguém jamais ouvira falar disso, até que um dia me falaram sobre um mestre espiritual que diziam ser muito poderoso. Ela dava consultas uma vez por mês e a sincronicidade fez com que conseguisse uma consulta com ele. Cheguei, levando o prato em minhas mãos, e tive de esperar por nove horas em uma longa fila.

Iniciação: A experiência de uma mulher com a espiritualidade inca 111

Quando entrei em seu consultório e desembrulhei o prato, contando-lhe um pouco de minha história, ele me fez um sinal com a mão para que eu parasse. Tirou uma moeda do bolso e colocou-a no prato. A moeda desapareceu. Então, em vez de ver a parte interna do prato, via centenas de estrelas cadentes. Ele mergulhou a mão nas estrelas e pegou de volta a moeda.

— Que... como? — gritei espantada.

— Esta moeda foi feita com o mesmo material que o Santo Graal — disse ele francamente. Senti-me hipnotizada e quis saber se esse homem poderia ser um mestre no hipnotismo.

— Mas o prato... os *apus* me falaram para vendê-lo — contei a ele.

— Objetos sagrados não podem ser vendidos — disse ele no mesmo tom. Senti uma onda de alívio e felicidade, como se a confirmação de suas palavras ressoasse fundo em meu corpo.

— Por favor, preciso de sua ajuda. O senhor conhece os *apus*?

— Conheço — disse ele no mesmo tom de voz.

— Os *apus* me disseram que nasci para eles.

— Não — disse ele com autoridade —, você nasceu para si mesma. — Fiquei abismada com suas palavras simples, ditas de maneira tão simples. Essas palavras começaram a desatar um nó de energia em minha barriga. De algum modo suas palavras começaram a me libertar. A consulta não durou mais que quinze minutos, mas era evidente que tinha recebido o que procurava. Agradeci e fui embora.

No caminho de volta comecei a entender que, sem saber, fiz a conexão entre as maravilhosas e encantadoras experiências místicas dos meses anteriores com as criaturas da escuridão. Quando os *apus* me disseram que havia nascido para eles e tinha o destino de trabalhar para eles, comecei a acreditar que minha recém-despertada vida e habilidades espirituais deviam-se a eles. Compreendi agora que no meu inconsciente havia juntado os eventos, responsabilizando os *apus* pelas minhas experiências visionárias e por meu poder. Sentia-me endividada. Mas muito mais do que endividada, comecei a sentir-me escravizada!

Isso com certeza não estava certo. "Mesmo se eles *fossem* as forças da natureza, ainda assim não deveria me sentir uma escrava dos *apus*. Deveria trabalhar junto com eles", raciocinava minha mente. Mas não podia, pois tinha medo deles. Algo em tudo isso saiu do eixo em alguma parte e precisava ser reparado, e logo! Ainda não estava pronta para voltar ao Peru e encarar Ricardo e o grupo. Havia mais neste enigma do que podia entender e precisava ficar na Argentina até conseguir algum grau de clareza.

Mais algumas semanas de busca sem nenhuma resposta clara e acordei certa manhã totalmente desesperada. Parte de mim queria jogar fora toda essa enganação, voltar aos Estados Unidos e ser normal novamente. Talvez pudesse conseguir um emprego como faxineira e limpar banheiros em algum lugar ou então ser uma psicóloga do modo antigo, ajudando pessoas comuns de um modo mundano. As coisas aqui tinham ficado muito complicadas, cheias de intrigas e fora de proporção.

Queria voltar ao meu ser pequeno, meu eu ingênuo, aquele que nunca teve nenhuma visão, nunca sentiu nenhum chamado espiritual, aquele que nunca viu o mundo invisível manifestar-se diante de seus olhos, que nunca experimentou o impossível. Talvez então o impossível me deixasse em paz. Senti-me como se uma multidão de seres e pessoas e energias estivesse me puxando, chamando-me a atenção, pedindo por um monte de coisas e prometendo todos os tipos de coisas. Queria apenas alguma paz interna e quietude.

Comecei a andar sem nenhuma intenção ou direção, apenas por andar, para sentir meu corpo mover-se e desviar minha atenção de toda aquela tensão e lutas internas. Pouco depois encontrei-me bem na frente da catedral de São Isidoro. Inconscientemente, busquei o conforto dessa, embora convicta de que não era a igreja que fazia esse lugar confortável. Para mim era um local de poder e indaguei-me se a igreja não tinha sido construída em cima de algum lugar sagrado indígena, como tantas outras o foram. Já estivera ali várias vezes antes e o local transmitia uma sensação maravilhosa.

A chuva parou momentaneamente e a profunda luz âmbar e dourada do pôr-do-sol começou a se filtrar através das nuvens. A cortina

Iniciação: A experiência de uma mulher com a espiritualidade inca 113

de folhagem que descia diante da catedral estava molhada de dourado, e naquele momento aqueles salgueiros-chorões tornaram-se sagrados. Poderia ter ficado ali para sempre, observando aquelas árvores. Elas suavizavam minha alma ferida.

Rapidamente o céu nublou-se de novo e, quando a noite começou a cair, a chuva recomeçou, dessa vez com mais força. Fiquei preocupada então, com medo de ficar ensopada até os ossos. Certa de que a catedral estava fechada, nem me preocupei em me aproximar da porta. Sabia que fechava às 17 horas, e já eram 17h30. Agora que estava chovendo mais forte, não custava nada tentar abrir a porta.

Subi os degraus até aquela enorme porta e empurrei-a, sólida como pedra. Pensei então em pegar na maçaneta. A porta se abriu facilmente e pude entrar. Exceto por um zelador que passava cera no chão, no outro canto da catedral, eu tinha o local inteiro para mim. Aproximei-me do altar e sentei em um banco no meio do caminho. Embora não me considerasse católica, fiz o sinal-da-cruz, talvez para o benefício do limpador, e então sentei-me. Curvei minha cabeça e comecei a rezar.

Enquanto orava, uma tremenda paz e aconchego começou a se expandir em meu peito, e todo o meu corpo se relaxou, com aquela tormenta de sentimentos dentro de mim se acalmando. Após alguns minutos de prece, senti uma presença que me fez olhar para cima, para o altar.

Lá, no lado esquerdo do altar, uma figura flutua a uns dois metros do chão. Ela é de uma beleza rara e refinada e tem mais de dois metros de altura. Vestida com cetim da cor do marfim, seu vestido mostrava formas delicadas de plantas em um desenho de extrema beleza. Seu corpo é sensual e muito refinado. Enormes olhos castanhos que não deixam aparecer o branco dominam os traços de seu rosto e longas antenas se estendem de sua cabeça. Ela parece ao mesmo tempo uma planta, um inseto e uma fada das mais belas. É um espírito de natureza feminina, a corporificação da beleza e delicada graça da natureza. A rainha desta terra. Uma sensação emana dela com o amor e a beleza mais refinados que já vi. Minha atenção se move para o lado direito do altar, e lá, do mesmo tamanho e aparência, também flutuando acima do chão,

> está uma outra figura. Ela usa um vestido azul com um manto e capuz branco. Sua face é radiante, suas mãos abertas, estendidas em um gesto de súplica. Ao redor de sua cabeça doze estrelas brilham e cintilam, circulando em sentido horário. Ela é belíssima. É a Virgem Maria, a Mãe Universal. É a emanação da energia feminina divina. Olho petrificada, meu coração bebendo em seu amor, sua beleza, sua mais elevada e pura essência, seu poder feminino. Não me movo. Não posso. Como se, de repente, minha atenção se voltasse para o altar entre as duas figuras. Entendo que estou tendo uma visão e meus olhos estão abertos, bem abertos. Diante de mim e bem no centro do altar, um grande cálice de ouro se materializa em câmara lenta, ao som de um sino. E então, coros sagrados de anjos, canção sagrada e o sino; e várias e várias e várias e várias vezes novamente ela aparece, o Santo Graal reaparece, reaparece, reaparece, reaparece em cem... em mil... em cada altar de cada igreja do mundo. Ela volta. Cantando. Ela volta.

Incapaz de suportar a intensidade da visão por mais tempo, lágrimas correram de meu rosto. Olhei para meu corpo, que agora estava tremendo com o impacto do que acabara de experimentar. Ouço o barulho de vestes e, do canto de meu olho, pude ver o padre que acabara de entrar. Ele estava em frente ao altar. Olhei para cima. *Elas ainda estão lá, e o cálice também, bem no centro do altar, brilhando. O padre não pode ver, mas elas ainda estão lá.* As figuras femininas permaneceram imóveis, emanando. Elas não me viam, pois essa não era uma visão pessoal. Eu era apenas uma observadora de um evento muito maior.

Não contei a ninguém sobre essa visão, mas está gravada para sempre em minha mente. Até hoje posso ver ainda as figuras femininas, quando fecho meus olhos. Inicialmente, a visão era tão poderosa que minha mente consciente mal podia retê-la. Imaginava se o encontro do bastão e do prato cósmico tinham alguma coisa a ver com isso. Nos dias que se seguiram, meus pensamentos voltavam-se continuamente para a visão, mas não sabia como interpretá-la. Palavras não eram capazes de conter seu poder de transformação. Só fui capaz de anotar brevemente em meu diário, como ponto de referência, amarrando essa experiência numinosa a alguma coisa deste mundo concreto.

Iniciação: A experiência de uma mulher com a espiritualidade inca

Mas logo outras preocupações ocuparam minha atenção. Comecei a revisar os esforços de minha busca. Muitos dos mestres espirituais com quem tinha me encontrado sugeriam que talvez os *apus* fossem elementais, menos evoluídos, ao contrário de seres superiores. Ou talvez fossem "seres astrais inferiores", as almas perdidas ou penadas dos mortos que ficaram presos no nível inferior do plano astral. Ouvi que para penetrar até o plano espiritual mais elevado era necessário viajar pelo reino astral inferior, um mundo de decepção, artimanha, ilusão. Alguma coisa sobre essa descrição parecia se encaixar, mas não completamente.

Não conseguia acreditar na divisão que a Nova Era faz entre os "seres de luz" e os "seres da escuridão". Parecia uma fórmula muito simples em um mundo tão complexo e misterioso. Estava mais para o pensamento junguiano, trabalhando para a integração dos aspectos difíceis, inconscientes e "sombrios" da natureza humana. Como Jung, acreditava que o mal não era nada mais do que aspectos projetados de nossa própria sombra. Se pudéssemos integrar a sombra, então teríamos acesso à força vital do inconsciente. Mas será que isso era verdade? Jung foi o único dos antigos teóricos da psicologia que estudei a falar sobre a união com o inconsciente, o desconhecido ou o aspecto misterioso da humanidade, e honrar esta idéia em vez de tratá-la como um inimigo, ou tentar "amputá-la". A visão de Jung era uma psicologia mais "xamânica". No pensamento tradicional judaico-cristão, os "impulsos inferiores", como o sexo ou a agressão, eram todos relegados à categoria do mal. Essa não era uma resposta satisfatória à mente e ao coração críticos.

Antes de vir ao Peru não acreditava no mal. Agora não estava tão certa. Ainda assim, não podia simplesmente categorizar os *apus* do Ricardo como algo do mal. Aprendi muito com eles. Eles também eram parte da grande criação. Senti que tinha de aprender como tratá-los. No entanto, não estava certa se eles cuidavam de fato de *meu* melhor interesse. Os *apus* pareciam ter sua própria agenda, e como eu não acatava mais suas ordens, fiquei com medo do que poderia me acontecer.

APÓS VÁRIOS MESES EM BUENOS AIRES, SABIA QUE POR FIM ESTAVA PRONTA para tomar minha decisão. Sentia-me segura o bastante em minha nova perspectiva, que reconhecia o mundo espiritual como uma realidade, no entanto mantinha um olho crítico em seus "fenômenos". Estava claro que meu tempo na Argentina já tinha chegado ao fim. Sabia que tinha de voltar a Cuzco e devolver aos *apus* o prato cósmico. Ele não me pertencia e, além do mais, sentia que era a atitude mais libertadora a fazer. Embora morrendo de medo, era óbvio que estava na hora de voltar.

Comprei um bilhete de ônibus de Buenos Aires até o norte do Chile. A longa viagem pelo deserto deu-me tempo para ponderar o que tinha acontecido comigo, e imaginar o mais que iria acontecer. Tentei controlar meu medo. Começava então a compreender como eu própria gerava meus estados mentais, particularmente o medo e a culpa; e era muito difícil distinguir entre um medo projetado, ou fantasia, e uma intuição verdadeira. As visões mediúnicas que tinha experimentado primeiro no Peru e depois em São Francisco, e todas as minhas outras visões desde então, ensinaram-me que nem tudo o que sentia era fantasia projetada. No entanto, também sabia que não era verdadeiro tudo o que percebia fisicamente. Era difícil discriminar entre a intuição verdadeira e a fantasia projetada.

Agora, enquanto especulava sobre meu inevitável encontro com os *apus,* não podia confiar no que sentia. Será que meus maus presságios e medos estavam baseados em uma clara percepção psíquica do futuro, ou será que era um estado emocional que eu mesma gerara devido aos meus temores?

Andava em uma linha entre o fantástico e o real. Como é que o pensamento e a matéria interagem para criar aquilo que percebemos como realidade? Por certo, esta era a questão que tinha me fascinado e me desconcertado por meses. Antes de minha experiência com a materialização dos *apus,* a divisão entre pensamento e realidade material era marcada por uma cerca clara e concreta. Mas aqui, na América do Sul, as linhas entre os mundos material e espiritual não eram tão bem definidas.

Iniciação: A experiência de uma mulher com a espiritualidade inca   117

Durante minhas investigações na Argentina, aprendi que na tradição espírita praticada no Brasil os espíritos usavam o ectoplasma humano, ou a força bioenergética, para se materializarem. Será que isso explicava o fenômeno dos *apus*? Ou será que Ricardo era de fato um médium muito poderoso que podia reunir e projetar o ectoplasma humano na forma que quisesse? Do ponto de vista psicológico, considerei a possibilidade de os *apus* serem projeções materializadas das subpersonalidades de Ricardo. Qualquer que fosse a explicação, sabia que crenças e pensamentos tinham o poder de agir no mundo material, e agora tinha de tomar cuidado comigo mesma.

A viagem de ônibus de volta a Cuzco durou oito dias. Oito dias de tortura. Quando por fim cheguei, fiquei deliciada, para minha própria surpresa, de voltar àquela bela cidade. Acima e além de todos os meus problemas, havia algo de tão maravilhoso e jovial em Cuzco que por um tempo esqueci-me das coisas ruins que me esperavam e passei bons momentos com amigos. Até mesmo imaginei se não poderia simplesmente deixar o prato na casa de Raul e terminar com tudo aquilo. Mas não era assim que seria.

Poucas noites após minha chegada, voltando da discoteca, caminhava por uma de minhas ruas favoritas, *calle* Loretto. Esta rua estava quase que intacta desde a época dos incas, com muros incas perfeitos nos dois lados. Ainda mostrava algumas cavidades onde diziam que ficavam os ídolos de ouro. Fazia-me lembrar da grandeza da civilização inca. Nessa noite tive certeza de que havia muito mais da espiritualidade dessa cultura avançada do que eu já havia experimentado até então.

Como se em resposta ao meu pensamento, uma figura apareceu em um dos nichos da parede. Era um homem com uma grande franja na testa. Sua pele era escura, seu corpo grande e poderoso, e tinha uma postura real. Essa figura impressionante irradiava poder, mas seu poder não causava medo, era um poder controlado.

— Lembre-se — disse ele, falando comigo como um colega —, era o inca que comandava os *apus*, não os *apus* que comandavam o inca. — A figura dissolveu-se instantaneamente.

— Lógico! — quase que gritei com o impacto da percepção súbita. Instintivamente, sempre me perturbara a idéia de que os *apus* de

Ricardo diziam a todo mundo o que fazer. Mas agora compreendia meu desconforto em todos os níveis: psicológico, esotérico e em mim mesma. Não se pode deixar as crianças cuidarem do zoológico. Como terapeuta, observava esse quadro familiar freqüentemente. Se os filhos recebem muito poder o resultado é desastroso, porque o poder dos pais se enfraquece e o sistema familiar entra em colapso. Da mesma maneira, se os filhos são ignorados ou maltratados, a família toda sofre quando a criança falha ou se dá mal na escola. Postulei que sem dúvida alguma esse quadro era verdadeiro também para nossos próprios impulsos inconscientes. Se formos dirigidos por nossos impulsos inferiores, ocorre o caos. Mas se os mesmos impulsos forem reprimidos, perdemos a força vital. Talvez o truque fosse assegurar-se de que a força vital seria guiada e canalizada por uma consciência firme e diretora. Claro que essas crianças não são más; só estão em uma posição inadequada.

Por isso, as forças da natureza, ou os *apus,* não poderiam estar com o controle, como os *apus* de Ricardo pareciam estar. A consciência humana desenvolvida, o inca, tinha de dirigir e guiar essas forças da natureza. Historicamente, fomos uma vez dominados pela natureza, à mercê de seu poder controlador. Então, a sociedade ocidental tentou dominar ou reprimir a natureza em resposta a essa experiência de desamparo. Em minha cultura, isso criou uma sociedade de pessoas sem vida, medrosas de seus corpos e de seus próprios impulsos espontâneos. Mas nenhum dos dois extremos era o ideal. O que de fato era necessário era uma ajuda forte que controlasse o poder do inconsciente para ser usado e canalizado de maneira construtiva. Estava claro que para Ricardo as coisas tinham, de alguma maneira, saído do seu controle. Ele estava sendo "comido" por seus próprios *apus.*

Na manhã seguinte, exatamente quatro dias depois de minha chegada a Cuzco, o próprio Ricardo veio à minha casa, rodeado por um pequeno séquito de pessoas que eu não reconhecia. Vi seu carro pela janela e quase pedi a Panchita para dizer-lhe que não estava em casa. Mas mudei de idéia no último minuto. Algo dentro de mim foi mais forte. Tinha de ir e encarar Ricardo. O momento tinha chegado.

Iniciação: A experiência de uma mulher com a espiritualidade inca 119

— Elizabeth — chamou-me Ricardo, ali do jardim. Tinha saído de meu quarto e estava no terraço, olhando para ele. Não desci e com certeza não iria convidá-lo para subir. — *Los papitos* querem falar com você — disse. Ele não sorria, nem parecia irado como esperei que estivesse.

— Sim, Ricardo — disse-lhe em tom firme e cuidadoso. — Vou falar com eles amanhã. A que horas é a *mesa*?

— Às onze da manhã — respondeu ele.

— Certo. Até amanhã então.

— Até amanhã — disse ele, baixando a cabeça para passar pela porta que dava para a rua.

Naquela noite vi Antonio pela primeira vez.

— Coisas estranhas aconteceram enquanto você estava fora, Elizabeth — disse-me ele. Ele não parecia o mesmo. — Quase não fui à *mesa* desde que você foi à Argentina. Coisas de que não gosto começaram a acontecer mais e mais.

Concordei com a cabeça.

— Esses *apus* não são seres superiores. Você não pode deixar-se comandar por eles — disse-lhe. — Antonio, na noite passada eu vi um inca — apontei para minha testa para indicar que era uma visão.

— Ele me disse que eram os incas que comandavam os *apus*, e não o contrário.

— É verdade — disse Antonio, com os olhos brilhando como se estivesse despertando de um sono profundo. — Também estive pensando que Ricardo é poderoso, mas seu poder foi distorcido.

— Exatamente — confirmei. — Antonio, venha comigo amanhã para a *mesa*. Tenho algo em mente e quero que você esteja lá.

— Não perderia isso por nada desse mundo — disse Antonio, sorrindo.

Na manhã seguinte Antonio, Miguel e sua namorada, Elena, chegaram à minha casa por volta das 10h30. Seria uma mentira dizer que não estava com medo. Não sabia exatamente por quê, mas sabia que tinha de encarar os *apus* e falar diretamente a eles. Minha segurança quanto a meu propósito dava-me confiança. E como meu espanhol tinha melhorado sensivelmente nos últimos cinco meses, sabia que pelo menos o idioma não seria uma barreira.

Fomos todos juntos em uma caminhonete, por quase uma hora, para fora da cidade, à casa onde a *mesa* aconteceria. Como sempre, Ricardo e seus aprendizes tinham de fazer todo o longo processo de limpar a sala para mais espaço e então fechar as portas e janelas para impedir a luz. Durante todo esse período, tive tempo livre para ficar completamente nervosa e então relaxar de vez. Quando eles já estavam prontos, eu também estava.

— Filha Elizabeth, por que você não completou sua missão? — exigiu saber o *Señor* Pampahuallya ao se materializar.

— Porque, como o senhor sabe, *Señor* Pampahuallya, objetos sagrados não podem ser vendidos — respondi com a voz tremendo de raiva, convicção e um pouco de medo. Era impressionante como me sentia diferente agora. Estava muito mais segura de mim mesma.

— É verdade — respondeu ele, para minha total surpresa.

— E agora, *Papito*, se o senhor não se incomodar, tenho algumas perguntas para lhe fazer. — Estava tremendo, incerta sobre como os *apus* ou as pessoas na sala iriam se comportar com essa minha atitude.

A voz irada de um dos aprendizes de Ricardo podia ser ouvida em resposta:

— O senhor não tem de responder às perguntas bobas dela, *Papa lindo*.

— Vamos responder — disse o *Señor* Pampahuallya.

— Vocês são seres de luz? — Comecei minhas perguntas pensando que seis meses antes teria ficado intimidada demais pelos *apus* para poder formular essas perguntas.

— Não, somos da escuridão — respondeu-me diretamente Pampahuallya.

— Vocês são da terceira dimensão ou de outra dimensão?

— Somos desta mesma dimensão — respondeu ele novamente.

Houve um silêncio, e assim continuei:

— Por que vocês estão aqui? Qual é a missão ou propósito de vocês?

Iniciação: A experiência de uma mulher com a espiritualidade inca

— Estamos aqui para ajudar as pessoas que não podem ir aos médicos normais.
— Por que vocês sugam a energia das pessoas? — perguntei.
— Para comermos, para nos alimentarmos — respondeu ele.
— Por que vocês não podem tomar energia diretamente de Deus? — continuei.
— Não, isto não nos é permitido — respondeu ele em uma voz neutra e concreta.
— E para trabalhar conosco vocês têm de sofrer — acrescentou o *Señor* Sollacasa, em um tom de voz vingativo.
— Bem, acho que não trabalho mais para vocês — disse triunfantemente. — Vim para devolver-lhes o prato cósmico. Muito obrigada. Até logo.
— *Ciao* — disse o *Señor* Sollacasa.
— *Ciao* — disse o *Señor* Pampahuallya, enquanto se dissolviam pelo teto com um bater de asas.

Quando as luzes se acenderam, fui direto para Ricardo e apertei-lhe a mão. Ele não me mostrou raiva alguma, nenhuma reação visível de qualquer tipo. Só retribuiu meu aperto de mão de maneira bem educada. Os outros aprendizes recusaram-se a apertar minha mão. Por isso, acenei em despedida e quase corri para a porta com Antonio, Miguel e a namorada de Miguel, Elena, seguindo bem atrás. Fomos para a casa de Elena, a alguns quarteirões de distância. Estava saltando e pulando bem alto, gritando pela felicidade e alívio que sentia.

— Ufa, estou contente por ter acabado. Agora sabemos o que era tudo aquilo. Vocês ouviram aquilo? "Para trabalhar conosco vocês têm de sofrer" — disse, imitando a voz do *Señor* Sollacasa. — Que arrepiante! — comecei a rir. — Bem, isso esclarece tudo para mim.
— É, para mim também — disse Antonio, um pouco triste.
— Frustrante, não é? — disse.
— Sim, muito — respondeu Antonio. — Suponho que você vai voltar para casa agora — disse ele, parecendo desamparado.
— É, você está certo. Mas não se preocupe, Antonio. Eu adoro Cuzco. Tenho certeza de que vou voltar.

NÃO IMAGINEI QUE LEVARIA MAIS DE DOIS ANOS PARA VOLTAR A CUZCO. Mas minha volta aos Estados Unidos não foi fácil. O fato era que me sentia desolada. Não podia reconciliar-me com a vida americana normal. As pessoas nos Estados Unidos pareciam tão sem vida, sem cor, tão aborrecidas. Até mesmo os alimentos orgânicos mais caros no mercado tinham o gosto de plástico para mim, depois de ter experimentado os ricos e vibrantes vegetais e frutas do Vale Sagrado dos incas. Pior de tudo, Pachamama estava coberta. Seu poder foi tirado pelo cimento e prédios e estradas e casas. Em contraste com Cuzco, aqui eu não sentia a força vital que emanava da terra. Minha terapeuta chamou isto de um caso grave de "choque cultural". Eu chamei de um caso sério de esquizofrenia cultural.

Em minha viagem de volta a São Francisco, enquanto sobrevoávamos Miami, senti como se um grande capacete astral estivesse sendo tirado de minha cabeça, bloqueando minha consciência superior. Talvez isso fosse bom. Talvez tivesse ficado muito aberta.

Durante uma parada em um aeroporto texano, observei a multidão andando de um lado para outro nos longos corredores do aeroporto. Havia algo errado com seus corpos mas o "errado" era tão óbvio que, no começo, nem pude decifrar. Então pude ver! Em minha mente vi a imagem de um grupo de *cuzqueños* e o modo como andavam na terra com uma certa elegância natural. Era como se houvesse uma linha invisível de energia que conectava seus corpos ao chão. Eles pareciam pertencer à terra onde caminhavam e havia uma relação óbvia e natural entre seus corpos e Pachamama, uma relação de amor.

Por outro lado, os corpos das pessoas no aeroporto pareciam desconectados. Não havia linha de energia ligando-as à terra, nenhuma relação entre seus corpos e a terra onde pisavam. Era como se elas pudessem ser fisgadas e colocadas em qualquer parte do planeta, ou qualquer outro planeta, sem terem de cortar qualquer laço. Nesse momento compreendi o valor do que estava deixando para trás e fui tomada por um pesar.

7
Kurak Akulleq:
Sacerdote do Grau Quatro

Nos dois anos seguintes, trabalhei como terapeuta familiar. Nos dias de descanso, sentava-me em minha casa, abrigada sob meu cobertor de pele de alpaca, e tentava compreender o que havia acontecido comigo no Peru. Um novo mundo havia se aberto para mim. Um mundo que não existia nos Estados Unidos. Voltei para terminar meu curso em psicoterapia, e, como então falava espanhol, consegui trabalhar com as famílias latinas. Isso ajudou a diminuir minha dor do choque cultural, mas parte de mim ainda estava naquele outro mundo.

Sonhava com Cuzco quase todas as noites. De fato, sentia como se estivesse indo para lá, movida por alguma força invisível que me fazia voltar. Era muito difícil focalizar a atenção no continente norte-americano.

Para obter alguma compreensão prática do tipo cérebro esquerdo, comecei a ler livros sobre os incas e aprender um pouco sobre arqueologia. Primeiro, tentei viver em São Francisco, mas o cimento foi demais para mim. Após alguns meses, mudei-me para o Mill Valley com um grupo maravilhoso de psicoterapeutas. Terminei meu treinamento em terapia familiar, mas o coração não estava no trabalho. Estivera aberta a um nível de realidade completamente diferente e esse sentimento continuava me perseguindo.

Certa noite, depois de atender a todos os meus pacientes no centro de aconselhamento no Mission District de São Francisco, notei um sentimento caloroso se espalhar por todo o meu corpo. Olhei para cima e vi uma grande esfera dourada sobrevoando minha escrivaninha. Senti uma presença de amor e a convidei para se aproximar. A presença encorajou-me, dizendo que tudo ficaria bem. Parecia dizer que tudo o que houve no Peru tinha uma razão que eu ainda não podia compreender e que precisava continuar escrevendo, trabalhando em meu livro, algo que tive vontade de fazer desde o dia em que voltara aos Estados Unidos. Escrever era minha única salvação, a única maneira que poderia integrar os mundos tão diferentes que vivi antes e depois do Peru. Após um certo tempo, a presença dourada retirou-se e minha resolução de escrever tornou-se mais forte do que nunca.

Questionei-me se não estava ficando louca. Falar com esferas douradas pareceria menos estranho no Peru, mas aqui nos Estados Unidos era demasiado estranho. Afastei-me da escrivaninha e comecei a andar para a frente. Amarrei e desamarrei os sapatos e li novamente as anotações sobre os pacientes. As notas eram muito coerentes. Embora tivesse acabado de presenciar uma experiência de "outro mundo", parecia estar funcionando de maneira normal no "mundo regular". Quando voltava para casa comecei a me questionar se, em vez de ser eu, eram minhas idéias sobre o que significava ser humano que estavam loucas. Talvez experiências visionárias fossem uma parte normal e sadia do desenvolvimento humano. Talvez o que tivesse experimentado fosse um "estresse evolucionário". O que quer que fosse, não era nada confortável.

No entanto, meu desconforto extremo continuou até voltar a morar perto da natureza, em um local onde pudesse ouvir novamente a voz de Pachamama. Em fevereiro de 1992, mudei-me para uma casa no vale San Geronimo de West Marin, onde o som da natureza ainda era mais alto que o barulho da cidade. Foi então que compreendi que estava na hora de voltar para Cuzco. Em uma sincronicidade, várias mulheres do grupo feminino que eu estivera liderando havia um ano começaram a me importunar para que as levasse ao Peru. Quando me dei conta, já tinha telefonado a uma agência de viagens e feito reservas para Cuzco, para o final de junho. Telefonei para a *Señora* Clemencia em Cuzco e perguntei se poderia ficar lá por algumas semanas. Ela e seu marido ficaram muito felizes e, com muito carinho, asseguraram-me que meu quarto estava esperando por mim e que ainda trabalhava com sua *pensión*, e assim havia vários outros quartos para as amigas.

No começo de junho de 1992, nosso pequeno grupo voou para Cuzco. Passeamos pela trilha dos incas e fomos a muitos lugares turísticos. Foi maravilhoso rever meus amigos peruanos e presenciar a fabulosa vista de Cuzco uma vez mais. A dor em meu coração começou a desaparecer.

Estava quase no final de nossa estada de duas semanas quando, ao caminhar para a praça principal, deparei com um cartaz que dizia: "Primeiro Congresso Mundial de Misticismo Andino". As datas mostravam que a conferência seria dali a três dias e tínhamos reserva para irmos embora em dois dias! Corri para o telefone mais próximo e falei com meu escritório na Califórnia para ver se poderia arrumar uma permanência extra de uma semana. Felizmente, não havia problema algum. Pude mudar minha reserva aérea facilmente e dois dias mais tarde despedi-me das companheiras de viagem.

Estava tão excitada com a conferência que mal podia esperar que começasse. Talvez, por fim, pudesse obter algumas respostas a minhas muitas, muitas perguntas. No primeiro dia, fui com um caderno de anotações e um gravador. Meu grande entusiasmo logo transformou-se em desânimo, enquanto ouvia os palestrantes ridicularizarem os incas e sua mitologia em sua maneira acadêmica seca. Os *apus* foram mencionados, mas apenas como mito e lenda. Ninguém falou nada que se comparasse às experiências que tive. Acabou o primeiro dia de conferência e fiquei profundamente deprimida.

— Você parece desapontada — disse uma voz grave com sotaque inglês. Olhei para aqueles olhos azuis brilhantes.

— Peter! Como está? — respondi, feliz em rever um velho amigo, enquanto trocávamos o tradicional *beso* peruano. Embora só tivéssemos nos encontrado no final de minha estada de dois anos em Cuzco, Peter Frost trabalhava em Cuzco como guia de turismo de aventura havia mais de vinte anos.

— Estou bem, mas essa conferência está muito chata. É uma pena que a pessoa que sabe mais sobre tudo isso não está aqui — respondeu ele.

— Por favor. Diga-me quem é essa pessoa. Você entende, é muito importante que eu encontre alguém que conheça algo sobre os *apus*.

— *Apus*, é? — sorriu Peter. — Bem, esse seria o Juan. Juan Nuñez del Prado — disse-me ele, anotando o número do telefone dele em um pedaço de papel. — Aqui. Telefone para ele. Se ele não puder responder suas perguntas, ninguém mais pode.

— Mas Peter, fale mais sobre ele. Quem é esse Juan?

— É um antropólogo, um *mestizo*. Ele leciona aqui, na universidade. Na verdade, o pai dele, Oscar Nuñez del Prado, era um antropólogo muito famoso. Ele descobriu um grupo de indígenas que se diziam descendentes diretos dos incas — disse-me ele.

— Verdade? Que fascinante. Mas Peter, um acadêmico? — perguntei, torcendo o nariz. Peter e eu já tínhamos tido longas conversas sobre o pensamento rígido do mundo acadêmico.

— Oh, não, ele não é assim. Não se preocupe. Juan já trabalha com os indígenas há anos. Os próprios indígenas o iniciaram como um sacerdote andino. Na verdade, ele foi um aprendiz de um famoso curandeiro indígena do vale de Cuzco, Dom Benito Qoriwaman, por mais de dez anos. Esse Dom Benito escolheu Juan para continuar com o ensinamento da tradição. — Isso tudo parecia incrível.

— Muito obrigada, Peter — disse abraçando-o, enquanto apertava em minhas mãos o número do telefone como se fosse um tesouro. Corri para casa e fui direto ao telefone. Disquei o número meio sentindo que ninguém iria atender.

— Alô — ouvi a voz de um homem na linha.

Iniciação: A experiência de uma mulher com a espiritualidade inca

— Juan Nuñez del Prado, por favor — falei em meu melhor sotaque espanhol.
— Sí, é Juan. — Fiquei tão aturdida que nem sabia o que dizer. Não tinha imaginado que seria tão fácil falar com ele.
— Juan, eu... eu sinto muito incomodá-lo — gaguejei.
— Não é incômodo algum. Em que posso ajudá-la? — respondeu ele, rapidamente.
— Você não me conhece, meu nome é Elizabeth. Sou amiga de Peter Frost, que me indicou você... bem... é... tive pessoalmente uma experiência com os *apus*. Peter me disse que você poderia me ajudar.
— Claro. Que tipo de experiência? — perguntou ele.
— Desculpe-me... sei que você deve ser uma pessoa muito ocupada... mas me sentiria muito melhor se pudéssemos falar pessoalmente — disse eu, certa de que ele podia ver pelo telefone minha cara ficando vermelha.
— Lógico, é melhor falar dessas coisas pessoalmente — concordou. — Você pode me encontrar na praça principal, às seis horas?
— Seria um prazer — respondi, aliviada pela conversa ter sido leve.

Só tive tempo bastante para jantar e correr pela rua Pumakurku, o "Ombro do Puma", até a praça principal. Cheguei já sem fôlego poucos minutos depois das seis.

Lá, sentado no banco combinado, estava um homem de barba grisalha, usando *jeans*, jaqueta de couro e um chapéu branco que fazia com que parecesse um cogumelo.
— Juan? — perguntei.
— Sí, Elizabeth, sou eu — estendeu a mão para me cumprimentar. Sentei-me no banco com ele, um pouco cautelosa. Ele não parecia nada como Ricardo, mas ainda assim não me sentia confortável. Ele tinha algo de que eu precisava desesperadamente, o conhecimento, e isso me deixava em desvantagem.

Juan aparentava um pouco menos de cinqüenta anos. Seus olhos escuros brilhavam quando sorria, mas seu olhar era direto e forte. Os nós em meu estômago começaram a se soltar aos poucos.

— Bem, veja só, morei aqui há alguns anos — comecei titubeando.
— Aqui em Cuzco? — perguntou surpreso.
— É.. eu... bem... trabalhei com um sacerdote andino.
Ele pareceu sentir minha tensão. Olhou para mim com olhos muito grandes e sérios.
— Verdade? — disse ele. — Eu também. — E então caiu na gargalhada como se isso fosse a coisa mais engraçada do mundo. Sua risada era contagiante e logo eu estava rindo também, mais por causa de minha seriedade. Em apenas poucos instantes Juan conseguiu, de maneira magistral e quase que me desarmando, mostrar-me uma saída para um de meus maiores problemas: a importância que atribuía a mim mesma.

Comecei a contar-lhe tudo, incluindo meu encontro com o diagnóstico do ovo, minha visão dos *apus* enquanto estava sozinha no apartamento, as *mesas* com Ricardo e os *apus*, e minha confusão sobre o grupo e seu estranho comportamento em relação a mim. Juan me ouvia atentamente, considerando com seriedade tudo o que eu dizia. Era claro, pela sua expressão, que ele não estava nem surpreso nem impressionado e, pelo contrário, compreendia exatamente o que eu estava falando. Senti-me muito mais à vontade assim. Depois de algum tempo vi que tinha falado sem parar por mais de vinte minutos, com alguém que tinha acabado de conhecer sobre um tema que quase nunca conversava, nem mesmo com amigos mais íntimos. Por fim, calei-me.

Juan olhou-me firme. Então falou em um tom bastante sério:
— Você teve um contato muito forte com o caminho. Isso é incrível! No entanto, acho que sua primeira experiência, sua visão dos espíritos das montanhas... isso foi o mais importante.
— Mas... mas... e Ricardo, e as criaturas que se materializavam no escuro? Você sabe algo sobre isso? Você já experimentou algo assim? — protestei.

Juan parecia completamente calmo.
— Isso não é tão importante. Para compreender quem é seu mestre, você tem de olhar para o que acontece a sua volta. Tudo o que

Iniciação: A experiência de uma mulher com a espiritualidade inca

você falou sobre Ricardo me diz que ele é poderoso, sim, mas ele ainda não alcançou o grau quatro. Ele não é um *kurak akulleq*.
— O quê? — perguntei.
— Ricardo é um *altomisayoq*. Como você sabe, quer dizer "alto sacerdote", em quíchua. Mas há vários tipos de altos sacerdotes. As coisas que você descreveu sobre ele, a briga e os conflitos, o medo e as punições de seus *apus*... essas coisas todas pertencem ao grau três. Um *kurak akulleq* é um sacerdote do grau quatro — explicou-me pacientemente.
— Grau três... grau quatro? O que é isso, que quer dizer? — perguntei, curiosa e aliviada por afinal encontrar alguém que não só sabia o que estava falando, mas que também podia esclarecer minha confusão.
— No Caminho Andino há muitos altos sacerdotes poderosos e, deixe-me explicar-lhe, são muito poucas as pessoas, mesmo nativas de Cuzco, que conseguem ter as experiências que você teve! Não conheço Ricardo pessoalmente, mas já ouvi muitas histórias de iniciados que começam seu treinamento com mestres como ele. Tive a sorte de começar meu aprendizado nesse caminho com o melhor. Atualmente, existem muitos poucos sacerdotes do quarto grau. Dom Benito Qoriwaman, meu mestre, era um deles. Dom Benito era um curandeiro incrível. Todo mundo o conhecia. De fato, soube que uma atriz americana, Shirley MacLaine, escreveu sobre ele em um de seus livros. — Juan falava de Dom Benito com tanto amor e ternura que pequenas lágrimas cresceram no canto de seus olhos.

Queria gritar de alegria e chorar ao mesmo tempo. Eu sabia, eu sabia, eu sabia! Bem dentro de mim tive sempre a certeza de que havia algo muito mais superior ao que Ricardo me ensinara. Comecei a ficar muito animada. Então, testei a mim mesma:

— Mas, Juan, os *apus*? Se aquelas coisas no escuro, se forem os *apus*, então não gosto dos *apus* — disse com firmeza.

— Sim — disse Juan, mostrando extrema paciência com sua nova aluna —, no grau três, os *apus* apresentam-se como punidores. Mas não confunda o mestre com o caminho. Os *apus* do Ricardo só podem aparecer de acordo com o que o limite dele permite. A transição do grau três ao grau quatro é muito importante. No grau três, o iniciado encontra o mundo invisível e as forças dali são vistas como amedrontadoras, na verdade, terrivelmente assustadoras. Você tem de aprender a lutar com elas; tem de aprender a lutar e a conquistar... seu próprio medo. Senão vai permanecer à mercê disso para sempre, como Ricardo.

"O grau quatro é um estado mental completamente diferente: você se liberta, os *apus* tornam-se seus amigos e você aprende a trabalhar em harmonia com o mundo invisível. Meus *apus* são doces, fascinantes. De acordo com as profecias, a transição do grau três ao grau quatro é o acontecimento mais importante dessa época!" — concluiu.

Respirei fundo. O que ele disse fazia sentido, pois provava um contexto para minha experiência. Meu alívio era imenso.

— Profecias? — perguntei, mas Juan nem considerou minha pergunta.

— Quem é o seu *itu apu*? — perguntou-me Juan.

— O que é um *itu apu*?

— Sua "estrela-guia", ou como vocês americanos falam, seu "anjo da guarda". Aqui nos Andes temos um mestre físico, como Dom Benito, e uma "estrela-guia" no mundo energético. Para um iniciado peruano tradicional, seu anjo da guarda é o espírito da montanha mais próxima de onde nasceu. Como um *paqo*, ou iniciado no caminho, seu progresso é guiado pelo *apu* de onde você nasceu, ou de quem você teve uma visão. À medida que progride pelo caminho, seu "anjo da guarda" muda com o seu nível.

"Quando encontrei Dom Benito, passei muito rápido pelos primeiros três graus, em menos de um ano. Pensei que iria tomar a iniciação do grau quatro da mesma maneira rápida. Mas estava equivocado. Não estava pronto. Para a iniciação do grau quatro, tive de esperar dez anos mais!"

Com suas palavras, minhas esperanças se diluíram. Queria tanto aprender mais, mas quem era eu? Somente uma mera iniciada.

Iniciação: A experiência de uma mulher com a espiritualidade inca 131

— Os mais elevados dos sacerdotes do grau três estão, de um modo geral, sob a guia do *Apu* Ausangate. Quando você veio para Cuzco a primeira vez, você teve uma visão do *Apu* Ausangate, o que quer dizer que você começou no nível mais alto do grau três, e você tinha o direito de receber ensinamentos de um sacerdote daquele grau — disse-me Juan.

— Como Ricardo... por exemplo? — perguntei. Juan concordou com a cabeça. — Quem é a estrela-guia para os sacerdotes do grau quatro? — perguntei, sempre querendo adiantar-me.

— Iniciados andinos começam conversando com pequenos rios, córregos, colinas baixas. À medida que avançam pelos graus um, dois e três chegam a uma ressonância empática com aspectos maiores e mais poderosos de Pachamama, o espírito da Mãe Terra. No nível mais elevado do grau três, o sacerdote andino pode falar diretamente com as montanhas mais altas, como Ausangate, e com o próprio oceano, *Mama* Qocha. No grau quatro, o iniciado tem contato direto com seres espirituais que habitam o *hanaq pacha*.

— O que é *hanaq pacha*? — perguntei.

— É o mundo superior, semelhante à idéia cristã do "paraíso". Para compreender os incas, você primeiro tem de saber que eles viam a realidade como uma pletora de diversos tipos de energias vivas. Essa realidade é dividida em três planos de existência que são diferenciados pela qualidade das energias que você tem lá. O "mundo inferior" é um plano de energias mais densas ou pesadas. O "mundo intermediário" ou plano da consciência material, o mundo de nosso dia-a-dia, contém ambas as energias, a refinada e a pesada. Por isso, "paraíso", como vocês chamam, é um reino de energias muito refinadas — explicou Juan — e é habitado por seres espirituais altamente refinados. Sacerdotes do grau quatro têm uma visão desses seres. Por exemplo, eles têm visões de certos incas que vivem no mundo superior, do Buda ou até mesmo de Jesus Cristo.

Soltei um grito sem querer, dando um pulo do banco quando ele terminou de falar. Juan olhou para mim surpreso.

— Elizabeth, você está bem? Disse alguma coisa que lhe dá medo? — perguntou.

— Não... não... Juan. Sinto muito — disse, voltando a sentar-me no banco. Meu coração parecia esmagar o peito. — Juan, tenho de lhe dizer algo. — Juan acenou com a cabeça para que continuasse, e lhe contei a história de minha primeira viagem ao Peru.

A cena veio direto à minha mente.

— A primeira vez que estive no Peru, vim a Cuzco com minha melhor amiga, Cyntha Gonzalez. Certa tarde fomos fazer compras no mercado, onde compramos máscaras da floresta e algumas estátuas feitas de serpentina negra. Cyntha me advertiu para tomar cuidado ao escolher as máscaras porque muitas vezes traziam espíritos presos nelas. Os xamãs da costa, em Trujillo, tinham lhe ensinado tudo sobre isso. "Sabe, Lizcita", disse-me Cyntha um dia, enquanto conversávamos sobre seus estudos, "aprendi muito dos xamãs do litoral, mas uma coisa de que não gostei é que eles gritavam e berravam para exorcizar os espíritos que molestavam e perturbavam seus pacientes, mas nunca chegavam a ajudar esses espíritos. Esses espíritos molestadores pulavam de um corpo a outro. Acho que você tem de ajudar esses espíritos a progredirem no caminho." Nem imaginávamos que teríamos uma oportunidade naquela mesma noite.

"Tive o maior cuidado com as máscaras, mas escolhi as estátuas com pressa, no último minuto. Foi só quando voltamos ao hotel que vi algo de misterioso em uma das estátuas, a do puma. Antes de dormirmos, coloquei-a no criado-mudo entre as duas camas.

"Mais ou menos às duas da manhã, estava completamente desperta devido a um pesadelo com o som de pequenos passos correndo pelo quarto. Tinha ouvido, primeiro em meu sonho, um som irado e agitado. Quando acordei e me sentei na cama, o som continuou. 'Cyntha', falei baixinho. 'Sim, Lizcita, eu também estou ouvindo', respondeu ela, tão acordada quanto eu. 'O puma', disse ela. Sendo uma pessoa prática, Cyntha acendeu a luz. O som parou. 'Espíritos molestadores', disse-me ela. Eu concordei. 'O que faremos?', perguntei. 'Vamos rezar', disse Cyntha de maneira bem simples. 'Sabemos

Iniciação: A experiência de uma mulher com a espiritualidade inca   133

que esse espírito não viria até aqui se não precisasse de nossa ajuda. Ore por sua libertação.' Começamos a rezar, e enquanto rezávamos senti o que só posso descrever como uma cortina de luz descendo e cobrindo o quarto. Quando sentia medo, notava que a cortina de luz se retraía. Dominei o medo e a cortina desceu novamente, dessa vez envolvendo completamente Cyntha, a mim e a todo o quarto.

"Parecia que o espírito molestador tinha se apegado à estátua do puma e vindo de carona até nosso quarto. Depois quis nos perturbar para atrair a atenção. Mas por quê?

"Quando a cortina de luz estava densa e brilhante, 'vi' um tipo de vulto pisar na cortina e desaparecer. Depois de uns quinze minutos, demos juntas um suspiro simultâneo. A atmosfera do quarto, que poucos minutos antes estava cheia de medo e pavor, agora estava tomada positivamente com uma energia amorosa e cheia de vida. 'Missão cumprida', disse Cyntha, rindo. Apertamos as mãos pelo trabalho bem-feito e, sentindo-nos calmas e felizes, apagamos a luz. Estava quase pegando no sono novamente quando senti outra presença acima da cama, só que dessa vez era uma presença extremamente cálida, amorosa e vibrante. Meu corpo ficou quente dos pés à cabeça e o coração sentiu-se tão pleno que começou a doer, como se fosse se romper e abrir.

Jesus, com as mãos estendidas em um gesto de bênção, está olhando para mim. Espontaneamente, levanto minhas mãos para fora do cobertor. Copiando o gesto, abro minhas mãos, recebendo as bênçãos. Meu corpo se aquece e sinto as moléculas vibrarem mais rápido. Ouço sua voz profunda e doce. 'Assim como você ajudou esse irmão mais jovem, eu também vou ajudar você. Assim como abriu seu coração e o deu sem temor, também vou abrir o meu e dá-lo a você. Esta é a grande corrente de amor que liga toda a existência.'

"Até aquele momento eu me considerava uma budista — disse a Juan, rindo. — O cristianismo me dava arrepio e eu nem mesmo estava interessada em Jesus. Nunca tinha lido a Bíblia, eu..."

Juan sacudiu as mãos, cortando minha frase.

— Isso é excelente — disse ele, com os olhos brilhando em minha direção. — Isso me diz algo muito importante. Você já teve contato com o grau quatro? Acho que você talvez já esteja quase pronta para receber a iniciação do grau quatro — disse Juan, estudando meu rosto. — Mas primeiro você tem de cortar seus elos com Ricardo.

— O quê? — disse abruptamente, incerta quanto ao que tinha sido mais chocante no que ele disse. — O que você quer dizer com cortar meu elo com Ricardo? Já faz mais de dois anos que não o vejo.

Juan olhou-me firme e respondeu:

— Isso é verdade. Mas não é verdade também que você se sente incapaz de continuar progredindo em sua vida? De fato, não foi por isso que você voltou aqui? — perguntou Juan, lendo-me completamente como se eu fosse um livro.

— É — disse eu, segurando a cabeça e envergonhada por minha vulnerabilidade exposta.

— Isso é porque Ricardo ainda tem um pouco de sua energia. Alcançar o grau quatro tem a ver com o desenvolvimento do corpo astral. Quando você estava nos Estados Unidos, você sonhava sempre com Cuzco? — perguntou Juan.

— Sim — disse, novamente surpresa com seu conhecimento.

— Isso é porque Ricardo tomou conta de parte da sua bolha — explicou Juan.

— Minha "bolha"?

— É, o campo de energia vital que rodeia o campo físico. Os mestres andinos chamam-no de "bolha" — explicou-me Juan.

— Mas Juan, como posso pegá-la de volta?

Juan olhou-me e disse com simplicidade:

— Temos de nos encontrar com ele.

Bem, a última coisa que gostaria de fazer era visitar Ricardo. Por coincidência, uns dias antes de conhecer Juan, encontrei Maria, uma das professoras do grupo de Ricardo. De imediato, ela veio se desculpar por ter pensado mal de mim e por todo o conflito e problema que tive com o grupo. Seu filho, Eduardo, estava bem, disse-me ela. A conversa com Maria foi um alívio e um término para aquele

Iniciação: A experiência de uma mulher com a espiritualidade inca

velho capítulo. Maria acrescentou que ainda via Ricardo em certas ocasiões, e mencionou que agora ele fazia suas *mesas* na rua Pardo, uma pequena travessa da avenida do Sol. Não tinha a mínima intenção de ir até lá. Mas agora achava curioso em *saber* onde encontrá-lo, gostasse ou não.

Com Juan me instigando ainda mais, disse-lhe que Ricardo trabalhava de manhã. Por isso, planejamos ir lá ao meio-dia do dia seguinte, para chegarmos no final da *mesa*. Na manhã seguinte, poucos minutos antes do meio-dia, Juan me pegou na praça principal em seu fusca amarelo. Eu tinha limitado a localização da *mesa* de Ricardo em apenas dois quarteirões. Como de costume em Cuzco, não havia endereço exato. Já esperava não encontrar a casa e ficar desesperada. Mas nada disso. Quando passamos pelas casas, pude sentir Juan cheirando o ar.

— É essa casa — disse ele, apontando para uma porta de garagem marrom.

— Mas você não conhece Ricardo. Como pode ter certeza? — perguntei, na esperança de que ele estivesse certo.

— Tenho certeza. Quando você trabalha neste caminho tanto tempo quanto eu, você sabe com certeza — disse em um tom que não deixava margem a dúvidas.

Ainda em dúvida, desci do carro e fui até a porta. Havia um homem perto de uma pequena entrada ao lado da porta da garagem.

— Com licença — disse educadamente. — Ricardo trabalha aqui... é aqui que ele faz as *mesas*? — Juan tinha estacionado o carro e aproximou-se de mim na calçada.

O homem olhou firme para mim, examinando-me, e então olhou para Juan. Por fim, ele consentiu e gesticulou para que entrássemos.

— Cuidado com o cachorro — disse ele em um tom sério.

Andamos por uma pequena calçada de cimento e viramos à esquerda, chegando a uma sala de espera que estava ocupada apenas com um pastor alemão, que na verdade era muito amigável. Minha tensão aumentou quando entrei na sala de espera, e então o pânico absoluto tomou conta de mim. Queria fugir dali.

— Se nos oferecerem algo para beber, não aceite — disse Juan, com uma voz paternal e autoritária. Assenti com a cabeça, sentindo-me muito pequena. Sentamo-nos nas duas únicas poltronas, desbotadas e puídas. A *mesa* estava a todo vapor na sala ao lado. As juntas de meus dedos ficaram duras de tanto me agarrar no braço da poltrona. Podia ouvir o bater de asas quando os *apus* se materializavam. Era tudo o que podia fazer para não sair correndo daquela sala. Não queria participar de nada daquilo que estava acontecendo ali. Juan, no entanto, parecia completamente calmo, como se estivesse sentado na sala de sua casa. Com total indiferença, limpava uma mancha de poeira na jaqueta. Preocupando-se comigo, disse com compaixão:

— Abra o seu *qosqo*.

— Meu o quê?

— Seu estômago espiritual. Ricardo não lhe ensinou... — ele pareceu surpreso — como abrir seu estômago espiritual e comer a energia pesada? — Neguei com a cabeça. — Sinta a energia da sala ao lado — continuou Juan em voz baixa. — É muito forte, mas muito pesada.

Só podia sentir a "energia pesada", estar lá já era horroroso, e para mim era literalmente impossível abrir qualquer coisa. Medo e sentimento de perigo iminente trancaram todas as minhas portas. Então, fiz algo que nunca tinha feito em minha vida: clamei por Jesus para que me protegesse. "Querido Jesus", disse ofegante, "por favor, ajude-me. Querido Senhor Jesus, proteja-me de qualquer perigo." Aos poucos comecei a sentir um brilho cálido a minha volta, que começou a penetrar o gelo do temor, que agora tinha se incrustado em todos os órgãos internos. Por um momento, pude respirar de novo. Era a única coisa que tinha algum poder contra meu medo. Aos poucos, fui me tornando mais leve.

Após alguns minutos, as portas se abriram e as pessoas começaram a sair da sala de cerimônia.

— Essa é a última *mesa* do dia? — perguntou Juan às pessoas, com total indiferença e sem nem mesmo se levantar da poltrona.

Iniciação: A experiência de uma mulher com a espiritualidade inca

— É — disse um homem que logo saiu correndo pela porta segurando um saquinho de ervas, sem dúvida uma receita dada pelos *apus*. O aroma familiar de água de flores exalava dele, deixando os pêlos de minha nuca em pé.

— Juan, temos de ir? — perguntei, levantando-me. Esforcei-me para conter meu pânico.

— Espere... — disse ele com dureza, levantando a mão para que eu parasse, praticamente me fazendo sentar de volta com a força de seu gesto. Quando Juan olhou para mim, o pânico começou a baixar. Talvez ele estivesse comendo *minha* energia pesada. Voltei a sentar, de repente mais calma.

Muitas pessoas saíram da sala, mas não Ricardo. Em um último momento de esperança vã, pensei que tínhamos ido a uma *mesa* errada. Então ouvi sua voz vindo da sala de cerimônia. Levantei-me, atraída e repelida ao mesmo tempo. Juan também levantou-se e fomos juntos em direção à sala. Quando passamos pela porta, Ricardo apertava a mão de seu último cliente. Ele levantou a cabeça e deu uma risada característica, quando me viu.

— Elizabeth, há quanto tempo — disse, estendendo a mão para mim. Quando olhei para ele então, vi que tinha uma luz completamente diferente. Não parecia nada poderoso. Parecia vulnerável, como uma criança. Perdi meu medo e comecei a sentir compaixão, até mesmo afeto por ele. Comecei mesmo a pensar que estava louca por imaginar que ele poderia me fazer algum mal. Senti toda minha compaixão ir para ele, até que a voz de Juan me despertou.

— Então, você trabalha com os *apus* — disse Juan em um tom seco diferente.

— Sim — disse Ricardo, olhando para mim, suas sobrancelhas se curvando em uma interrogação.

— Oh, desculpe-me. Este é Juan, um amigo meu — interrompi, apresentando os dois. Eles se cumprimentaram. Ao som da voz de Juan, meu medo de Ricardo voltou.

— Diga-me... quem são seus mestres? — falou Juan de maneira amigável, mas tive a estranha sensação de que ele estava testando Ricardo.

— Dom Henrique Malchez de Ayacucho... Dom Arturo... — Vários nomes foram ditos por Ricardo, nenhum dos quais Juan reconheceu.

— Você já esteve em Q'eros? — perguntou Juan da mesma maneira amigável.

— Sim. Na verdade eu trabalhei em Q'eros — disse Ricardo sorrindo.

— Com quem? — perguntou Juan.

— Sozinho. Eu só trabalho com os maiores e mais importantes *apus* — afirmou Ricardo, de maneira que não soasse pomposo —, como Elizabeth pode lhe dizer. — Essa parecia a resposta que Juan esperava.

De repente, Juan pareceu crescer meio metro mais. Fixou um olhar assustador em Ricardo e disse:

— Tudo bem? *Agora ela está trabalhando comigo.* — Não falou em voz alta, mas cada uma de suas palavras parecia conter uma força tremenda. Queria esfregar os olhos. Parecia que Juan tinha prendido Ricardo em uma dupla chave-de-braço. Fisicamente nenhum dos dois moveu um músculo.

Ricardo ofegava. Tive uma vaga sensação de que algo a minha volta me deixava ir. Ricardo de repente parecia bem distante. Não parecia mais vulnerável, nem estava irado. Parecia um balão cujo ar saiu por completo. Juan falava agora em um tom normal.

— Também estive em Q'eros, Ricardo. Dom Benito Qoriwaman e Dom Andres Espinoza foram meus mestres. Se você quiser ir a Q'eros, posso levá-lo.

— Sim, muito obrigado — disse Ricardo, primeiro apertando minha mão e em seguida a de Juan.

— *Adiós* — disse Juan, saudando Ricardo.

— *Adiós* — respondeu ele.

Subimos no fusca amarelo de Juan e voltamos para a praça principal em silêncio. Não podia explicar como, mas me sentia bastante diferente. Juan parou o carro e ficamos ali sentados em silêncio por mais um tempo.

Iniciação: A experiência de uma mulher com a espiritualidade inca   139

— Muito bem, muito bem — murmurou para si mesmo, parecendo extremamente satisfeito. — Então, Elizabeth, o que você acha? — perguntou ele, olhando bem para mim.
 — Não sei. O que de fato aconteceu ali? — perguntei-lhe, com cautela.
 — O que você viu? — devolveu-me a pergunta.
 — Bem, parece que houve um tipo de luta, quase como se você e Ricardo estivessem em uma luta de braços ou alguma coisa assim, mas vocês não se tocaram — disse, achando boba a minha resposta.
 — Sim, muito bem, Elizabeth — encorajou-me Juan. — Veja bem, na minha tradição, quando dois *paqos* se encontram, é natural haver um desafio, como tivemos. Mas em vez de força física, o desafio é ver quem tem a bolha mais forte. Quando ele disse que trabalhou sozinho em Q'eros, vi que não podia ter o mesmo grau que eu. Ninguém trabalha sozinho em Q'eros. Isso quer dizer que ele nunca se encontrou com um mestre de Q'eros. Então, é como se ele nunca tivesse estado lá. Os únicos sacerdotes de grau quatro que ainda existem são de Q'eros.
 — O que é Q'eros? — perguntei, sentindo-me boba de novo.
 Juan deu uma risada.
 — Na verdade é uma nação de indígenas andinos que vivem a mais ou menos cinco mil metros de altura. São descendentes diretos dos incas. — Deve ter sido o local que Peter Frost mencionou! Juan notou minha expressão confusa. — Vamos chamá-la de Oxford dos sacerdotes andinos — disse então.
 — Eles lhe ensinaram... isso? — perguntei, com cuidado.
 — Correto. Os sacerdotes de Q'eros e Dom Benito Qoriwaman.
 — Então, essa "luta" que teve com Ricardo foi... energética?
 — Exatamente — disse Juan.
 — E você... venceu? — tentei essa palavra para ver se encaixava.
 — De um certo modo. Mas não da maneira como vocês, americanos, pensam em luta — explicou Juan. — Veja bem, em minha tradição, quando há um desafio entre dois iniciados e um deles mostra que tem um grau mais elevado, o "vencedor" é obrigado a ensinar

ao outro como venceu. Esse é o significado de competição entre nós, e é por isso que me ofereci para levá-lo a Q'eros. Fui melhor que Ricardo e agora tenho de lhe ensinar o que sei e como aprendi.

— Essa é uma maneira muito interessante de ver uma competição — disse, cada vez gostando mais dos ensinamentos da filosofia andina que Juan me passava. — Juan, não sei como lhe agradecer — disse, aproximando-me dele para lhe dar um abraço.

— Ah, mas eu sei como — disse-me. — Agora você está pronta para receber o grau quatro. A melhor maneira de progredir em meu caminho é ensinando. Tenho de ensinar tudo o que sei. É a lei de *ayni*. O que você pode fazer agora para mim, e para seu próprio aprendizado, é voltar a Cuzco com um grupo de doze iniciados americanos. Se você fizer isso, vou dar a você e a seu grupo a iniciação de dez dias do *hatun karpay*. Esta é a grande iniciação que meu mestre, Dom Benito, deu-me há cinco anos.

Senti-me honrada com o convite.

— Mais uma coisa, Elizabeth — disse ele, olhando para mim.

— Minha estrela-guia me diz que você deve escrever todas as suas experiências com o Caminho Andino, para compartilhar com os demais.

Senti-me encorajada ao ouvi-lo dizer isto.

— Sério, Juan? Para lhe dizer a verdade, estou escrevendo. Você acha isso bom? Quero dizer... você não se importa se eu escrever sobre tudo isso?

Juan olhou-me com muita emoção e disse:

— Você sabe por que eu gostaria, Elizabeth?

— Não. Por quê?

— Porque seria uma honra a meu mestre, Dom Benito.

Fiquei comovida pela sua profunda devoção a seu mestre e pude ver que Dom Benito deve ter sido muito especial.

— Mas Juan, se levou dez anos para você ficar pronto para receber a iniciação do grau quatro, por que, então, você está querendo dar essa mesma iniciação a pessoas que nunca estiveram aqui antes?

— Há várias razões — argumentou Juan. — Em primeiro lugar, esses níveis são universais e podem ser alcançados através de qualquer tipo de trabalho espiritual, não apenas pelo Caminho Andino. É bem provável que muitos de vocês, americanos, já tenham passado pelos primeiros três graus. Além do mais, dentro da estrutura da iniciação *hatun karpay* existem todos os outros graus anteriores. Mas a razão mais forte é que, de acordo com as profecias andinas, o mundo passa por um momento muito crítico.

— Por favor, fale-me mais sobre essas profecias, Juan. Acho que isso tem a ver com o motivo de eu ter sido atraída ao Peru na primeira vez — contei-lhe, sentindo meu coração acelerar.

— Estou pesquisando essas profecias há doze anos. Esse próximo período de dezenove anos, de 1993 até 2012, marca um momento muito importante para a transformação. É a época que nós, na tradição andina, chamamos de *taripay pacha*. Dom Benito e meus outros mestres andinos me ensinaram que temos de trabalhar pelo que pode se tornar a era dourada da abundância humana. *Taripay pacha* literalmente quer dizer a "era de nos encontrarmos novamente". É um momento em que os seres humanos têm de começar realmente a trabalhar juntos.

"O dia primeiro de agosto de 1993 marcou o final da *pachakuti*, a 'transmutação cósmica', e o começo da primeira fase da *taripay pacha*. Esta fase inicial deve durar de 1993 até o surgimento da consciência de grau cinco, um grupo de sacerdotes que curam com poderes extraordinários. Na hora em que aparecerem, estaremos entrando na segunda fase do *taripay pacha*. A segunda fase vai até a manifestação, ou o retorno, do inca *sapa*, um sacerdote do grau seis. Aí chegaremos ao nível de consciência dos líderes incas do passado. Alguém que tenha o nível inca de consciência deverá ser um líder político e espiritual extraordinário, capaz de recriar e superar o império dos antigos incas. A forma plenamente desenvolvida do *taripay pacha* vai começar quando os sacerdotes do grau seis surgirem, que pode ser por volta de 2012. As datas não são exatas porque isto é apenas uma oportunidade, uma possibilidade. Nós, a humanidade, temos de fazer o trabalho.

"Esse período entre 1993 e 2012 representa o que vocês na psicologia do desenvolvimento chamariam de 'período crítico' no desenvolvimento da consciência humana coletiva. Esses dezenove anos marcam o período em que uma percentagem significativa da humanidade pode e deve passar do terceiro ao quarto grau. Temos de ser capazes de deixar o medo para trás e aprender a compartilhar nossos dons culturais e realizações, começando um relacionamento amigável com o mundo invisível e as forças da natureza. É da responsabilidade do povo desta terra, nós, maximizar esse período crítico a fim de trazer a *taripay pacha*" — Juan terminou o discurso enfaticamente.

— Sim, entendo — disse-lhe estupefata, sentindo-me totalmente maravilhada. Olhei para baixo e vi a ferrugem na porta do fusca amarelo de Juan, e o pneu da frente, todo gasto. Enquanto Juan falava, parecia que todo o carro tinha entrado em um estado elevado. Quase que esperava ver-nos flutuando alguns metros acima das ruas de paralelepípedo.

— Sabe, Elizabeth, estamos apenas construindo a base, ou preparando as condições, através de um trabalho espiritual coletivo, para o surgimento dos próximos passos na evolução humana — disse-me de maneira simples.

— Juan, eu não... não estou... eu...

— Elizabeth — Juan parou-me com um gesto, enquanto lia meus pensamentos. — Por que você acha que estamos sentados aqui agora? Você acha que foi por acaso que você recebeu a visão do espírito da montanha?

— Mas Juan... parece tudo tão... tão... grande — disse-lhe, sentindo-me muito pequena e vulnerável.

— Cada um tem de fazer a sua parte. Nada mais. Mas nada menos também. Deixe a energia do mundo guiá-la. Faça apenas aquilo que o seu coração lhe diz que está certo — disse Juan.

Dei um outro abraço em Juan e abri a porta do carro, aturdida, agradecendo-lhe por sua oferta e fazendo-o saber que iria pensar no assunto.

Iniciação: A experiência de uma mulher com a espiritualidade inca 143

VOLTEI AOS ESTADOS UNIDOS, E NOS SEIS MESES SEGUINTES COMECEI A sentir-me "normal" de novo. Curiosamente, não fui capaz nem mesmo de contemplar a profecia que Juan tinha me contado. Mas *questionei* se recuperar meu equilíbrio tinha algo a ver com a recuperação da parte de minha bolha, que estava presa com Ricardo. De fato, estava tão certa de que havia uma ligação que até mesmo liguei para Juan para agradecer-lhe.

— Estou satisfeito por você, Elizabeth — disse ele, com a voz cortada pela ligação internacional —, e acho que agora você se sente mais autônoma. — "Autônoma!" Era a palavra correta. Juan me lembrou novamente de sua oferta e lhe agradeci sem prometer nada, então nos despedimos. A verdade era que, depois de minha experiência anterior, tinha medo de fazer qualquer outro trabalho espiritual em Cuzco. O fato de ser uma turista não me perturbava, mas me envolver em trabalhos esotéricos em Cuzco ainda me causava medo.

Poucas semanas mais tarde, ouvi sobre uma nova descoberta no norte do Peru: um túmulo com mais ouro do que o túmulo do rei Tut tinha sido escavado em um local chamado Sipan, e um museu em Los Angeles estava exibindo os tesouros. Fui lá para ver. Depois de apenas trinta minutos vendo a exibição, fiquei tão arrepiada que tive de sair. Havia algo de tremendamente assustador sobre a cultura chimu e parecia estar ligado ao meu medo de voltar ao Peru. Recordei-me da experiência intensa que tive com Cyntha e meu amigo David nas enormes ruínas de Chan Chan.

Nós três ficamos preocupados com o chamado de ajuda das almas presas ali. Aquele local era o exemplo perfeito de poderes mediúnicos que foram usados para um mau propósito. Era uma prisão astral. A possibilidade de prender ou torturar a alma de alguém era, para mim, até mesmo pior do que a tortura física.

No avião de volta de Los Angeles, entendi que estava atormentada pelo medo. Assim como Juan tinha descrito, o medo tomou conta de mim e estava me controlando; o desafio do grau três. Isso despertou a lutadora em mim e quando cheguei em casa, em West Marin, já tinha tomado uma decisão. Iria investigar esse medo. Mais cedo do que imaginava, a oportunidade se apresentou diante de mim.

Alguns dias mais tarde, durante uma de minhas meditações matinais, minha pele começou a se encrespar e os pêlos de meus braços ficaram de pé, quando uma imagem apareceu no olho de minha mente. Encontrei-me observando o rosto da criatura mais horrível que jamais vi. Ao ver essa imagem tive um sentimento enorme de pavor. Seus traços faciais eram largos e grossos. A criatura tinha pele de cor cinza-carvão, que cobria sua cabeça careca. Seus olhos eram de um amarelo ofuscante. Uma luz ocre e morta banhava sua cabeça e ombros, e seu dorso estava coberto por uma grossa armadura de couro cinza. Ao redor do pescoço, um colar de enormes grampos de ferro. Uma expressão sádica movia-se pelos traços tortos do rosto da criatura, quando se dirigiu a mim em um tom que indicava perigo iminente.

"Sou o mal organizado, inteligente", disse num resmungar que arranhava. A atmosfera em volta da criatura era densa e ameaçadora. Parecia uma imagem da exibição de Sipan. Grandes gotas d'água caíam ao meu lado, pois comecei a suar com terror. Como foi que chamei essa criatura? Sabia que era uma imagem em minha mente, ainda assim estava certa de que, em alguma parte, e época, essa criatura também teve sua existência manifesta. Ela e o que ela disse, sem dúvida alguma, corporificavam meu medo mais profundo.

No passado, acreditava que o mal era mais uma questão de malentendidos e que, basicamente, as pessoas não queriam causar mal umas às outras, mas só tinham aprendido de maus exemplos. No entanto, isso era algo completamente diferente. Aqui estava uma criatura que, consciente e intencionalmente, perpetrava atos de crueldade e violência, e ganhava energia causando danos em outros.

Tentei me proteger. Imaginei-me mandando a criatura embora ou colocando uma barreira entre mim e ela. Nada funcionou. Então, de repente, compreendi que não poderia vê-la a não ser que parte de *mim* correspondesse *àquilo*. Na hora, lembranças começaram a correr por mim de épocas em que intencionalmente fiz coisas para ferir os outros, desde coisas pequenas e bobas até as maiores, acontecimentos mais importantes em minha vida, que agora me causavam vergonha.

Iniciação: A experiência de uma mulher com a espiritualidade inca

Lembrei-me do que Juan tinha me dito, que os mestres andinos diziam que o mundo era feito de diferentes tipos de energias vivas, algumas pesadas e outras mais refinadas. Na *mesa* de Ricardo, Juan me disse que a energia de lá era muito forte mas estava muito pesada, e que deveria abrir meu *qosqo*, o estômago espiritual, e comê-la. Naquela hora a idéia parecia uma loucura. Neste momento, no entanto, parecia-me a única opção viável. Essa criatura, imaginada ou não, não saía dali. Principalmente agora que tinha me mostrado que era um aspecto de mim mesma. Uma vez que concordei com esse fato, um sentimento como de uma graça tomou conta de mim. Minha perspectiva mudou. Em vez de ficar com medo, senti grande compaixão por essa criatura miserável. E sem qualquer outro pensamento, abri meus braços e puxei a criatura até mim, em meu *qosqo*. Eu a abracei. E com ela abracei aquela parte de minha própria escuridão. Completamente. Com ternura. Como mãe.

A criatura ficou bastante perturbada e então, de repente, mostrou uma expressão agradável em seu rosto. E começou a se desmoronar. A força de sua estrutura energética que se dissolvia mandou ondas de choque pelo meu corpo. Sem querer, com a liberação daquela energia, agora eu balançava de trás para a frente na almofada de meditação.

Poucas semanas depois desta experiência libertadora, sabia que havia chegado a hora de reunir meu grupo. Estava pronta para o grau quatro.

PARTE II

Hatun Karpay:
A Grande Iniciação

8

A Semente Inca

— COMEÇAMOS AQUI — ANUNCIOU JUAN PARA O NOSSO GRUPO, AINDA com os olhos cansados da viagem do dia anterior, que durou mais de vinte horas. As expressões de dor me diziam que quase todos estavam sofrendo de algum tipo de doença de altitude.

— Aqui? — perguntei a Juan, confusa. A quase quatro mil metros, estávamos na praça principal em frente à catedral de Cuzco, tremendo de frio devido ao ar daquela manhã de primavera andina. A catedral católica, feita de arenito colorido, tinha sido construída pela primeira vez durante o século XVI, mas foi destruída várias vezes por terremotos, enquanto que as obras incas anti-sísmicas que estavam embaixo permaneciam intactas. O céu por detrás da catedral era de um azul forte e brilhante, com tufos de nuvens brancas envolvendo os picos que rodeavam a cidade. Ficamos ali respirando o ar fino e puro em nossos pulmões carentes de oxigênio.

Já fazia mais de um ano que não via Juan e durante esse período consegui fazer o que ele me pedira. Juntei, ou melhor dizendo, um grupo se juntou quase que por conta própria com a idéia de ir ao Peru para experimentar a iniciação de que Juan havia me falado. Os membros do grupo, uma mistura de amigos e colegas, não sabiam quase nada sobre essa tradição espiritual peruana, apenas algumas explicações e histórias que havia lhes contado de minhas próprias aventuras. Ainda assim, cada um deles veio com uma grande reverência pela terra e um profundo respeito pelo processo de iniciação espiritual. Curiosamente, todos, à sua própria maneira, expressaram ter sentido um misterioso impulso da alma para participarem dessa viagem, como se algo bem além de suas vidas normais estivesse agindo por trás. Eu também não sabia explicar o que acontecia; sabia apenas que um chamado instintivo muito profundo me levara ao local onde agora estava. Como o fatídico anfíbio que primeiro pisou fora da água, eu estava agora na margem.

— Tive de esperar mais de dez anos para receber essa iniciação — disse Juan à sua audiência atenta. — Mas mesmo *eu* fiquei chocado quando meu mestre, Dom Benito, trouxe-me *aqui* para começar o primeiro dia da grande iniciação, o *hatun karpay*.

— Quem é Dom Benito, Juan? — Perguntou Nina, uma alta, esbelta e loira massoterapeuta.

— Dom Benito — começou Juan, e novamente notei lágrimas em seus olhos — *foi* um dos curandeiros mais poderosos e respeitados em todo o vale de Cuzco. Era um pequeno indígena, mais ou menos desta altura — pôs Juan sua mão no ar para marcar uma altura de não mais de um metro e meio. — E era um homem impressionante.

"Quando me encontrei com Dom Benito pela primeira vez, era um antropólogo muito limitado, convicto do racionalismo. Recebia uma verba da Fundação Ford para estudar as crenças religiosas dos índios andinos e me indicaram a Dom Benito, um sacerdote andino, para que fosse um de meus principais informantes. Na época não falava muito bem o quíchua e levei comigo um aluno que falava espanhol e quíchua fluentemente. Fomos à vila de Dom Benito, levando conosco um pequeno pacote de folhas de coca e uma garrafa de bebida alcoólica, os presentes tradicionais que devemos oferecer a um sacerdote andino. E Dom Benito nos convidou à sua humilde casa.

"Sentamo-nos em volta de uma mesinha e ele trouxe três cálices para tomarmos a bebida que tínhamos trazido. Esse pequeno índio era muito pobre, mas um fino cavalheiro! Depois de beber, começamos a conversar com a ajuda do tradutor. Dom Benito então ofereceu-nos outro cálice de bebida e começou a falar diretamente a mim, usando uma mistura de espanhol e quíchua. Isso me animou e então respondi da mesma maneira, misturando os dois idiomas. Dom Benito convidou-nos a um terceiro cálice daquela bebida e logo notei que ele estava falando diretamente a mim, mas não em espanhol, ou quíchua, ou chinês ou qualquer outra língua que pudesse reconhecer. O estranho era que não só compreendia tudo o que ele dizia, mas também podia visualizar um quadro claro de tudo o que ouvia. Não sei como, também fui capaz de responder-lhe no mesmo idioma! Mais estranho ainda é que naquele momento tudo parecia muito normal. Conversamos assim por umas duas horas até que Dom Benito terminou a entrevista. Quando nos levantamos para sair, vi que meu tradutor, conhecido por sua tremenda capacidade de aturar bebidas alcoólicas, estava completamente bêbado. Não só isto, mas tampouco tinha entendido uma palavra sequer de nossa conversa!

"No mês seguinte tive um tipo de colapso nervoso. Toda a visão racional que tinha não podia explicar aquela experiência. Por fim, me rendi e me tornei discípulo de Dom Benito. Trabalhei com ele por dez anos" — disse Juan, enxugando uma lágrima que escorregara em seu rosto até sua barba espessa.

A história de Juan capturou não só nossa atenção por completo como também nossos corações. A autenticidade de suas palavras e sua bela descrição de Dom Benito nos cativou. Estava claro que o que iríamos aprender era algo verdadeiro! Tão encantadoras eram as palavras de Juan que quase nos esquecemos que estávamos na praça principal de Cuzco.

Sabia através de meus estudos que a catedral espanhola diante de nós fora construída em cima do antigo templo de Wiraqocha; mas o que não sabia era o que Juan nos disse em seguida:

— Para os sacerdotes andinos, e com certeza para Dom Benito, esse local permanece um ponto-chave da geografia sagrada de toda a área andina. Esse templo é uma abertura energética para o mundo superior, o mundo das energias refinadas.

O grupo virou-se, todo ao mesmo tempo, para observar a catedral que estava atrás de nosso círculo apertado. Já tinha ouvido antes que catedrais e igrejas, em muitas partes dos Estados Unidos, também tinham sido construídas em terras consideradas sagradas pelos indígenas locais.

— Juan, o que você quer dizer com um "mundo de energias refinadas"? — perguntou Sam, um programador de computador, alto e bonito, da Flórida. Sam era um cientista ferrenho que recentemente descobrira que seu bisavô era de sangue lakota.

— Vejam bem, os sacerdotes andinos nunca foram treinados em pensar como nós. Eles não se interessam por carros, prédios, casas, estradas ou até mesmo símbolos. Interessam-se muito mais por energia. Meus mestres não habitam um mundo feito apenas de objetos sólidos. Para nós — disse, referindo-se aos sacerdotes andinos — o mundo é feito de infinitas variedades de energias vivas, coletivamente chamadas de *kausay*.

— Mas é certo que eles não negam que o mundo material existe? — protestou Sam, um pouco perplexo.

— Nada disso — respondeu Juan de maneira gentil. — Todos nós experimentamos o mundo de consciência material, incluindo os sacerdotes andinos, só que para eles esse não é o único mundo, e com certeza não é o principal. Todo objeto material também tem um espírito ou aspecto energético. Montanhas, árvores, pedras, plantas, rios e até mesmo prédios e cidades possuem uma consciência energética. Todas as criaturas, do menor protozoário até os seres humanos, elefantes e baleias possuem essa mesma consciência energética, uma "bolha" de energia viva que rodeia e penetra o corpo material. Para entrar no mundo do sacerdote andino místico, você tem de aprender a se comunicar e a interagir diretamente com este mundo de energias vivas, e com as bolhas de energia das outras pessoas, seres e lugares.

Iniciação: A experiência de uma mulher com a espiritualidade inca

Alguns tossiram e outros suspiraram, movendo inquietamente os pés. Embora essas idéias não fossem totalmente novas para a maioria de nós, com certeza desafiavam a realidade onde todos nós crescemos em que até então acreditávamos, a realidade que delineia nosso mundo e o faz conhecido e seguro. Por certo que, havia alguns anos, as teorias dos físicos modernos, incluindo a mecânica quântica e a teoria da relatividade de Einstein, estiveram abrindo caminho para que essas idéias entrassem na mente ocidental. Mas isso não as tornavam menos desafiadoras pessoalmente. Intelectualizar uma idéia é muito diferente de experimentar a realidade viva.

No Peru, já tinha tido minhas próprias experiências diretas com a maleabilidade do mundo material, quando testemunhei as materializações dos *apus*. Ao mesmo tempo que eram fascinantes, também eram assustadoras. Sabia o que era ter minhas crenças abaladas pela raiz. Mas queria saber como os outros do grupo, que nunca tiveram essas experiências pessoais, iriam se relacionar com essas idéias.

Juan continuou a explicar os princípios energéticos fundamentais do misticismo andino.

— Primeiro vocês têm de entender que, para os sacerdotes andinos, não existem energias positivas nem negativas dentro do mundo dos seres vivos. Há somente uma graduação de energias vivas mais sutis ou refinadas e de energias que são mais densas ou pesadas. Os vários tipos de graduação dessas diversas energias vivas compõem a ordem básica da cosmologia andina — explicou.

"O cosmos andino é dividido em três planos de existência, cada um com suas próprias qualidades energéticas distintas. O primeiro plano é o mundo superior, *hanaq pacha*, ou o que os nativos norte-americanos chamam de 'mundo superior'. Esse plano é extremamente espiritual e habitado pelas energias mais refinadas, incluindo vários seres espirituais tais como Jesus, a Virgem Maria, vários incas e vários santos locais. O segundo plano, *kay pacha*, é o reino da humanidade e o mundo da consciência material, e consiste em uma mistura tanto de energias refinadas quanto pesadas. É também conhecido como o 'mundo intermediário', ou o mundo de nossa existência diária. Seres invisíveis e místicos, tais como os *apus*, também vivem neste plano junto com a humanidade. O último plano, *ukhu pacha*, é o mundo interior, ou o 'mundo inferior'. Como concebido pelos sacerdotes andinos, o mundo interior é o plano que reside dentro da Terra e dentro de cada indivíduo. Embora ocupado principalmente por energias pesadas, o mundo interior não é um tipo de inferno. Pelo contrário, é um local onde os espíritos começam a aprender a arte sagrada da reciprocidade, *ayni*."

Juan nos informou que nosso primeiro ritual iria nos conectar às energias refinadas do mundo superior e começaria experimentando uma missa tradicional católica.

— Para os incas, objetos sagrados eram considerados entradas para as energias refinadas do mundo superior. Quando os espanhóis chegaram, os incas viram que a adoração que faziam das imagens de Jesus e da Virgem Maria era uma maneira de absorver as energias refinadas tanto masculina quanto feminina, conectando-as às bolhas de energia desses seres espirituais mais elevados.

Juan nos disse que participaríamos de uma missa católica, mas iríamos, diante dessas imagens, adorar no estilo inca. Se quiséssemos, poderíamos comungar.

Várias pessoas do grupo expressaram suas dúvidas quanto ao catolicismo ser usado para alcançar o que nos fizeram crer que seria uma experiência andina pura. Juan dissolveu essas dúvidas ao explicar que o sistema andino é extremamente flexível e adaptador.

— Mais importante ainda, ele é inclusivo — informou-nos. — Tem uma estrutura, sim. Mas não há regras rígidas ou dogmas, e apenas uma lei, *ayni*. Vocês têm de compreender que o império inca tinha mais de doze milhões de habitantes, que compunham mais de cem grupos étnicos, e falavam mais de vinte línguas diferentes. Era o que hoje podemos estudar como "diversidade". Em parte, o motivo de serem tão bem-sucedidos é que permitiam que cada grupo tivesse a sua identidade religiosa, ligados por uma deidade unificadora, o Sol. Os incas acreditavam em compartilhar e integrar novos conhecimentos, incluindo conhecimento espiritual. Meu mestre

Iniciação: A experiência de uma mulher com a espiritualidade inca

mesmo, Dom Benito, era um devoto católico. Somos um povo muito devotado e para nós não pode haver forma errada de adoração. De fato, você vê hoje em dia que a tradição andina é designada por iniciados de diversas tradições religiosas para trocarem seu conhecimento através do maior denominador comum humano, o *kausay pacha*, a energia universal. Não se enganem com as formas externas das religiões. No entanto, nada é obrigatório aqui. Se quiserem, podem comungar ou não.

Perplexos e com o cérebro turvo, agora por uma combinação de pouco sono, altitude e esse influxo de novas idéias, mas ainda assim determinados a, como Juan disse, "experimentar", entramos pelas portas principais da catedral. Seguimos Juan até um pequeno altar perto do fundo da igreja, onde uns vinte peruanos assistiam à missa sentados nos bancos de madeira, com os chapéus nas mãos. Quando nos aproximamos, o padre pediu à sua pequena congregação que participasse com mais fervor. Enquanto nos sentávamos, as pessoas começaram a cantar. Mas nem mesmo seu canto conseguia penetrar aquela atmosfera escura e fria.

Já eram umas nove da manhã e dentro da catedral fazia muito frio. As grossas paredes e o teto bem alto, feitos para criar um interior escuro e silencioso, e o enorme e impressionante altar de prata maciça a nossa frente ajudavam a criar uma atmosfera nada aconchegante. O único alívio para aquela morbidez de gelar os ossos vinha dos fortes reflexos do sol inca que entravam por um vitral acima de nós, criando raios magníficos de luz multicolorida e iluminando os bancos à nossa esquerda. Era uma metáfora perfeita para nossa iniciação; a natureza jorrando um raio de esperança nesse mundo escuro feito pelo homem. A própria catedral só evocava imagens dos conquistadores espanhóis e o massacre impiedoso contra os indígenas. Sentada em meu banco, tremia com os dois tipos de frio.

Olhei para cima, para o crucifixo de granito preto suspenso acima do altar a minha frente. O rosto de Cristo era grande, com uma expressão humana muito vulnerável e fúnebre. Em sua cabeça uma enorme coroa de espinhos.

As palavras de Juan corriam por mim, afrouxando as idéias fixas que tinha sobre o catolicismo e a iconografia católica, idéias que nunca tinham sido questionadas antes; pelo menos não dessa maneira. Concentrei-me na imagem do crucifixo, tentando imaginá-lo como um portal para uma energia masculina refinada do mundo superior. Só imaginar receber essa energia refinada superior me fez bem, limpou-me e me deu base, como se estivesse trazendo um ar mais limpo à catedral. Concentrei-me e aos poucos senti minha consciência mudar, quando voltei a atenção do símbolo de duas dimensões para a presença energética do Cristo Negro.

Um brilho forte e cálido, penetrante como o sol, passou por mim, literalmente aquecendo meu corpo: um contraste agudo com aquele frio opressivo da igreja. Tentei puxar mais e mais essa energia masculina refinada. Quando fiz isso, ela entrou em mim rapidamente.

O tempo passou despercebido e senti ao meu lado que o grupo tinha terminado e estava pronto para sair, mas ainda sentia-me em transe. Um sentimento profundo de paz tomou conta de mim e o pressentimento de que espiritualmente tinha por fim chegado em casa. De algum lugar bem distante, ocorreu-me que tinha de levantar, para ir com o grupo, mas os pensamentos não se passavam aos movimentos. Meu corpo não respondia.

— Fique até acabar o fluxo de energia — disse Juan ao meu ouvido, de alguma maneira capaz de perceber o que eu estava experimentando.

Longos minutos se passaram até eu abrir os olhos e ver os peruanos em fila em frente ao altar, esperando para comungar, e, para minha total surpresa, todos os membros do grupo também estavam na fila. Estávamos experimentando a justaposição dos rituais que Juan nos explicara. Incompreensivelmente, eu também não senti contradição, fricção ou problema algum em praticar essas duas tradições espirituais tão aparentemente diferentes, que estiveram existindo lado a lado pelos últimos quinhentos anos.

Sem falar, andamos juntos em direção à enorme pintura da Virgem Maria, que estava bem na parte interna da porta de entrada da catedral. Quando tínhamos entrado na igreja, vi muitos peruanos ajoelharem-se por longos momentos, a cabeça baixa, orando à Virgem. Agora, diante da imagem, tive uma estranha sensação, como se a Santa Mãe do amor e perdão de fato habitasse essa área. Estava curiosa para saber se isto acontecia porque, como Juan nos disse, o próprio local tinha um poder especial.

Ajoelhei-me, tentando orar, mas me distraí com os próprios pensamentos sobre o que estava fazendo, sobre a imagem, minhas idéias sobre a Virgem. Após uns minutos, pude me acalmar. Novamente focalizei minha atenção, tentando perceber a emanação energética do ícone. Houve um influxo forte de uma energia muito refinada, mas toda envolvente que era bem diferente da sensação que experimentei diante do Cristo Negro. Fui envolvida em um manto de força magnética de gentileza e amor. E enquanto estava lá, pude perceber o maior sentimento expansivo de compaixão e perdão que jamais sentira. Sem querer, lágrimas corriam por mim ao aceitar essa dádiva da energia feminina divina. Mais uma vez, parecia que várias horas já tinham se passado, mas foram apenas poucos minutos antes de levantarmos para sair.

Juan apontou em direção à esquerda da imagem, para uma pedra ovalada de mais ou menos um metro de altura que estava no canto da igreja. Mesmo que já soubesse de antemão sobre o ovo, nunca o teria notado se Juan não tivesse mencionado.

— No século XVI — disse Juan, falando ao grupo em uma voz calma —, Juan de Santa Cruz Pachacuti desenhou um diagrama do altar principal dos incas, mostrando o panteão dos deuses incas. No centro superior do diagrama havia um ovo que os incas chamavam de Wiraqocha. O ovo, que é representado naquele desenho, está aqui agora, na catedral. — Apontou Juan novamente a pedra ovalada.

Muitos de nós respiramos fundo surpresos por encontrar um artefato original inca de maneira tão sem-cerimônia diante de nós.

— É o terceiro ícone, aquele com que completaremos esse ritual.

Parecia estranho conversar após uma experiência tão comovedora e inesperada em frente à imagem da Virgem Maria. Mas ao mesmo tempo, essas explicações tranqüilizavam a mente, dando-lhe algo para se apoiar.

— Esse grande ovo de pedra, como o Cristo Negro, é um *khuya*. *Khuya* quer dizer, literalmente, "amor passional", mas em sua interpretação mística refere-se à energia de amor infundida em um objeto, de um modo geral uma pedra, e dada ao aprendiz pelo seu mestre. Esse presente de amor transmite o poder do mestre ao discípulo. Esse ovo de pedra é o *khuya* de Wiraqocha desde o mundo superior. É o presente de amor de Wiraqocha, o Deus metafísico dos incas e grande mestre do mundo superior, para as pessoas do mundo material. O nome completo desse ovo quer dizer "o grande unificador das coisas", e certamente aqui ele serviu a esse propósito. — Observamos esse terceiro ícone com muita veneração. Ali estava uma simples pedra em forma de ovo, que agora parecia estar sendo usada para ancorar a porta.

— Desde a conquista dos incas — explicou Juan —, essa catedral continua a ser usada como um templo de iniciação pelos sacerdotes andinos, mostrando que nos últimos quinhentos anos os sacerdotes católicos e andinos estiveram executando seus rituais debaixo do mesmo teto.

"No ano passado, em dezembro, um amigo meu, Abran Valencia, publicou um livro descrevendo a tradição inca. Depois que o livro saiu, os padres católicos tentaram acabar com essa prática retirando o ovo da catedral. Naquele momento o arcebispo estava viajando, mas quando voltou, recebeu inúmeras visitas, e poucos dias mais tarde o ovo voltou a seu lugar de direito." — Ouviram-se suspiros de alívio por parte do grupo quando Juan fez uma pequena pausa. Como é triste, pensei eu, que nós, seres humanos, sintamos tanto medo e ameaça devido às nossas diferenças.

— A função do ovo é servir como um "pesado comedor de energias" — contou-nos Juan, enquanto olhávamos para a pedra. — Outro conceito importante na tradição andina em relação a manter a economia energética, não só de si próprio mas de todo o meio ambiente, é que é sempre melhor receber primeiro a energia refinada e então soltar a energia pesada. Na primeira parte desse ritual, recebemos energia masculina refinada do mundo superior através do crucifixo, e

Iniciação: A experiência de uma mulher com a espiritualidade inca 159

energia feminina refinada através da imagem da Virgem Maria. Agora estamos preparados para soltar nossa *hoocha*, ou energia pesada. Podemos fazer isso dando toda a nossa energia pesada para o ovo de pedra.

"O quíchua tem muitas palavras para descrever energia, como *hoocha* e *sami*, como já lhes expliquei. Em quíchua, a palavra que designa o campo da energia viva que rodeia o corpo humano chama-se *kausay poq'po*, que quer dizer literalmente 'bolha energética'."

Era isso! Sentia-me excitada, era isso o que sentia em frente aos ícones, como se eu fosse uma bolha que estava sendo enchida!

Era impressionante como Juan verbalizava meus pensamentos.

— Começamos enchendo nossas bolhas com energia refinada — informou-nos ele —, porque se fôssemos soltar primeiro nossa *hoocha*, poderíamos desmaiar ou ficar esgotados e sem energia. Por isso, primeiro enchemos nossas bolhas com energia refinada e então soltamos nossa energia pesada para o ovo. Não precisam ter medo de dar sua energia pesada ao ovo. Ele gosta de comer sua *hoocha* — disse ele, sorrindo.

Essa parte parecia bem difícil. Receber energia refinada era fácil, mas soltar a energia pesada? Parecia como jogar fora o lixo. Foi necessário muito incentivo da parte de Juan para acreditarmos que estava certo colocar nossa energia pesada no ovo.

— Lembrem-se, energia *pesada* não é *ruim*. Além do mais, o que é energia pesada para vocês pode ser energia refinada para outra pessoa. Vocês não acreditam no pecado original? Além do mais, o ovo foi feito para esse propósito. Ele quer comer sua energia pesada.

Tranqüilizados, fomos um a um para o ovo de pedra, ajoelhando-nos diante dele, da mesma forma que fizemos com os ícones. Mas desta vez oramos ao ovo para nos livrar da energia pesada. Sentindo-me como a pastora (talvez pastora de lhamas) do grupo, esperei até todos terminarem e então, com grande reverência por este único ícone restante da cultura inca, ajoelhei-me diante do ovo. Imediatamente senti um escoamento natural de energia, como se o ovo estivesse magneticamente chupando algo de mim. Agi com o propósito de fazer minha energia pesada uma oferenda ao ovo. Constrangida por ser o foco de atenção do grupo, fiquei ali por poucos minutos, então levantei-me e dei uns passos para trás, em direção ao resto do grupo. Mas quando fiz isso, senti o tremendo poder de sucção do ovo puxando-me de volta. Ele não tinha terminado comigo ainda. Juan mandou-me de volta com um aceno, rindo e comentando com o grupo:

— Vejam só, ela tem muita energia pesada.

O grupo sentou-se, emudecido com o poder da cerimônia, fora da catedral, esperando a caminhonete que nos levaria ao próximo lugar de ritual. Após um longo silêncio, alguns comentários foram trocados sobre o fascínio de todos nós por essa filosofia que parecia ser uma antiga prática, baseada nas mais modernas teorias da física quântica.

Enquanto percorríamos o trajeto de vinte minutos por trás de Saqsaywaman até as ruínas de Q'enko, as línguas se soltaram mais e foram feitos vários comentários sobre as sensações energéticas tangíveis e misteriosas que cada um tinha experimentado. A prática dos rituais envolvia conceber-nos de uma maneira completamente nova e estranha. Já não éramos mais meros corpos físicos mas sim "bolhas de energia" trocando energias pesadas e refinadas com lugares e objetos sagrados. Era um conceito atraente, e o mais impressionante é que era bem fácil. Isso foi o que impressionou mais; o que a princípio soava tão estranho, misterioso e complicado em teoria, na verdade era bastante simples, natural e fácil na prática. Usando a terminologia de energia de Juan, até mesmo ficou mais fácil conversar sobre o assunto.

Depois de estacionar nosso ônibus bem acima das ruínas de Q'enko, atravessamos a rua e pulamos por uma cerca de arame farpado. Passamos por um pequeno bosque de eucaliptos e entramos numa área íngreme de capim onde havia vários blocos de pedra de mais ou menos o dobro da altura de um homem. No meio de duas dessas pedras, e mais ou menos na metade da altura, havia uma pedra preta e achatada formando uma prateleira ou peitoril entre elas. A superfície dessas pedras fazia crer que elas eram continuamente usadas para queimar algo em ritual.

— Esse lugar de ritual chama-se Illia Pata, que significa "Plataforma da Luz" — disse-nos Juan. — Vocês podem ver que esse local ainda está em constante uso — Juan gesticulou em direção às cinzas frescas na pedra. — Meu mestre, Dom Benito, ensinou-me que este local é considerado o equivalente a Qorikancha, o antigo templo central dos incas em Cuzco, bem no final da avenida do Sol. Acredita-se que os sacerdotes andinos refugiaram-se aqui, quando Qorikancha foi tomado pelos espanhóis. Esse é um lugar muito antigo e pode até mesmo ter sido o templo principal dos incas, usado para as oferendas, antes que o Qorikancha fosse construído.

Quis saber se a "plataforma de luz" referia-se à pedra reta do altar. Para confirmar, Juan foi até lá e colocou sua mão na pedra, dizendo:

— A pedra desse altar chama-se "pedra crescente", pois considera-se que está viva. A força de Pachamama está concentrada nela. Faremos a parte feminina do ritual com a pedra, e a parte masculina com os *apus*.

Surpreendi-me. Esse seria o primeiro encontro com os *apus* desde minha última visita à *mesa* de Ricardo. Mas era difícil sentir medo agora, pois o contexto era totalmente diferente. Primeiro de tudo, não estava em um quarto fechado e escuro, e, segundo, os *apus* estavam sendo apresentados apenas como parte do sistema vivo da natureza e não como os oráculos e figuras autoritárias. Além do mais, estava com um grupo de pessoas em quem confiava sem restrições. Sem mencionar, é claro, nosso excelente guia.

Juan continuou suas explicações.

— Os *apus* são, para resumir, energias masculinas da natureza, ou deidades que habitam os picos das montanhas mais altas. Aqui, nesse local, vamos trabalhar com o nível superior do mundo material, e com o poder masculino dos *apus* e o poder feminino de Pachamama.

— Os olhos sorridentes de Juan de repente ficaram sérios quando disse:

— Quando trabalhamos com o *kay pacha*, o mundo da consciência material, temos de aprender a trocar poderes pessoais, enquanto que ao trabalharmos com o mundo superior, recebemos poder. Através do ritual dos *apus* e trabalhando com essa pedra do altar, vocês vão aprender a trocar poder pessoal através de seu estômago espiritual, o seu *qosqo*. Por isso, a primeira coisa a aprender é como usar o *qosqo* de vocês — disse ele, batendo em seu estômago, na área do plexo solar, poucos centímetros acima da cintura.

Juan pegou um pequeno embrulho de pano, colorido e brilhante, de dentro de um saco de pano branco, e colocou-o no topo da pedra do altar antes de prosseguir.

— Dom Benito explicou-me assim: você tem um estômago para comer e digerir o alimento, mas seu corpo energético ou bolha, seu *poq'po*, tem um estômago espiritual para comer e digerir energia. *Qosqo* é o nome em quíchua para a cidade de Cuzco, que significa "umbigo da terra". Essa é uma das razões para esse ser um lugar tão poderoso, pois é o *qosqo* de Pachamama, a barriga de nosso planeta. Na tradição andina, os seres humanos são uma parte integrante da natureza; de fato, nossos corpos são feitos à imagem de Pachamama. Por isso é de total importância aprender como comandar esse centro, pois através dele — disse, batendo na barriga e olhando para Nina — você vai aprender a sentir a energia, a comer energia pesada, a tirar poder das forças da natureza e a se conectar com os locais de ritual.

Juan parou por um momento, para que a importância de suas últimas palavras fosse assimilada.

— O propósito de aprender a usar seu *qosqo* é que vocês ficarão peritos em comer energia pesada. Uma vez que puderem fazer isso, irão se sentir confortáveis em qualquer situação, porque nunca terão de se defender contra as "energias negativas", terão apenas de engoli-las. Quanto mais energia pesada tiverem, maior será a refeição e mais poderosos ficarão. Mas vocês têm de ser capazes e querer digerir energia pesada, têm de deixá-la passar por vocês. Nós, ocidentais, estamos muito presos à idéia do bem e do mal, negativo e positivo, e por isso temos dificuldade com esse conceito. Vocês têm de aprender a fazer

Iniciação: A experiência de uma mulher com a espiritualidade inca

ayni, troca de energia. Não podem ter medo de fazer parte da troca, de dar e receber *todas* as energias.

Juan então nos disse para colocarmos a mão em frente ao *qosqo* até que pudéssemos sentir a energia e, a seguir, tentarmos movê-la primeiro para mais perto, e depois afastando-a. Quando coloquei a mão em meu *qosqo* imediatamente senti um calor e um formigamento na barriga. Isso aumentava e diminuía à medida que aproximava ou afastava a mão. De repente metáforas em relação à barriga vieram à minha mente, como "reação visceral" ou "não posso engolir isso", e imaginei se de fato elas se referiam ao poder de percepção do *qosqo* ou se ao próprio estômago físico.

— Usem seu *qosqo* como o diafragma de uma câmara. Abramno, fechem-no e tentem sentir a energia dele — ensinou-nos Juan.

Pegando o embrulho, ele se dirigiu ao grupo e então explicounos que aquilo era sua *mesa*, um pequeno pacote para ritual que ele sempre carregava consigo, contendo os *khuyas*, ou pedras abençoadas por todos os seus mestres. Uma curiosidade enorme me fazia querer abrir o pacote e ver o que tinha dentro. Juan voltou ao altar na pedra e, orando suavemente mas em voz alta, nele colocou sua *mesa* e ali permaneceu por vários minutos. Então, pegou a *mesa* e cuidadosamente a levou para onde eu estava. Tirando minhas mãos, ele colocou sua *mesa* firmemente contra meu *qosqo*, continuando a rezar alto.

— Dê toda a sua energia pesada para a minha *mesa* — falou em meu ouvido. Assim como na catedral, senti uma vazão de energia em meu *qosqo*. De maneira abrupta, Juan tirou a *mesa*, de onde parecia estar presa para sempre, e a levou à pedra do altar. Por um momento, pensei ter visto um pequeno fio suspenso entre meu *qosqo* e a pedra do altar. Pisquei os olhos e a imagem se foi.

Ele executou o mesmo ato com cada um de nós. Várias outras vezes vi o mesmo fio suspenso. Quando Juan terminou, tive um momento de rara visão que mostrava algo parecido com uma teia de aranha, todos os doze *qosqos* presos por pequenos fios de luz ao altar principal. Olhei novamente para a pedra do altar e vi uma camada de luz branco-azulada, que agora o cobria e se estendia quinze centímetros acima da pedra. Juan me olhava com curiosidade, balançando a cabeça para um lado.

— Agora você sabe por que se chama plataforma de luz — disse ele, bem baixo para que somente eu pudesse ouvir.

ANDAMOS POR UM ATERRO, BEM ABAIXO DO ILLIA PATA, E CHEGAMOS A uma área plana onde havia vários assentos incas esculpidos em pedra e nos sentamos ao sol quente. Íamos fazer um *despacho* invocando o poder do vento. Juan desembrulhou um dos pacotes brancos que havia comprado no mercado central, quando saímos da cidade. Ele então passou para nós a concha, símbolo do feminino, e o crucifixo, símbolo do masculino, dizendo-nos para colocarmos nossas mais elevadas preces naqueles objetos. Quando ele os pegou de volta, primeiro colocou a concha no centro do *despacho*, então colocou a cruz bem em cima. Cada um de nós escolheu três folhas de coca perfeitas e começamos a "armar o *despacho*", formando os *k'intus*, ramos de três folhas. Juan nos disse para soprarmos nas folhas três vezes, oferecendo nossas energias aos *apus* enquanto invocássemos cada *apu* das montanhas que nos rodeavam por seus nomes, e também para colocá-las em uma ordem específica ao redor dos objetos centrais.

O *despacho* terminado era uma belíssima obra de arte. Os doze *k'intus*, colocados em forma de estrela ao redor da concha central, compunham uma linda mandala natural. Juan nos pediu para chamarmos silenciosamente o poder do vento, usando-o para expandir nossa consciência, ou seja, nossas bolhas, e tocar cada um dos *apus* que tínhamos invocado. Fechei meus olhos para me concentrar e em vez de sentir qualquer coisa assustadora vi que, ao me conectar com os espíritos das montanhas desse modo, recebi dos *apus* uma impressão mediúnica de prazer. De fato, eles pareciam estar bem satisfeitos com o que estávamos fazendo; pensei em Juan me dizendo que os seus *apus* eram "doces e charmosos". Isto estava a uma enorme distância da minha experiência com Ricardo, e senti que era o começo da cura de meu relacionamento com os *apus*.

Iniciação: A experiência de uma mulher com a espiritualidade inca 165

Quando abri meus olhos, sentei-me observando a mandala, surpresa pelo fato de que, apesar de não ser um dia com vento, as leves brisas que balançavam os arbustos a nossa volta não perturbavam nenhum dos ramos de delicadas folhas de coca de nosso *despacho*. Em seguida Juan dobrou o papel do *despacho* por cima das folhas e da concha, fazendo um belo pacote, que amarrou com um barbante prateado e colocou dentro do embrulho de sua *mesa*. Juan parou por um momento e disse:

— É curioso que, embora essa seja a iniciação mais importante na tradição andina atualmente, é por certo uma das oferendas mais simples.

Para fazermos o *despacho* para o Sol mudamos de lugar, desta vez passando de Illia Pata para uma outra área plana e aberta. Havia uma pedra lisa e reta, levantada a apenas alguns centímetros do chão, visivelmente trabalhada por mãos humanas. Juan sentou-se ao lado, colocou sua *mesa* na pedra e começou a fazer outro *despacho*. Presumi que aquela também era outra pedra de altar.

— Nesse *despacho* — disse-nos Juan — vamos chamar e concentrar a energia dos *apus*. — Começamos novamente fazendo nossas orações à concha e à cruz e colocando-as no centro da oferenda. Como antes, escolhemos grupos de três folhas de coca perfeitas para fazer os *k'intus*, mas dessa vez, enquanto invocávamos os *apus* da redondeza, chamamos a energia para o *despacho* ao estender nossas folhas ao *apu*, invocando-os pelo nome e colocando as folhas de coca em nossas testas e depois no coração, concentrando a energia em vez de expandi-la.

Quando fizemos esse *despacho*, compreendi que estávamos criando um microcosmo do equilíbrio entre o ser humano, a terra e o cosmos, dentro da própria oferenda. A cruz e a concha representavam as energias cósmicas masculina e feminina, nossas preces representavam o fator humano e as folhas de coca, as forças da natureza. O ponto central, a prece e a atenção aos detalhes envolvidos na preparação de um *despacho* eram de fato muito impressionantes. Quando terminamos, amarramos a oferenda com um barbante dourado e Juan colocou-a no saco.

EM SEGUIDA, JUAN NOS DISSE QUE VIRIA A *AYNI KARPAY*, A TROCA RECÍPROCA de poder pessoal. Voltamos ao Illia Pata onde ele fez o primeiro *despacho*, a oferenda ao vento, e Juan fez um sinal para que subíssemos no topo da pedra do altar. Um a um, esforçamo-nos para subir no Illia Pata, agarrando-nos com mãos e pés na rocha. Quando chegamos ao topo, descobrimos que havia um espaço atrás da pedra onde podíamos ficar.

Usando seu saco repleto de *khuyas* de seu mestre, Juan disse algumas preces sobre nós e então explicou que cada um de nós iria agora fazer uma troca de poder pessoal com ele. Primeiro nos disse para pensarmos sobre a experiência mais elevada que já tivéssemos tido na vida e então para enchermos nossas bolhas com essa experiência. Em seguida, colocarmos as mãos no topo da cabeça dele, transmitindo energeticamente a experiência para ele. Ele iria receber essa energia e então colocar a mão dele em nossas cabeças para transmitir o poder da tradição de volta a cada um de nós. O resto do grupo tinha apenas de manter uma atitude de apoio, enquanto era a vez de cada um ir à pedra do altar.

Ninguém se moveu. Senti nervosismo no grupo, por isso fui a primeira voluntária. Subi na pedra do altar e fiquei diante de Juan. Fechei os olhos, tentando esvaziar a mente, na esperança de que uma memória ou experiência viesse a mim. Um pouco depois, bem naturalmente, comecei a lembrar-me de uma experiência que tive em criança, quando senti uma força vital explosiva por todo o corpo, a felicidade incrível de estar viva. Rendi-me ao pensamento e deixei-me encher com isso.

Depois coloquei minhas mãos na cabeça de Juan, com firme propósito de "dar" a experiência para ele. Foi maravilhoso compartilhar isso silenciosamente com Juan. Pouco depois baixei as mãos e então uma sensação muito agradável encheu meu corpo enquanto Juan colocava suas mãos no topo de minha cabeça. Minha consciência foi tomada imediatamente por imagens magníficas da natureza: belíssimos vales verdes, rios prateados e enormes picos de montanha passavam diante de mim como se eu fosse um condor sobrevoando tudo e ainda em relação íntima com a grande Natureza. Abri meus olhos e vi os

Iniciação: A experiência de uma mulher com a espiritualidade inca   167

olhos brilhantes de uma criança. Juan e eu rimos espontaneamente e então nos curvamos um para o outro, terminando a cerimônia.

Enquanto trabalhavam, tanto Juan quanto cada iniciado pareciam ter fortes experiências, pois com o ato de receber seus corpos balançavam para a frente e para trás como galhos no vento. Havia um tenro e acalentador sentimento sobre essa cerimônia *ayni karpay*. Adorei o profundo silêncio que se criava. Nunca tinha visto nenhum ritual religioso no qual o mestre e o discípulo *trocavam* experiência energética; era um processo equalizador pelo qual o poder e o conhecimento, tanto do mestre *quanto do* discípulo, estavam sendo honrados.

Por fim, Juan limpou cada um de nós em ritual com as oferendas que fizemos.

— Você libera muita *hoocha* quando faz isso. Ela vem à superfície de sua bolha de energia e precisa ser limpa — disse ele, usando o *despacho* do vento para raspar a *hoocha* de nós. — Os *apus* comerão a energia pesada quando o *despacho* for queimado — explicou.

Quando terminamos a cerimônia de *ayni karpay*, Juan apontou para os pés de um dos membros do grupo e disse:

— Olhe, você está pisando no altar! — Ela pareceu surpresa e um pouco constrangida enquanto rapidamente tentava descer do altar, mas Juan a parou. — Não, estou brincando com você — disse ele, rindo.

— Vocês não notaram que estiveram pisando no altar o tempo todo? Nos Andes temos de tocar no sagrado. A verdade é que estamos sempre pisando no altar de Pachamama, a sagrada Mãe Terra. Vocês podem imaginar o que aconteceria se pisassem no altar de uma igreja católica? — e Juan caiu na gargalhada, fazendo com que o resto de nós também começasse a rir. Foi uma imagem engraçada. Ele continuou rindo para si mesmo enquanto reunia gravetos para preparar o fogo que iria queimar nosso *despacho*, transformando nossa oferenda em algo que os espíritos da montanha e do vento pudessem comer.

ENTRAMOS NOVAMENTE NO ÔNIBUS E FOMOS MAIS TRINTA MINUTOS LONGE de Cuzco, para o próximo lugar cerimonial chamado Amaru Mach'ay, ou "caverna da serpente". O ônibus parou perto de uma grande formação granítica à nossa direita, que se sobressaía da superfície plana como um cogumelo gigante. Tinha mais ou menos dezoito metros de comprimento e nove de altura. Descemos do ônibus e fomos para o lado de trás da pedra, onde vimos uma perfeita escadaria inca esculpida em pedra maciça que levava a uma grande fenda vertical na face da pedra. Lembrava uma vagina. Subimos os degraus e nos aproximamos da fenda. Era a entrada de uma caverna.

Nos lados direito e esquerdo da entrada havia dois quase indistintos pumas, símbolos do *kay pacha*, em alto relevo. Quando entramos na caverna-templo, Juan mostrou-nos as serpentes nas paredes, também em alto relevo. "A Caverna da Serpente", alguém cochichou. Dirigimo-nos ao final daquela caverna de uns seis metros, onde havia um grande altar de pedra e uma fonte de luz. Quando nos aproximamos do altar, com os olhos já acostumados à escuridão, pudemos notar que bem acima dele, no final da caverna, havia uma pequena abertura para o céu. Essa caverna-templo parecia muito com o ventre.

Juan nos pediu novamente que pisássemos no altar. E então deu-nos estas instruções simples:

— Façam uma revisão de suas vidas, e enquanto fizerem isto dêem a sua *hoocha* para as paredes da caverna. Vejam seu pai e sua mãe juntarem-se em uma união amorosa e tentem voltar ao momento de sua concepção. Ao fazerem isso, tomem o máximo de energia refinada que puderem do mundo superior e soltem a *hoocha* de todas as partes de sua bolha. Esta caverna é um comedor muito poderoso de energia pesada. Deixe a pedra sugar a *hoocha* para fora de vocês.

Fechei meus olhos e tentei imaginar meu pai e minha mãe em união amorosa, mas era impossível. Eles estavam divorciados desde os meus dezoito anos e em toda a minha vida nunca os vi trocando nenhum gesto amoroso. Frustrada, parei de tentar imaginar a cena. Em vez disso, concentrei-me em dar minha energia pesada à caverna e receber energia refinada. Respirando profundamente, deixei minha mente viajar para trás no tempo, no máximo que podia evocar de meu passado. Minha atenção parava ou parecia ficar presa a cada evento traumático ou trágico daquela época, até que pacientemente liberava a energia pesada de cada experiência para as paredes da caverna. Isso pareceu liberar-me para viajar mais atrás, como se meu passado fosse uma cauda gigante acorrentando-me ao presente, e agora alisava os nós psíquicos de energia em meu passado, penteando minha cauda.

De repente, minha consciência mudou e comecei a sentir como se estivesse flutuando, livre e alto, acima da Terra. Experimentei uma felicidade sublime e um sentimento de liberdade enquanto viajava pelo espaço. Não tinha corpo! Olhei para baixo e fui atraída para um jovem casal, ambos parecendo inteligentes e bonitos. Os dois tinham vontades muito fortes. Parecia estar me comunicando diretamente com suas bolhas de energia. Incrédula, compreendi que eles eram meus pais! Lembrando-me das palavras de Juan, visualizei-os entrando na caverna comigo e convidei a soltarem suas energias pesadas. Eles assim fizeram com grande abandono, dando suas *hoochas* a Pachamama. Lágrimas corriam pelo meu rosto, pois vi meus pais como nunca tinha visto antes, como duas almas em um estado de completa pureza e beleza.

Agora eles podiam ver a beleza um do outro, e espontaneamente juntaram-se em um amoroso abraço. De repente, vi um enorme óvulo fértil e células se dividindo, dividindo e dividindo para criar toda a vida no Universo, todas as diversas formas. Minha perspectiva mudou novamente e agora era o óvulo fértil no útero de minha mãe que logo seria o meu corpo. Sentei-me, muda, no chão de pedra frio daquele altar, impressionada com o que acabara de ver e sentir.

Sem exceção, todos do grupo puderam atestar a poderosa força de sucção que sentimos na caverna, enquanto executávamos o ritual. Nosso motorista, Eduardo, que com muito boa vontade concordou em se juntar a nós para os rituais, quase caiu do altar ao ser fisicamente empurrado para trás, com a tremenda força da pedra. Por fim, Juan pediu-nos para tomar energia refinada do mundo superior através do topo de nossas cabeças e, colocando seu embrulho na base de nossas colunas, disse-nos para liberarmos *hoocha* do osso sacro. Saí da caverna aos tropeções, piscando os olhos com a luz do sol, como se estivesse saindo nova em folha do ventre de Pachamama.

De volta ao ônibus e a caminho do próximo local, Juan explicou que tínhamos acabado de completar com êxito a iniciação andina para se tornar um adulto. Quando soltamos a *hoocha*, as impurezas espirituais de nossos pais, no momento da concepção, estávamos transferindo nossos "cordões umbilicais energéticos" e, portanto, nossa dependência psicológica e energética de nossa mãe para Pachamama, a Mãe Terra. Agora estávamos conectados com Pachamama como a fonte da vida, considerando toda a humanidade como nossos irmãos e irmãs, uma vez que compartilhávamos da mesma mãe, a Terra. Minha mente não conseguia entender, mas minha bolha estava zunindo com energia renovada.

PARA A ÚLTIMA PARTE DO RITUAL VIAJAMOS MEIA HORA PARA O LAGO ONDE o último inca, Huaskar, nasceu. Já eram seis da tarde e o sol começava a se pôr. O céu brilhava com ricos dourados e fortes tons de rosa, quando chegamos a um lago de cor azul-escura rodeado por um alto bambuzal dourado e verde. Descemos do ônibus e passamos por uma casa branca onde havia dois magníficos barcos feitos de junco que tinham acabado de sair da água. O cenário era mágico.

Passando pelos altos bambus que rodeavam o lado sul do lago, chegamos ao local onde iríamos executar o último ritual do dia. Lá, no meio dos bambus e árvores à beira do lago estava um outro assento inca esculpido em pedra. Parecia convidativo, por isso me sentei na pedra. O resto do grupo arrumou outros lugares para se sentar e ouvir as instruções, mas eu me distraí. Na verdade, parecia estar assombrada desde o momento que chegamos; sentia que algo iria acontecer aqui.

— Quanto vocês sabem da história inca? — começou Juan. Ninguém respondeu. Alguns balançaram as cabeças. — Huaskar e Atahualpa eram meios-irmãos, filhos do inca Manco Capac, que dividiu o império em dois. Atahualpa reinou no que é agora a cidade de Quito, no Equador, e Huaskar reinou aqui em Cuzco. Atahualpa não ficou satisfeito com apenas metade do império e queria tomar Cuzco também. Os irmãos incas estavam no meio de uma guerra civil quando os espanhóis, liderados por Pizarro, chegaram.

Iniciação: A experiência de uma mulher com a espiritualidade inca

"Atahualpa naquele momento estava preso em Cuzco e assim Pizarro, que era um homem muito inteligente, mandou uma mensagem para Atahualpa dizendo que Huaskar planejava matá-lo. Da prisão, Atahualpa ordenou a seus seguidores que matassem Huaskar, o que eles fizeram. Assim, com os dois reis incas fora do caminho, Pizarro tomou o poder. Os incas dizem que, como Atahualpa e Huaskar não executaram *ayni*, ou seja, eles herdaram um império mas não o deram a seus filhos, ambos foram viver em *ukhu pacha*, o mundo interior. Mas está dito que os incas esperam pelo dia em que poderão novamente voltar a este mundo, o *kay pacha*. Neste lago, o local onde o inca Huaskar nasceu em *kay pacha*, vamos invocar sua presença", — declarou Juan.

O ar estava parado, de maneira incomum, enquanto ouvíamos suas palavras. Antes de Juan terminar de falar, já sentimos a forte presença de alguém. A energia do lago era tão forte que comecei a ter calafrios.

— Não tenha medo — disse Juan, rindo para mim. — Não há perigo. Você não vai desmaiar. Pelo contrário, agora vamos praticar o que chamamos de "incorporação". Na tradição andina isto não significa que você é tomado por um espírito. Você só invoca o espírito de Huaskar para entrar em você, fazendo uma adição energética à sua bolha de poder inca. — Isso soava como algo amigável, no entanto, estava literalmente tremendo havia muitos minutos. Sem saber, era exatamente isso que estava me dando medo. Tinha uma premonição estranha de que algo, talvez o espírito de Huaskar, fosse entrar em mim. — Prometo que não vai doer — disse Juan, piscando para mim.

Juan nos instruiu a extrair energia vital do lago, e então pegou sua *mesa* e começou a chamar o espírito de Huaskar.

— *Hampui. Hampui.* Venha, inca Huaskar — chamava baixinho. De repente, o bambuzal à minha direita começou a balançar violentamente e tive uma enorme sensação de água a nossa volta. Uma voz soou profunda dentro de mim, e cada palavra que pronunciava me remexia toda.

— Não fui capaz de terminar meu trabalho. Fui tirado de *kay pacha* antes que ele estivesse completo — dizia a voz. A presença era de um *amor* profundo, poderoso e crescente. Senti-me compelida a falar suas palavras em voz alta, enquanto ele continuava: — Vocês devem continuar na Terra e cumprir meu trabalho até seu término.

— Enquanto falava essas palavras, primeiro para Juan, em espanhol, meu coração começou a bater forte e as palmas de minhas mãos a suar. Então, da mesma forma repentina, a presença se foi. Minha respiração acalmou e o corpo relaxou-se, enquanto traduzia as palavras para o grupo em inglês. Juan olhou-me surpreso e, balançando a cabeça, disse:

— Sim, essa é a mensagem do inca Huaskar.

Enquanto as batidas de meu coração voltavam ao normal, Juan retirou de sua sacola o *despacho* do Sol que tínhamos feito no primeiro lugar de ritual.

— Quando você faz esse ritual, você libera muita *hoocha* — disse ele, gesticulando para que eu ficasse a seu lado. — Com o *despacho*, vou limpar suas *hoochas* e então vamos dá-las ao espírito do lago.

— Um de cada vez, ficamos ao lado de Juan enquanto ele cuidadosamente limpava nossa energia pesada ao raspar todo o contorno do corpo com o *despacho* do Sol. — Recebemos energia vital do lago, e agora temos de retribuir — disse ele. E pegou o *despacho* do Sol e foi até a margem do lago. Chamando pelo espírito do lago, Juan pediu que viesse e aceitasse nossa oferenda; ele amarrou o *despacho* a uma pequena pedra e o jogou na água.

Ao voltar do lago, Juan se aproximou de mim e, colocando uma pequena pedra quadrada em minha mão, pôs sua *mesa* em minha cabeça e começou a orar intensamente. Primeiro moveu a *mesa* para meu ombro direito e então para o esquerdo, enquanto orava o tempo todo em quíchua. Senti exatamente como se estivesse recebendo a iniciação de uma ordem, só que dessa vez com a *mesa* e não com uma espada. Meus olhos estavam bem cerrados e só vi que ele já tinha se ido quando, poucos minutos mais tarde, abri meus olhos novamente. Eu tinha na mão meu primeiro *khuya*, a pedra quadrada.

Iniciação: A experiência de uma mulher com a espiritualidade inca

Vi que Juan estava fazendo a mesma cerimônia para cada iniciado e, enquanto observava, lembrava-me cada vez mais do ritual da ordem dos cavaleiros. Quando terminou com o último iniciado, meus olhos passaram pelos rostos dos membros do grupo. Estavam todos suaves e brilhantes naquele âmbar do pôr-do-sol. Senti um intenso amor por todos do grupo e uma profunda e grata devoção por terem concordado em vir comigo até ali, até o desconhecido.

— Esse último ritual completa o primeiro dia da grande iniciação. — O rosto de Juan brilhava de plena satisfação enquanto ele falava. — Agora vocês se tornaram sementes incas, levando consigo não só a energia dos Andes, mas também algum conhecimento intelectual de suas tradições. Recebemos aqui muitos visitantes do Tibet. Monges tibetanos, e até mesmo o próprio Dalai Lama vêm aqui. Tive a boa fortuna de falar com um dos assistentes do Dalai Lama. Ele me disse que a tradição tibetana é a tradição da montanha no masculino. Disse que a tradição espiritual tibetana semeou as sementes por todo o mundo, mas que as sementes germinarão e crescerão no solo rico e fértil do centro feminino que é o Andes — disse-nos Juan. Isso corroborava o que eu tinha ouvido diversas vezes durante meus anos de investigação espiritual no Peru: os Andes eram o local onde as pessoas poderiam vir e receber a iniciação nos mistérios femininos.

9
Wiñay: Germinação

NA MANHÃ SEGUINTE JUAN CHEGOU CEDO PARA NOS PEGAR NA CASA da *Señora* Clemencia. No ano em que estive fora, a *señora* fez maravilhas, transformando sua casa em uma pousada de quatorze quartos, que ela chamou de Apu Wasi, a casa dos *apus*. Fiquei encantada por poder compartilhar minha casa e família peruanas com o grupo, e a *señora* cuidou muito bem de nós. A maioria ainda não tinha dormido o suficiente, ou quase que nada, outro efeito colateral da altitude. Então me lembrei de um de meus professores dizendo certa vez como a privação do sono "suavizava as estruturas do ego". Talvez isso estivesse funcionando para o nosso benefício. Era certo que ninguém estava triste, apenas muito "suavizado".

Usando protetor solar e chapéus de abas grandes, que o *señor* insistiu em usarmos como proteção contra a intensidade do sol inca, entramos com muito esforço em uma minivan e nos dirigimos à montanha. De meus anos de Cuzco, sabia que estávamos tomando a estrada por trás de Saqsaywaman, a maior ruína inca na cidade. Quando fizemos a última curva naquela estrada íngreme, vários membros do grupo ficaram boquiabertos com o visual.

Diante de nós estendia-se um grande campo verde, ladeado pela direita por três fileiras de enormes muros incas de pedra. Esses muros foram tão bem construídos que as pedras, algumas pesando mais de duas toneladas, encaixavam-se perfeitamente como peças de um quebra-cabeça, tão unidas que não se podia passar um fio de cabelo entre elas. Nenhum tipo de argamassa foi usado para segurar as pedras, fazendo com que os muros ficassem flexíveis e anti-sísmicos. Os três muros em ziguezague, com o formato de dentes, subiam o morro à nossa direita. Dizem que os incas desenharam a cidade de Cuzco com a forma de um jaguar. Saqsaywaman era a cabeça do jaguar e esses três muros em ziguezague, os dentes. No lado oposto daquele campo estava um muro reto e baixo, e uma colina de lava vulcânica bem atrás. Havia algo sobre aquelas pedras que fez minha pele formigar e liberou a mente para viajar a uma outra época, outro sonho. Com certeza, esse era um local de poder, e as pedras estavam vivas.

Lá de cima, Juan, com seu pequeno chapéu de feltro branco, acenou para nós.

— Aqui em cima — chamou-nos. Cruzamos o campo, atravessando o muro baixo de pedras, e subimos a pequena colina. Seguimos Juan até ele desaparecer no topo de uma grande e protuberante pedra redonda. Quando chegamos lá, vimos como a pedra tinha sido esculpida em um assento de três fileiras, conhecido como o "trono do inca". Chegamos ao "trono" bem na hora de ver a figura de Juan descendo pelo outro lado da colina até desaparecer atrás de outras pedras. Já não podíamos respirar quando por fim o alcançamos. Juan estava dentro de uma depressão circular que dava na altura de seu peito e tinha uns três metros de diâmetro, cercada de esculturas incas em pedra. Subir até mesmo uma pequena colina nesta altitude era um esforço cruel.

— Esse é o local de Pachakuteq, o nono rei inca, e tudo isso — Juan fez um gesto abrangendo toda a ruína — dizem que foi ele quem construiu. — Enquanto Juan falava, o cenário aos poucos voltava ao devido lugar, aos cérebros tontos e sem oxigênio.

— Pachakuteq foi o nome dado ao filho do oitavo inca, depois de

Iniciação: A experiência de uma mulher com a espiritualidade inca 177

receber o poder e revolucionar o sistema inca. Pachakuteq literalmente quer dizer "o mundo virado de pernas para o ar". "*Pachakuti* tem um outro significado. Os indígenas andinos não contam o tempo como os ocidentais. Eles vêem a história em termos de épocas descontínuas, com a *pachakuti*, ou 'transmutações cósmicas', no meio. Por isso, Pachakuteq ganhou seu nome porque, em apenas duas gerações, ele e seu filho, o inca Yupanki, fizeram com que o pequeno reino dos incas, que se estendia a apenas quarenta quilômetros em volta da cidade de Cuzco, viesse a se tornar um império que abrangia a maior parte do lado oeste da América do Sul.

"Nos Andes, acreditamos que um local mantém a energia ou o espírito da pessoa com quem está associado. Este é o local de Pachakuteq porque ele viveu e trabalhou aqui, e sua energia viva permeou esse lugar. Ontem estávamos no lugar de nascimento do inca Huaskar, o bisneto de Pachakuteq, onde incorporamos o seu espírito. Hoje, lembrem-se de que estamos no domínio de Pachakuteq, e tentem absorver o espírito dele em suas bolhas."

— Juan, o que é isso? Algum tipo de banho público? — um dos iniciados perguntou, apontando para umas belas pedras incas que pareciam ter sido esculpidas em algum tipo de aqueduto.

— Exatamente — respondeu Juan, sorrindo. — E agora vocês vão me ajudar a sair da aula de história e entrar no nosso trabalho de hoje. Esse é o templo da água, e o primeiro ritual que faremos hoje é com o espírito da água. Vocês se lembram de que ontem, em Illia Pata, trabalhamos com a energia da terra em nosso *qosqo*, ao conectar nossos "estômagos espirituais" à pedra de altar e à energia viva de Pachamama. — Cabeças balançavam ao redor do círculo. Alguns de nós ainda tinham os *qosqos* sensíveis devido ao trabalho do dia anterior.

"Em nossa tradição — continuou Juan —, trabalhamos com a energia viva dos cinco elementos para uni-los em harmonia dentro do corpo. O *qosqo* é o centro através do qual nos conectamos com o espírito da terra, Pachamama. A base da coluna, ou o osso sacro, é o centro com o qual nos conectamos com o espírito da água. Quando falamos sobre o 'espírito' de um elemento, literalmente falamos sobre o aspecto mais refinado ou a essência daquele elemento. A água tem um componente físico, mas de acordo com a filosofia andina, também possui um aspecto energético, sutil ou não-físico. É com esse aspecto muito sutil ou refinado do elemento água que vamos trabalhar agora. Aqui, neste Templo da Água, vou usar minha *mesa* para ajudá-los a abrirem o centro na base de sua coluna e aí pediremos ao espírito da água para entrar por ali."

Como de costume, Juan aproximou-se primeiro de mim para eu ser seu rato de laboratório.

— Coloque toda a sua energia pesada na minha *mesa* — instruiu Juan, quando tirou o embrulho colorido de sua bolsa e o ofereceu a *hanaq pacha*, orando em voz baixa. Então ele colocou sua *mesa* bem firme contra meu osso sacro e começou a orar mais alto e mais fervorosamente. Senti um fluxo de energia movendo-se pela base de minha espinha e depois um estalo repentino e diferente, como se tivesse saído uma rolha do osso sacro. — Bom! — exclamou Juan. — Agora que seu centro foi aberto, você tem de visualizar o envio de uma raiz, para absorver o espírito da água na base de sua espinha. — Enquanto ele se movia com sua *mesa* para fazer a abertura energética no próximo iniciado, encostei-me no muro de pedras do Templo da Água, focalizando toda a minha atenção no osso sacro.

Desde o "estalo", a base de minha coluna estava formigando com uma sensação ardente e agora sentia-me positiva e suave para convidar o espírito da água a entrar. Visualizei um tubo branco descendo de meu osso sacro até o poço de água cristalina. Água fresca e límpida caía em mim em um jorro constante e fino, enchendo a área do osso sacro e depois toda a minha espinha com uma sensação líquida refrescante. Quando o jorro de água foi ao cérebro, tornou-se um lago e por fim um oceano. Minha consciência se rebentou na superfície do oceano com o bater das ondas, levando-me bem para o fundo onde peixes coloridos nadavam para dentro e para fora das costelas, brincando de esconde-esconde.

Minha visão vacilou como se estivesse começando a ver, através de uma cortina de tempo, o passado nesta mesma localização.

Iniciação: A experiência de uma mulher com a espiritualidade inca

Estou com a água até minha cintura, dentro do muro de pedra circular do Templo da Água. Seus nichos mostram vários ídolos de ouro. Vejo através da água dois sacerdotes com túnicas brancas curtas, que usam grandes plumas na cabeça e se sentam em uma banheira de dois níveis. Um raio constante de luz dourada de hanaq pacha *cai em cascata na cabeça e ombros do sacerdote mais velho, enquanto ele está sentado e orando na banheira de cima. Todo o seu corpo brilha e a emanação se estende de sua bolha de energia até a água prateada que o rodeia, fazendo com que ela se torne dourada. O iniciado se senta na banheira de baixo, com as mãos abertas em um gesto de receber, enquanto a água brilhante da banheira superior flui pela canaleta de pedra e cai em cascata na cabeça do sacerdote mais jovem.*

Dei um suspiro fundo, com as pálpebras tremendo. Por um instante a imagem era clara e nítida, no momento seguinte já tinha acabado. Abri os olhos completamente e vi o rosto de Juan. Ele me olhava com curiosidade, cabeça inclinada para um lado como se estivesse procurando em meu rosto uma resposta para algo. Os outros iniciados também se encostaram contra o muro de pedra, com os olhos fechados como eu estava momentos antes.

— Juan, eu os vi. Sacerdotes — falei baixinho, para não distrair os outros. O que havia nesse local que fazia com que as visões interiores fossem tão fáceis?

Juan balançou a cabeça, retrucando em voz baixa, mas enigmaticamente:

— Muito obrigado. Era o que eu estava esquecendo. — Esperamos pacientemente até que todos os olhos estivessem bem abertos.

— Essas são banheiras incas — explicou Juan. — Soube como elas eram usadas durante uma iniciação lá nas montanhas altas com um de meus mestres de Q'eros. Vocês vêem aquele grande círculo lá em cima? — Juan apontou atrás de nós, para uma enorme depressão circular. Era exatamente como a que estávamos agora, mas tinha mais de cem metros de diâmetro. Era tão grande que nem tinha notado antes. — Essa era a cisterna que antigamente supria de água toda a cidade de Cuzco. Vocês vêem os nichos em todo o muro? — Havia nichos clássicos dos incas a cada cinco metros mais ou menos, em toda a volta da circunferência do muro. — Durante aquela iniciação, tive de me imergir em um lago glacial que ficava do lado de um outro lago maior. Não notei que meu mestre tinha ido ao lago de cima, até que senti um fluxo de força vindo daquele lago ao meu.

— Incrível — exclamou Barbara, uma executiva de quase um metro e oitenta. — Sabe, Juan, foi exatamente o que eu vi. Fechei meus olhos e vi três sacerdotes fazendo a cerimônia exatamente como você descreveu, mas aqui, nestas banheiras. — Grande Barbara, foi a sua insistência em vir ao Peru que fez o grupo se reunir, e foi devido à sua persistência que estávamos agora todos juntos em Cuzco. Vários outros também viram os sacerdotes. Curioso. Visões individuais eram uma coisa, mas quase todos agora tinham visto alguma variação do mesmíssimo tema. Senti um alívio. Pelo menos agora não era a única vendo coisas.

Juan continuou a falar sobre o ritual.

— Como era seu discípulo, tinha o direito de receber a energia mais fina de meu mestre, assim como você tem o direito de receber a *sami* de mim. Junto com o poder natural dos próprios lagos, isso se torna uma cerimônia purificadora tremendamente efetiva.

"Como tudo o mais na tradição mística andina, os banhos têm dois propósitos; um prático, para se lavar e limpar, e outro místico, para limpar a energia. Dom Benito me ensinou que os incas usavam esses banhos de maneira cerimoniosa, para iniciar seus sacerdotes, e por isso só tenho de confirmar aquilo que vocês já estiveram 'vendo'. Essa cerimônia também era executada para abençoar a água da cidade de Cuzco." — Pensei sobre sacerdotes abençoando os reservatórios de água de toda uma cidade, enquanto tentava imaginar como seria viver em Cuzco na época inca, onde cada ato mundano era um ritual que tinha um significado sagrado.

O grupo se acomodou, sentando-se na ponta do muro circular, para ouvir a explicação confortadora de Juan sobre o que, para alguns, tinha sido a primeira visão surpreendente.

Iniciação: A experiência de uma mulher com a espiritualidade inca 181

— *Huaca* é uma palavra usada para descrever muitas coisas nos Andes, mas basicamente quer dizer "sagrado". Os nichos no muro eram *huacas*, ou seja, eram lugares onde se mantinham os ídolos de ouro. Mas os ídolos tinham muito mais do que um mero efeito decorativo. Eles coletavam a energia sagrada. Os sacerdotes abençoavam os ídolos e os ídolos eram colocados na água, para permitirem o fluxo constante de energia refinada ao reservatório de água e ao povo de Cuzco. Na época inca, o "dia-a-dia" era sagrado — disse Juan, expressando em palavras aquilo que já estava no pensamento de todos do grupo.

De repente, lembrei-me de uma tarde que passei com Cyntha na missão carmelita, na Califórnia. Foi minha primeira missa católica, e durante a comunhão vi um feixe de luz descendo e cobrindo o padre e então, o vinho e o cálice. Entendi que enquanto cada um vinha e recebia a comunhão, também pegava parte daquela energia para si mesmo. Até mesmo o ritual católico tinha um significado místico muito semelhante ao dos incas, pensei, e então retornei minha atenção para Juan.

— Dizem que o rei inca tinha tanto poder sagrado que seus súditos eram forçados para o chão, quando entravam em contato com o forte poder energético da bolha dos incas — disse Juan, enquanto gesticulava para que começássemos a voltar para a van.

Viajamos por quase uma hora, deixando Cuzco para trás e indo em direção ao vale sagrado dos incas. Íamos para a cidade de Pisaq. Já tinha estado no mercado de Pisaq várias vezes e tinha visto à distância que as montanhas estavam todas cortadas com terraços incas, mas nunca tinha subido até as ruínas.

Entramos pelo caminho de trás e fomos por uma estrada de terra, o máximo que pudemos, até deixarmos a van e seguirmos a pé. O Vale Sagrado fazia realmente jus ao seu nome. Montanhas de causar suspiros, com cores verdes brilhantes, vermelho-ferro e pretas, e entalhadas, com picos nevados, estavam agora ao nosso redor, enquanto andávamos por um terraço que levava à ruína inca. O sol do começo da tarde esquentava a rica folhagem e saía fumaça dos fogões de quem vivia por ali e cuidava do lugar. Parecia que alguns camponeses ainda trabalhavam nestes antigos terraços, uma maravilha da agricultura dos incas. Cada terraço criava seu próprio microclima específico para cada tipo de plantação.

A um certo ponto Juan deixou a trilha e todos o seguimos pela mata, tentando manter o passo. Esforçamo-nos para chegar ao outro lado daquele denso mato para podermos olhar para cima e ver os estranhos buracos ou fendas escavados na face vermelha da parede da montanha a nossa frente.

— Ladrões de túmulos — foi a explicação em poucas palavras de Juan. Aparentemente, essas cavernas eram túmulos dos incas que depois foram descobertos e saqueados. Como os incas cavaram essas cavernas e enterraram seus mortos bem no aclive da montanha? Mas não tínhamos muito tempo para pensar, pois Juan já tinha desaparecido de novo.

— Por aqui — gritou alguém. A folhagem de um outro enorme bosque escondia uma belíssima caverna, diretamente abaixo da montanha dos túmulos. Juan entrou na estreita caverna tomada por copas de árvores e já estava sentado no fundo, em postura de meditação. Reunimo-nos dentro da caverna e nos sentamos ali, sentindo o seu poder. Várias pessoas começaram a tremer involuntariamente.

— Esse é outro local de encontro com Pachamama. A força dela está aqui para ser tocada. Abandonem a energia pesada de sua bolha inteira e recebam a força de Pachamama através de seu *qosqo* — instruiu-nos Juan.

Sentamo-nos em silêncio. Apesar de poderoso, o local era também absolutamente charmoso. Quando soltei minha energia pesada, senti-me envolvida novamente por uma presença amorosa da própria terra, como se estivesse sentada no colo gigante de uma enorme mãe. Relaxei-me por completo e quase caí no sono. Fui despertada quando Maryann, uma alta e bela enfermeira negra de Oakland, que estava sentada ao meu lado, começou a tremer violentamente e se encostar em mim. Abri os olhos e vi grandes lágrimas caindo em seu rosto. Maryann era uma pessoa poderosa e intensa que trabalhava com bebês prematuros. Em seu trabalho, Maryann encarava a morte todos

Iniciação: A experiência de uma mulher com a espiritualidade inca

os dias. Agora, enquanto chorava como um dos bebês de que cuidava, o grupo instintivamente ficou ao seu redor, protegendo-a em um casulo de amor.

Após vários minutos, a corrente de emoção se acalmou, e quando Maryann sorriu para nós, como um bebê, através das lágrimas, foi como se o sol tivesse nascido de novo.

— Eu... meus ancestrais vieram da terra, mas nunca senti um poder como esse antes em minha vida. Ela está viva, Pachamama está viva!

— A voz de Maryann quase chegou a ser um grito. Ela afugentou seus surpresos companheiros, quando seu corpo grande de repente deu um salto e saiu da caverna. Ela precisava de espaço para dançar. Numa agitação de braços e pernas ela começou seu ritual espontâneo de dança, pulando e gritando: — Pachamama vive! — no máximo de sua voz. Todos nos juntamos ao seu entusiasmo e a sua dança tornou-se uma celebração do grupo, tendo Juan como o maior festeiro de todos.

— Temos de levar esta felicidade conosco para o próximo local — disse Juan depois de nossa calorosa dança. Entorpecidos de energia e respirando com dificuldade, o grupo, apesar da altitude, agora dava saltos pelo caminho enquanto seguia Juan até o próximo local.

Logo passamos por um portal de pedra inca e por um estreito túnel parecido com uma caverna. Quando saímos do outro lado, vimos as ruínas de um magnífico templo de pedra cinza a mais ou menos uns trinta metros abaixo.

— Hoje trabalhamos primeiro com o espírito da Água — disse Juan —, e depois com o espírito da Terra. Aqui neste templo, meu mestre Dom Benito me ensinou que os incas não só executavam uma cerimônia para "unir o Sol e a Terra" no solstício de inverno, como também os sacerdotes executavam uma iniciação para trazer o espírito do Sol e a energia concentrada do fogo aos corações dos iniciados. No sistema andino não usamos a palavra hindu *chakra* para indicar os centros de energia no corpo. Em vez disso, vemos a bolha de energia humana como tendo uma série de cintos ou faixas de energia que a rodeiam. Cada faixa tem o seu centro, ou um olho, em um certo ponto do corpo. Os "olhos" estão localizados no *qosqo*, na base da coluna, no coração e na garganta. Cada olho e sua faixa de energia está associado a um elemento. Aqui, neste altar, vou abrir o centro de seus corações com a minha *mesa*, enquanto vocês tentam conectar seus corações com o fogo e com o espírito do Sol. Dizemos Pai Sol porque aqui nos Andes não objetivamos a natureza, mas temos uma relação íntima e pessoal com as forças do mundo natural.

Um a um, os iniciados foram até a pedra do altar para criar sua relação pessoal com o Pai Sol e deixar Juan colocar sua *mesa* em seus peitos. Juan pôs sua *mesa* em seus corações e orou, sugando a energia pesada. Então, aos poucos, ele tirou a *mesa*, levantando-a no ar e gesticulando em direção ao Sol. Novamente vi fios minúsculos, como os de uma teia de aranha, que saíam do coração de cada um e se elevavam ao Sol.

Quando chegou minha vez, parecia que já tinha experimentado o ritual doze vezes. Meu coração estava prestes a explodir quando Juan colocou sua *mesa* em meu peito e, vendo com minha outra visão, observei um fio de luz sair de meu coração e plantar-se firmemente no centro do Sol.

Fui tirada de meu corpo e minha consciência externa se apagou.

Movimento-me com infinita graça e precisão, não há tempo nem pressa. Viajo num feixe de luz, meu destino é claro. Vou, sem ir, num raio de luz. Não tenho peso. Vou em direção a uma luz muito maior da qual faço parte eternamente. Vou para casa. Chego a essa luz e com grande alegria cumprimento o Pai Sol. Uma porta se abre. Viajo pelo centro do Sol. Chego em um trono de luz, onde um grande índio está sentado. Ele é alguém que conheço muito, muito bem. Ele me abraça e o fogo de seu amor, radiante e puro, entra em meu coração, meu corpo. Fico plena de bondade e força. O Sol brilha em meu coração. A Terra gira em meu coração. Os planetas orbitam o Sol em meu coração.

— Uhh! — exclamo, sentindo-me como se tivesse sido baleada no estômago. Abri os olhos e vi Juan segurando a sua *mesa* acima de minha cabeça e parecendo preocupado. Meu corpo estava todo

Iniciação: A experiência de uma mulher com a espiritualidade inca

dolorido e sentia como se minha consciência tivesse passado por um minúsculo buraco bem depressa.

— Você está bem? — perguntou Juan, sua expressão preocupada se aliviando um pouco.

— Uhh! — exclamei novamente. Parecia ser a única palavra que conhecia.

— Você foi um pouco longe, Elizabeth. Tive medo de que talvez não voltasse.

— Uhh — repeti, concordando com ele.

DEPOIS DE UM DELICIOSO E QUENTE ALMOÇO PERUANO E UM BOM descanso, recuperei meu vocabulário inteiro.

— Juan, vi um índio no Sol. — Ele confirmou, limpando os dentes com um palito, enquanto ainda estávamos sentados abaixo dos altos picos andinos naquele sol quente da tarde. Era o jardim de um charmoso restaurante na cidade de Calca. Um casal de macaquinhos, preso a um galho de árvore, guinchava, e muitos papagaios coloridos na gaiola ao lado de nossa mesa faziam algazarra, imitando nossas vozes.

— Mas Juan, eu me lembro dele. Era o índio com quem conversava o tempo todo, quando era criança. Só que eu não achava que ele era um índio, porque quando fiquei mais velha e vi os índios na TV, eles não se pareciam com o meu índio.

— Isso é porque os seus filmes de caubói não mostram os indígenas da América do Sul — respondeu Juan. — Os incas costumavam dizer que quando o inca Pachakuti morreu, foi viver com seu pai, o Sol. Você sabe que os incas eram conhecidos como os "filhos do Sol" — disse-me de maneira casual.

— Uau — foi tudo o que pude responder, ainda confusa por causa de meu encontro com o Sol. O Peru parecia ter as chaves não só para o meu crescimento e futuro como também para o meu passado.

— Elizabeth, temos de ir ou chegaremos muito tarde para completar o último ritual — disse Juan enquanto escoltava a todos, tirando os que ainda estavam na sobremesa e nos levando à van.

— Aonde vamos agora? — perguntei a Juan.

— Ollantaytambo — foi a resposta.

Durante a época em que vivi em Cuzco, observei que os peruanos em geral, e Juan em particular, tinham essa estranha habilidade de dormir no momento que entram em qualquer veículo em movimento. Isso sempre acabava com meus planos de perguntar a Juan sobre o ritual seguinte e poder adiantar as coisas. Comecei a pensar que ele caía no sono de propósito. Depois entendi que tinha um enervante vício americano de sempre querer saber o que viria em seguida. Por que teria de saber? Será que não confiava na vida a ponto de não permitir que minha experiência se desenvolvesse? Quando vivi no Peru, era isso o que mais gostava nas pessoas: nenhuma pressa, nenhuma preocupação, nenhum receio constante ou preocupação com o futuro. Fiquei triste em ver como, inconscientemente, tinha voltado a essa neurose americana. Agora fazia um esforço consciente para relaxar, pôr o encosto para trás e desfrutar o passeio.

Chegamos à majestosa ruína de Ollantaytambo cinco minutos antes de fechar. Por sorte o guarda conhecia Juan e nos deixou entrar. Todos no grupo perderam a fala pelo fascínio dessa antiga vila inca. Ollantaytambo, uma cidade inteira inca ainda intacta, feita de arenito, com aquedutos, casas de pedra e ruas calçadas em pedra, estava no meio de uma rica vegetação e dos retalhos dos campos cultivados. O efeito da rede no desenho arquitetônico inca e o traçado da cidade criavam um sentido de profunda paz e completa harmonia com o verde a sua volta. Era encantador. Os turistas vinham e, sem saber por quê, mal conseguiam sair.

Subimos a enorme escada de pedra, de quarenta degraus, até o Templo do Sol. Seis gigantescas e muito bem esculpidas pedras brancas e rosadas faziam o centro desse templo, e presumi que nossa última cerimônia do dia aconteceria ali. Juan passou direto pelas enormes pedras e foi ao final da ruína, onde teve de segurar forte o seu pequeno chapéu, para evitar que o vento o levasse. Em cima de uma laje que dava vista para o Vale Sagrado, ele parecia estalar naquele vento de cento e quarenta quilômetros por hora. Já tinha estado nessa ruína antes, várias vezes na verdade, e nunca tinha notado esse fenômeno do vento.

Iniciação: A experiência de uma mulher com a espiritualidade inca 187

— Olhem aqui para baixo — gritou Juan, para ser ouvido através do vento, que parecia soprar apenas naquela parte da ruína. Abaixo de nós, o Vale Sagrado parecia uma colcha de retalhos irregular com uma tira prateada correndo no meio, o Urubamba, o rio sagrado dos incas. No final do vale, para onde Juan apontava, estava uma geleira entre duas montanhas altas. — Ali se chama a "Ponte do Vento" — disse-nos Juan, saindo da forte correnteza para poder conversar em um tom normal. — Esse é o local onde iremos abrir e conectar nossas gargantas com o espírito do vento.

Fizemos uma fila no final da ruína, mas tímidos no caminho dessa extraordinária Ponte do Vento. Juan abriu sua sacola e tirou um pequeno saco plástico, todo amassado, cheio de folhas de coca. Ele ficou na frente de cada um de nós, dando-nos um punhado das folhas de coca e instruindo-nos baixinho. Quis saber se ele dizia a mesma coisa para todos. Mas sabia que, uma vez na Ponte do Vento, ninguém seria capaz de ouvir uma palavra sequer.

Quando chegou a minha vez, Juan se aproximou e abriu o saco de folhas de coca, o cheiro verde e pungente encheu minhas narinas e tive uma vontade repentina de mastigar algumas das folhas.

— Você vai vir e ficar na Ponte do Vento e vou abrir sua garganta com minha *mesa*. Então você vai ter de colocar suas mais profundas preces ao espírito do vento nas suas folhas de coca e, no momento exato, oferecer as folhas ao vento. Jogue-as por cima da cabeça e deixe os espíritos do vento pegá-las. E aí deixe o vento limpar sua *hoocha*. — Gesticulei que tinha compreendido, enquanto Juan olhava-me como um pai orgulhoso.

O grupo começou o ritual, e um de cada vez ficava exposto às rajadas purificantes da Ponte do Vento, oferecendo suas preces ao espírito do vento. Contra o pôr-do-sol, os braços se levantavam e as folhas de coca começavam a voar até desaparecerem no vasto céu, que começava a escurecer.

Até então nunca tinha enfrentado, intencional e conscientemente, um vento tão forte. Enquanto observava a cerimônia, veio-me à cabeça o pensamento de que sempre fui inconscientemente treinada para evitar o poder da natureza: sair da chuva, fugir de um forte vento, proteger-me completamente contra o sol, neve ou granizo. Tentava a todo custo evitar que a natureza me tocasse. Mas o que dizer de buscá-la ativamente, participar e até mesmo brincar nela? Só meu ser criança, havia muito escondido, conhecia o prazer de *pisar* em uma poça d'água.

Já estava quase escuro quando chegou minha vez e, no momento em que andava para me colocar naquele túnel de vento, experimentei uma desconhecida raiva antiga com a doutrinação social involuntária que me privou de participar das forças naturais e até mesmo me colocou em uma postura defensiva contra elas. Queria gritar de raiva, mas em vez disso focalizei-me com toda a intensidade na prece a Wayra, o espírito do vento. Orei com toda minha força pelo poder de abrir minha garganta e dizer a verdade, de superar meu antigo medo de falar as coisas.

De repente, na escuridão e no ruído ensurdecedor, senti o reconfortante toque da *mesa* de Juan contra minha garganta, enchendo-me de energia e determinação. O vento soprava por minha carne e sangue, penetrando em meus ossos e limpando, limpando o medo negro que estava grudado lá como uma mancha. A *mesa* de Juan puxava a raiva e o medo até não ter nada mais além de uma profunda e vazia tristeza com a terrível perda, a perda do direito de nascer, a perda de minha relação íntima com Pachamama. Quando Juan tirou sua *mesa* de minha garganta, um pesar profundo e desconhecido começou a sair de meu corpo. Primeiro como uma lamúria que cresceu até um choro em grandes prantos, seguido por fortes soluços. Estava grata por não ser ouvida com todo aquele barulho. Tudo isso eu dei ao vento para levar embora.

Espontaneamente e talvez no espaço que meu pesar tinha ocupado, meu coração começou uma prece a Wayra:

— Espírito do vento, deixe minha verdadeira voz encontrar seu caminho fora do coração e do mundo, para poder viajar livre como você faz e trazer a mensagem de Pachamama a este mundo. — Falei essas palavras para aquelas folhas verdes secas, atirando-as pelo ar, onde dançaram por um tempo até desaparecerem.

Um sentimento de profundo bem-estar tomou conta de mim e tive uma sensação refrescante em minha garganta quando gargalhadas e uma voz, crepitando como uma folha seca no outono, disse:

— Continue, irmã, e fale o que você sabe. Estamos satisfeitos que você pode nos ouvir. Fique sabendo que estamos do seu lado. — Wayra, o espírito do vento, estava falando comigo.

De repente minha atenção foi para o coração, onde podia sentir o Pai Sol sorrindo calorosamente e me dando forças. De meu ventre um longo cordão umbilical se estendia até a terra e senti a poderosa consistência de Pachamama. Um sentimento úmido e refrescante em meu osso sacro me advertiu que o espírito da água também estava presente. Uma sensação fantástica de experimentar e ficar completamente conectada, e de ser ajudada por todos os elementos tomou conta de mim, como se estivesse usando um gigantesco cinto de segurança natural que me colocava carinhosamente entre o céu e a terra. Grandes lágrimas de gratidão começaram a rolar em meu rosto.

Júbilo, alívio e um momento de confusão passaram por mim, enquanto perguntava o que tinha sentido de tão confortável nesse "cinto de segurança natural". Aos poucos pude compreender, talvez pela primeira vez em minha vida e de forma visceral, que pertencia a esta Terra. Tinha acabado de descobrir que era possível, não, era vital, para meu senso de identidade e bem-estar, sentir-me assim, sentir-me relacionada e em harmonia com as forças naturais da Terra. Meu corpo agora possuía conhecimento irrevogável de que ele e eu éramos uma parte de uma vasta e gloriosa criação. Por fim, e pela primeira vez, sabia, sem sombra de dúvidas, que pertencia a tudo isso.

10

Phutuy: Florescer

O TREM FAZIA SEU BARULHO CARACTERÍSTICO SEGUINDO VAGAROSAmente pelos trilhos enquanto nós, espremidos entre a bagagem, contávamos os minutos intermináveis até chegar à morada de meu coração.

— Machu Picchu — gritou o rapaz da cabine, depois do que parecia uma eternidade, apesar de ter sido uma viagem de apenas quatro horas em um trem turístico de primeira classe. Já tinha estado em Machu Picchu pelo menos umas dez vezes antes, a cavalo, a pé e no terrível trem local, compartindo os assentos não só com os peruanos mas com cachorros, porcos e galinhas. Essa foi minha primeira experiência de viajar no trem turístico e, sob a perspectiva de minhas viagens anteriores, era o maior luxo.

No entanto, para meus companheiros de viagem foi uma experiência difícil, até mesmo fatigante. Não consegui ter compaixão. Expliquei-lhes em pormenores o que era ficar por dez horas dentro de um trem de terceira classe, todo quebrado, com seis outras pessoas e uma variada fauna compartilhando um mesmo assento para apenas quatro pessoas, no que deveria ser uma viagem de apenas três horas. Foi quando mencionei as condições dos banheiros que eles começaram a ficar contentes e comentar entre si sobre a beleza da paisagem, à medida que nos acercávamos da vegetação subtropical na região mais baixa, onde fica Machu Picchu.

O freio a vapor fez o trem parar por completo e, com todas as bagagens, tivemos quase de mergulhar da porta até a plataforma embaixo. Tinha avisado ao grupo que tínhamos apenas poucos minutos para sair, antes de o trem continuar sua rota mais adentro da floresta, para a cidade de Quillabamba.

Almoçamos em silêncio depois que o ônibus nos levou pela estrada em ziguezague até os portões de entrada da cidade e chegamos ao hotel turístico de Machu Picchu. Todos em nosso grupo ficaram impressionados com a majestosa quietude das montanhas verdes e negro-veludo que rodeavam a antiga ruína de Machu Picchu, como um abraço caloroso de Pachamama.

O ar estava rico em oxigênio e umidade quando, depois do almoço, fizemos fila para entrar nas ruínas, entregando os tíquetes ao porteiro. Tínhamos descido uns seiscentos metros em relação a Cuzco e o clima era muito mais quente aqui. Abrindo nossos *qosqos* para "saborear" a energia refinada, como Juan havia nos instruído, pudemos chegar a esse local de antigo poder e harmonia com as forças da natureza. Fizemos a última curva do caminho e chegamos a um terraço que nos proporcionou a primeira visão completa da cidadela. Lágrimas molharam os olhos de muitos no grupo. Uma lembrança foi instigada lá de dentro de nossos ossos, ou talvez lá do fundo do inconsciente coletivo: a lembrança de outro modo de vida. Uma vida na qual o significado sagrado se manifestava em cada ato simples e mundano do dia-a-dia.

— Há dois dias, na Caverna da Serpente, vocês se tornaram filhos de Pachamama — disse Juan. — Nós, andinos, aceitamos isso literalmente, porque acreditamos que nossos corpos são feitos à imagem de Pachamama. O *qosqo* da Terra é a cidade de Cuzco. E assim como nós, a cidade de Machu Picchu também tem um *qosqo*, e é bem aqui — informou-nos Juan, apontando para o centro da vila, para

Iniciação: A experiência de uma mulher com a espiritualidade inca 193

uma estrutura grande e redonda parecida com uma torre, feita com entalhes de pedra muito refinados. — Esta torre é o local de nosso primeiro ritual. — Andamos por mais alguns minutos em direção ao prédio e notei que era o único edifício redondo de todo o complexo.

A sorte estava conosco, pois o zelador de Machu Picchu, um senhor muito bondoso, bastante favorável aos antigos métodos de seus ancestrais, apareceu por detrás e, sentindo o propósito de nosso esforço, fez sinal para que o seguíssemos e então abriu os portões da sala interna do templo.

— Rápido — disse-nos, e, vendo se havia muitos outros turistas na imediação, rapidamente trancou os portões atrás de nós e nos acompanhou. Trabalhos muito bem esculpidos em pedra rodeavam outro grande altar natural que parecia ter sido feito para que deitássemos, com a depressão natural para a cabeça, cotovelos e nádegas.

— *Gracias, hermano* — disse Juan, tratando o zelador com um respeito profundo. — Por favor, participe conosco do ritual. — Para minha grande surpresa, o zelador tirou o seu próprio pacote de folhas de coca e, fazendo um *k'intu*, soprou nas folhas, como eu tinha visto Juan fazer várias vezes, e murmurou em quíchua uma prece aos *apus* e a Pachamama. Senti uma felicidade indescritível por ver e saber que o zelador de Machu Picchu era na verdade um homem sério em suas próprias tradições nativas.

Juan também tirou sua *mesa* e soprou em um círculo em volta do grupo, como de costume, oferecendo sua energia viva a Pachamama.

— Esta é a parte do templo que está conectada com o céu, é um lugar masculino. Abram os seus *qosqos* e extraiam a força masculina refinada desta parte do templo — instruiu-nos Juan. Ficamos ali sentados por muito tempo, tragando muito concentrados a deliciosa energia. Depois, quando começamos a abrir os olhos, eu disse:

— Juan, esse local parece diferente, parece mais "suculento".

— Isso é porque vocês estão sentados no centro de uma poderosa concentração de energias da terra — disse em simples palavras. — Olhem em volta. Vocês vêem como todos os picos das montanhas convergem para esta torre central? — Ficamos nas pontas dos pés para olhar por cima do muro e ver a paisagem e testemunhar que de fato estávamos rodeados por picos de montanhas. Então, vi o que momentos antes tinha sido apenas uma sensação visceral: as próprias montanhas jorravam força vital para esse templo central.

— Mas, Juan, como é que os incas sabiam que este era o *qosqo*?

— Olhe ao seu redor e sinta o seu próprio *qosqo*, sinta com toda a sua bolha... você não vê também? — O que ele dizia parecia-me agora tão óbvio e tão natural que não pude nem mesmo imaginar como passei toda a minha vida sem notar o sentimento da terra, da paisagem, sem ouvir aquilo que a natureza mostra tão claramente. É claro que sempre apreciei o belo na natureza, mas a distância, como se observasse um quadro no museu. Nunca tinha sentido esse profundo envolvimento pessoal com a paisagem, nunca tinha de fato compreendido que era uma parte disso ou de como era influenciada por isto. Até agora havia uma vergonhosa lacuna em minha educação.

Em seguida, Juan nos levou a uma série de quartos em pedra que iam descendo e eram ligados por canais como no Templo da Água, em Saqsaywaman.

— Esses eram os banhos dos incas. Como vocês podem ver, a água começa aqui e flui ao redor da montanha. Para esse ritual teremos duas pessoas em cada cubículo. Deixe sua bolha conectar-se com o local e então puxem a energia de *hanaq pacha* pelo topo de sua cabeça e mandem-na para baixo, para as pessoas que estão nos banhos abaixo de vocês.

Nosso grupo de iniciados recém-treinados criou uma corda de energia bastante tangível ligando o seu banho com o de baixo. Parecia que estávamos todos dentro de uma longa serpente de energia.

Sentir essa energia era excitante, mas tive curiosidade de ver como os canais de água funcionavam. Quase como em resposta, uma chuva repentina começou a cair. Nesse local, não senti necessidade alguma de sair da chuva. Todos nós, em um consentimento silencioso e simultâneo, decidimos permanecer nas banheiras e na chuva. Em poucos minutos, os canais de água se encheram e um pequeno córrego começou a descer a longa corrente que unia os quartos de banho.

Iniciação: A experiência de uma mulher com a espiritualidade inca

Estava claro que a chuva ia continuar, mas nós tínhamos de seguir adiante.

Subimos para fora das banheiras e seguimos Juan, agora correndo, pois a chuva se intensificara. Esquivamo-nos por uma longa escada de pedras e por uma passagem estreita até chegarmos ao topo de uma grande plataforma de pedra com três assentos também de pedra.

— Esse é o Templo do Condor — disse Juan, olhando para o que agora parecia o bico e o colarinho do pescoço de um condor, em pedra branca. Onde estávamos parecia ser as costas do condor, bem entre as asas.

— O condor representa o espírito coletivo dos Andes. Aqui, no Templo do Condor, tentem se conectar com o espírito coletivo dos Andes — disse-nos Juan.

Fechei os olhos e imediatamente senti o poder das asas do condor a minha volta. De novo fiquei surpresa, impressionada porque, com apenas essa simples instrução e com as forças poderosas que estavam presentes ali no templo, pude entrar em um estado visionário. Em minha mente pude ver o enorme condor se aproximando, ou seria eu que me aproximava? A distância entre nós foi diminuindo, até não existir mais. Instantaneamente senti a força incansável das enormes asas negras, o poder do frio desapego de fazer o que tem de ser feito. Jogar fora a morte para trazer a vida. Senti-me unida com aquela força, aquele comportamento resoluto. Ouvi um chamado distante de um condor.

— A chuva está mais forte, temos de ir — disse Juan, acordando-me de volta ao lugar e tempo presentes. Enquanto todos seguíamos rapidamente a figura de Juan que já tinha desaparecido, Barbara veio ao meu lado.

— Uau! — disse ela sem fôlego, tentando manter sua respiração e falar ao mesmo tempo, enquanto quase corríamos para alcançar o grupo. — Elizabeth, foi incrível! Havia condores por toda parte. Comecei a me mover como um condor e até mesmo chorar como um condor. Não conseguia me controlar. Então subi em suas costas e juntos voamos por toda a ruína. O condor me mostrou muitas coisas. Desculpe-me, acho que devia estar gritando muito alto, porque agora minha garganta está rouca. Espero que não tenha sido um incômodo — disse-me ela, parecendo um pouco envergonhada.

— Não — respondi. Barbara estava bem ao meu lado na plataforma de pedra. — Agora que você mencionou, lembro-me de ter ouvido um condor chorar, mas estava muito longe. — O que tinha de especial neste lugar que fazia com que meu sentido de tempo, lugar e percepção física se alterasse tão dramaticamente?

Juan parou em uma grande casa de pedras que, como todas as outras estruturas na vila, já não tinha mais teto. Parei, e meus olhos cravaram-se no chão em assombro. Olhei para Juan sem poder falar, apontando para os objetos no chão desse templo.

— Este templo se chama El Templo de los Espejos Siderales, ou como vocês diriam, o Templo dos Espelhos Cósmicos. — Lá, construído no chão deste templo de pedra, havia dois pratos fundos e redondos de pedra que pareciam exatamente com o prato cósmico, o objeto que carreguei por meses em minha mochila, em todas as aventuras na Argentina. Mas não tive oportunidade de fazer minhas perguntas tão prementes.

— Esses dois espelhos representam um *hapu*, que é a forma mais perfeita de um *yanantin*, ou "casal sagrado". Já que vocês são dos Estados Unidos, trazem consigo o espírito da águia, o pássaro que representa o espírito coletivo da América do Norte. Vocês acabaram de se conectar agora com o espírito do condor. Neste templo vocês têm de usar a energia do *yanantin* para juntar o espírito da águia com o do condor dentro de vocês. — Isso soava como uma ordem difícil, e os outros iniciados e eu trocamos olhares arregalados. Aquietando minha incerteza, fiz um sinal com a cabeça em uma auto-afirmação meio falsa para que todos fossem em frente.

Novamente, fechei os olhos e em poucos momentos senti o condor a minha volta. Então, abruptamente, estava ao seu lado, observando a águia se aproximar. Era um pássaro mais leve e refinado, feito para a precisão e capaz de rastear um enorme campo por um pequeno rato, mui-

Iniciação: A experiência de uma mulher com a espiritualidade inca

to diferente do antigo e aparentemente "mais pesado" poder do condor. Vi os dois pássaros virem juntos e pararem no meio do vôo. Entrelaçando suas garras, eles rodopiaram e caíram violentamente na terra. Sob alguma estranha transmutação da alquimia aeronáutica, os dois pássaros se fundiram, criando uma nova espécie que possuía o poder e resistência do condor e a agilidade e precisão da águia. O novo pássaro era lindo e poderoso, uma mistura de marrom-escuro, dourado e cinza, com bico e garras dourados. De novo, Juan falou, tirando-me violentamente do estado visionário.

— Temos de tomar uma decisão agora — disse Juan —, ou continuamos, mesmo na chuva, ou voltamos ao hotel. Se formos ao hotel, teremos de terminar amanhã o ritual desta tarde, e vamos estar muito atrasados para a Caverna Pachamama.

Enquanto discutíamos, alguém gritou:

— Olhem! — Lá, do outro lado de uma baixa colina verde, apareceu de repente um arco-íris.

— Isso significa que continuamos! — anunciou Barbara com a força de um guerreiro. A decisão foi unânime, todos queriam continuar. Senti orgulho com a firmeza e determinação do grupo e uma certa reverência pelo aparecimento repentino e inesperado do arco-íris.

— Temos de parar agora para eu dizer algo importante — disse Juan, com ar zombeteiro. — Às vezes demoro muito a compreender coisas óbvias — disse, com sua sinceridade infantil cativando nossos corações. — Temos aqui um grupo com a maioria de mulheres e eu deveria ter-lhes apresentado uma pessoa. Mas agora ela educadamente me lembrou.

"Esta é a *Mamita* Putukusi — disse como se estivesse apresentando-nos um de seus parentes, e então apontou para a linda montanha verde onde nosso arco-íris tinha aparecido. — Ela, como a *Mama* Simona em Cuzco, é a única montanha feminina em toda a área que rodeia Machu Picchu. Ela quer dar suas boas-vindas e proteger todos vocês."

O que se diz quando se encontra com uma montanha? Todos paramos para cumprimentar essa deidade feminina da montanha, alguns em silêncio, outros em voz alta.

— O nome dela quer dizer "Alegria Florida" — explicou Juan.

Continuamos na chuva através dos corredores de pedra, ao longo do lado norte da ruína, até chegarmos a uma imensa pedra. Enquanto caminhávamos, a chuva amainou e algumas das nuvens que tinham envolvido as montanhas em uma neblina impenetrável começaram a se afastar.

— Olhem só... o formato desta pedra repete-se na montanha atrás dela — apontou Nina. Nina, que era muito atlética, adorou a parte física da viagem. Também era muito perceptiva com as energias e queria aplicar os ensinamentos do Caminho Andino em suas massagens.

— Essa é a pedra Pachamama. Abram o *qosqo* de vocês e tomem a energia da terra deste local, unam-se a esta pedra através de seu *qosqo* — disse-nos Juan. Aqui experimentei um bloqueio. De repente, já não estava mais em Machu Picchu, mas em meu quarto de recém-nascida, e não queria abrir o meu *qosqo*. Podia sentir que minha mãe estava em um terrível estado emocional e enquanto recebia alimento dela, também captava violentos ataques de terror e sentimentos ardentes de vergonha, ódio a si mesma, ansiedade e medo. Parece que naquele momento tive de fechar meu *qosqo* permanentemente, para proteger-me dessas energias, fazendo uma decisão inconsciente de nunca mais abri-lo. Agora não conseguia abrir meu *qosqo*, ou conectar-me à pedra.

Ainda assim, vi como me sentia fraca quando meu *qosqo* foi fechado; estava retendo o bom e o ruim. "Não há energia positiva ou negativa, apenas pesada e refinada." As palavras de Juan vinham à minha memória enquanto me esforçava. Comecei a pensar que o ataque emocional de minha mãe era apenas uma *hoocha*, energia pesada. Aos poucos, comecei a sentir um pequeno fluxo de energia para dentro e para fora. O medo mantinha a porta fechada. O medo era o maior obstáculo.

Filosoficamente, adorava a idéia andina que temos de ser capazes de "comer" ou ser interpenetrado por todas as energias vivas, nem rejeitando-as nem unindo-nos mais a uma do que à outra. Isso ia de acordo com minhas tendências budistas anteriores e também

Iniciação: A experiência de uma mulher com a espiritualidade inca

era compatível com a idéia junguiana de se relacionar com a sombra em vez de rejeitá-la. No entanto, a prática desse princípio tão simples não era fácil. Gostaria de saber por que experimentava esse bloqueio aqui e agora, quando anteriormente já tinha sido capaz de trabalhar com meu *qosqo* em outros lugares. Resolvi perguntar a Juan na próxima oportunidade. O grupo já estava se dirigindo a outro local de rituais.

Quando cruzamos o largo central da cidade, o Sol apareceu por detrás das nuvens, trazendo calor e felicidade indescritíveis para o grupo encharcado. Subimos, então, a longa escada de pedra. No momento em que entramos no Templo do Sol e nos reunimos ao redor da bela pedra de altar em seu centro, o sol da tarde começou a brilhar forte por detrás das nuvens, e o grupo espontaneamente aplaudiu e louvou o Pai Sol. Quando olhamos a ruína recém-lavada pela chuva, ficou claro que toda aquela água foi para afugentar os turistas menos determinados e agora, afora poucos intrépidos viajantes, tínhamos a ruína inteira apenas para nós. Também foi incrível observar a confirmação do sentido intuitivo do grupo. Estava claro que tínhamos conseguido ler os sinais de maneira correta e agora desfrutávamos dos benefícios de nossa harmonização.

A enorme pedra Intiwatana resplandecia em seu branco contra o forte sol, enquanto Juan começava novamente o ritual que já tínhamos executado antes no Templo do Sol, em Pisaq. Ele retirou sua *mesa* e colocou-a no altar, enquanto fazíamos um semicírculo ao redor da pedra, virando nossos rostos ao sol como fazem as flores. Juan ligou com sua *mesa* cada um de nossos corações à pedra do altar. No entanto, em vez de sair um pequeno feixe de luz dos corações de meus colegas, desta vez enxerguei grandes raios de luz púrpura. Minha mente racionalista insistia em que era algum tipo de ilusão de óptica, devido à chuva e ao sol. O próprio Juan parecia estar coberto de luz púrpura enquanto trabalhava, com prismas em arco-íris saindo de sua cabeça e pés.

Como sempre em Machu Picchu, estava ciente da presença de seres muito maiores e mais evoluídos que eu mesma, enormes presenças espirituais que se reuniam e sussurravam e cochichavam para nós sobre as vastas glórias a serem vistas do outro lado da realidade.

Enquanto trabalhávamos ao redor da pedra do altar, a presença desses seres cresceu cada vez mais forte. De fato, eles pareciam compor a outra metade de nosso semicírculo. Essa mesma impressão, soube mais tarde, também foi compartilhada pela maioria de nosso grupo.

Ao tempo de Juan terminar o seu trabalho com a *mesa,* o grupo já parecia ter se transformado em uma roda de luz arco-íris. O eixo era o centro da pedra Intiwatana e cada um de nós um ponto em sua borda externa. Um raio de energia saía do coração de cada um até o centro da roda. Era uma sensação fabulosa. Aproveitando o momento Juan disse:

— Sintam a bolha do grupo que acabou de se formar. — Essas eram as palavras que explicavam a sensação que agora experimentava. Era a bolha do grupo!

Em seguida Juan nos levou à beira do penhasco atrás do Templo do Sol, onde o vento soprava bem forte, apesar de nem chegar aos pés da intensidade da Ponte do Vento. Repetimos nossas oferendas e preces aos espíritos do vento, que agora vinham correndo pela montanha para pegar nossa *hoocha,* uma limpeza antes de seguirmos para o próximo local.

— Para o último ritual de hoje, vamos à pedra de Wiraqocha — disse-nos Juan, antes de levar-nos para fora do Templo do Sol e por uma íngreme caminhada montanha acima até um ponto maravilhoso, onde podíamos ver toda Machu Picchu aos nossos pés. Juan mostrou-nos uma grande pedra que tinha três pequenos degraus cortados em um lado e era perfeitamente plana no topo, exceto por uma saliência que parecia um apoio de cabeça. Tive um desejo instintivo de deitar naquela pedra.

— Como vocês sabem, Wiraqocha era o deus metafísico dos incas, como Jeová para os judeus ou Alá para os muçulmanos. Wiraqocha é a força energética invisível por trás de todas as formas manifestas. Muitos estudiosos pensavam que os incas adoravam o Sol como deidade suprema, mas isso não é verdade. Wiraqocha era o objeto de sua máxima devoção. E considera-se que esta pedra é um presente de Wiraqocha. Agora, para este ritual, vocês vão deitar na pedra e usar

Iniciação: A experiência de uma mulher com a espiritualidade inca

todos os elementos para ajudarem vocês a construir uma árvore que vá de seu *qosqo* até o mundo superior. Não só podemos tomar energia através do *qosqo* como também podemos estendê-la para o mundo. Para fazermos isso precisamos que todo o grupo ajude.

"Na tradição andina existem sete camadas de desenvolvimento espiritual, mas somente estamos tentando alcançar o quarto grau, e, como já expliquei, os primeiros três graus estão integrados nesta iniciação de quarto grau. Vocês vão ver aqui como o grau quatro requer rendição e participação do grupo. Façam um círculo ao redor da pedra e estendam sua bolha à pessoa que está deitada na pedra, para dar-lhe mais energia."

Maryann foi a primeira a subir os três degraus e deitar no topo da pedra. Fiquei comovida em ver cada pessoa ao redor do círculo, algumas com os olhos abertos, outras com os olhos fechados, concentrando-se em um esforço para ajudá-la. Primeiro apenas observei a forma de Maryann deitada na pedra. Então, de repente, parecia como se uma chama de força vital dava um salto de seu *qosqo* e, como um relâmpago que sai da terra, alcançasse o céu. Enquanto cada iniciado deitava na pedra Wiraqocha, focalizei minha atenção em apenas dar a cada pessoa que se deitava na pedra, sem expectativa de receber.

Quando chegou minha vez, senti novamente a dor em meu *qosqo*, como se tivesse trabalhado com muita intensidade um músculo naquele dia. Deitei minha cabeça e costas na pedra Wiraqocha, que já estava quente devido aos outros corpos, e senti uma vibração diferente embaixo de mim. A própria pedra vibrava com uma alta freqüência e meu instinto natural disse-me para tentar sintonizar-me com ela. Relaxei por completo. O apoio caloroso do grupo permitiu que eu me soltasse e entrasse mais fundo dentro de mim mesma. De repente, cresci até ter quatro metros de altura, depois sete e então uma breve sensação giratória. Parecia ter deixado a atmosfera da Terra e meu corpo foi, de repente, interpenetrado por milhões de estrelas. Senti que tinha medo e que estava fora de controle. Voltei minha atenção ao corpo que estava ali deitado no topo da pedra, como eu bem sabia.

Com grande esforço, fixei-me no exercício que Juan havia nos dado e, usando toda a minha força de vontade, esforcei-me para harmonizar os elementos dentro do corpo: Terra. Ar. Fogo. Água. Senti o contato de cada elemento em cada um dos centros de meu corpo. Em seguida voltei a atenção para extrair a energia da pedra e da força do grupo a minha volta, junto com os elementos, para fazer crescer a árvore em meu *qosqo* até chegar em *hanaq pacha*.

Aos poucos, intencionalmente, senti as moléculas de energia responderem ao meu desejo e senti calor e força reunindo-se em meu *qosqo*. Então estendi a energia para cima, trabalhando como uma artista, como uma escultora, conscientemente formando a coluna de energia enquanto ela saía de mim e subia até *hanaq pacha*. Embora fosse necessário um esforço consciente e contínuo de minha parte, o exercício me fez sentir bem, como se estivesse empregando uma parte de mim que havia muito estava em desuso. Experimentei um sentimento de orgulho e um influxo de energia refinada quando fiz minha árvore estender-se até se conectar com *hanaq pacha*.

Após completarmos o exercício, Juan nos chamou para sentar e conversar em um círculo. Tendo como fundo o pôr-do-sol vermelho e dourado, Machu Picchu parecia magnífica.

— Vocês viram que repetimos alguns dos rituais de ontem, juntando os elementos em suas bolhas. Agora que vocês incorporaram o poder da pedra de Wiraqocha em suas bolhas, vou pedir que façam uma última coisa. Sentem-se silenciosamente e fechem os olhos, vou falar com vocês através desta meditação final.

Houve um certo burburinho enquanto cada um se arrumava na posição mais confortável.

— Voltem para o final do primeiro dia no lago Huaskar, onde vocês se tornaram uma semente inca. Agora, tragam o espírito da água ao osso sacro, até o ponto de se sentirem preenchidos. — Juan tinha uma habilidade misteriosa de permitir a quantidade de tempo exata para isso, nem tão curto nem tão longo a ponto de nos distrairmos ou perdermos a idéia do que estávamos fazendo. — Agora sintam a sua relação com a terra através de seu *qosqo* e com o Sol através do coração. Por fim, sintam o poder do vento movendo-se em sua garganta. Agora, imaginem que são uma planta, o caule corre por todo o seu corpo... façam crescer folhas em vocês e um broto de flores no topo de suas cabeças. Chamem todos os elementos à medida que forem precisando, para que eles o ajudem a crescer. — Vi minhas folhas ficarem cada vez mais verdes e fortes, enquanto visualizava o que Juan estava dizendo. Um pouco de sol, um pouco mais de água e o belo hibisco rosa começou a se abrir no topo da minha cabeça. — Deixem sua flor se abrir, mas só se estiver na hora — instruiu Juan.

Olhos brilhantes e rostos de alegria vibravam a minha volta quando abri os olhos, ao sair da meditação. Quase que podia cheirar o perfume das flores fragrantes que cresceram energeticamente no topo da cabeça de cada iniciado. Enquanto trabalhávamos, podia ouvir o zumbido dos colibris que voavam ao nosso redor. Isso inspirou Juan a nos contar uma história.

— Agora que vocês fizeram suas flores desabrocharem, tenho de contar sobre o significado e a função do colibri na tradição andina. — Um grande colibri andino, de uns oito centímetros, pairava acima de Juan, quando ele começou a história.

"Certo dia, a hierarquia dos pássaros estava reunida em um campo. Todos estavam lá: o falcão, a coruja, o condor e o gavião. O condor disse aos outros pássaros que tinha feito um grande vôo, o maior, mais alto e mais longo até então, e que tinha chegado ao portão do mundo superior. Foi então que o colibri veio voando e disse: 'É verdade, irmão condor, mas eu já fui mais além do portão, até o próprio trono de Deus no centro de *hanaq pacha*.' Com os outros pássaros como testemunhas, o condor e o colibri fizeram então uma aposta, cada um dizendo que poderia chegar ao centro de *hanaq pacha*.

"No dia marcado para o vôo, somente o condor apareceu. Todos os pássaros tinham vindo ver a competição e agora esperavam, mas o colibri não aparecia. Os outros pássaros disseram ao condor que aposta é aposta e, apesar de sozinho, o condor ainda tinha de tentar voar até o centro de *hanaq pacha*. O condor levantou suas grandes asas e voou até o limite de *hanaq pacha*, e quando parou lá para descansar, de suas penas saiu o colibri, que voou até o trono de Deus. Assim é o colibri — disse Juan, olhando-nos intensamente.

"Podemos aprender tudo observando a natureza. Podemos ver que o condor é um dos maiores e mais fortes pássaros, mas para alcançar o trono de Deus é necessário possuir a inteligência e a felicidade inigualável do colibri."

Esse era um novo conceito para mim. Sempre tinha experimentado o crescimento espiritual através do sofrimento. Na verdade entendi, fazendo um balanço de mim mesma, que sempre relacionei o caminho espiritual com o esforço e não com o sossego do vôo do colibri.

— Existe uma flor vermelha aqui nos Andes — continuou Juan.

— É dela que o colibri mais gosta. No primeiro dia do *hatun karpay* ativamos nossas "sementes incas". No segundo, damos-lhes água, terra, sol e vento, tudo de que precisam para poderem germinar. Hoje executamos o ritual do florescer, *wiñay*. Vocês estão começando a aprender as práticas que levam um sacerdote do terceiro ao quarto grau e a fazer com que ele ou ela sejam candidatos ao grau cinco. Dizemos que quando já colhemos muito néctar em nossas flores, no topo de nossas cabeças, como a flor vermelha, então o colibri virá do centro do mundo superior e irá beber de nós. Essa é a metáfora que o meu povo tem para aquilo que vocês chamam de "iluminação".

11

Pachamama: A Mãe Terra

No dia seguinte estávamos impacientes para voltar a Machu Picchu e levantamos antes do amanhecer para o café da manhã de chá preto, geléia e pão caseiro, antes de começar a viagem pelas montanhas. Entramos nas ruínas exatamente uma hora depois do amanhecer, sabendo que seria um dia extenuante e pleno de caminhadas. Caminhamos em fila indiana, com Juan liderando e eu na retaguarda. Cada uma das diferentes salas de pedra das ruínas era tão convidativa que as pessoas começavam a se desviar, hipnotizadas, e era difícil manter todos juntos. Estávamos mais relaxados agora, conhecendo o caminho. Esse era nosso segundo dia completo em Machu Picchu, que se parecia cada vez mais com nossa casa.

Alguém gritou e Juan chamou todos para se juntarem. Corri até o círculo, me apertando contra as pessoas para ver o que todos olhavam, mas tudo o que vi foi um punhado de minhocas.

— Podemos olhar em qualquer lugar e Pachamama vai estar nos ensinando, se pelo menos tivermos olhos para ver — disse Juan, com um brilho alegre nos olhos. Não sabia o que ele queria dizer com aquilo. Olhei para baixo novamente e notei que todas as minhocas estavam se movendo juntas, atropelando-se umas às outras, uma massa retorcida de corpos se movendo. Então me veio a idéia de que todas estavam se movendo juntas, como se fossem um corpo unificado em movimento. — Vamos precisar desse ensinamento para alguma coisa hoje — disse Juan com firmeza e, com um gesto da cabeça, pediu que continuássemos.

Passamos pelo Templo do Condor e viramos à esquerda para andar pelo limite norte da cidadela e chegar pela rota mais rápida à pedra de Pachamama. Quando o grupo voltou a se reunir lá, andamos por detrás da pedra de Pachamama e continuamos por mais uns nove metros, até a entrada de Huayna Picchu. Havia um guarda sonolento em uma cabana de teto de palha, que abriu um enorme livro bastante velho, de capa de couro, e nos fez assinar todos os nomes e a hora da entrada. Achei que eles queriam se assegurar de que todos que ali entrassem também sairiam. Observei com respeito o enorme pico, enquanto começamos nossa trilha para baixo.

O ar estava quente, com vento e a umidade subtropical. Lindas bromélias pareciam se segurar ao lado das montanhas à nossa frente, manifestando seus vermelhos fortes, verdes tenros e amarelos maduros, rodeando aquele exuberante vale verde. Enquanto caminhávamos, bandos de papagaios verdes gritavam e voavam por nossas cabeças, e às vezes um colibri passava zunindo, deslumbrando-nos com o brilho das penas verdes, vermelhas e púrpura de sua cauda. Pensei novamente na história que Juan contou sobre o colibri. Era um presságio positivo. Tínhamos de nos apressar. O céu estava claro no momento mas havia chuva no ar, e sabia, de uma experiência anterior, que com a chuva o caminho ficava traiçoeiro e escorregadio.

Corremos por um longo caminho de pedras em ziguezague, e por fim chegamos ao topo de uma escadaria de doze degraus de pedra. Juan acenou para que parássemos ali.

— Esta escada junto com a pedra ali embaixo, marcam a linha de energia que divide os lados direito e esquerdo do caminho — disse.

— Como vocês sabem, o lado direito envolve uma iniciação estruturada e técnicas ritualísticas. É o lado místico do caminho, o método

Iniciação: A experiência de uma mulher com a espiritualidade inca

de se ir para Deus ou Wiraqocha, ou qualquer outro nome que você use. O caminho esquerdo é a aplicação mágica e prática do conhecimento e poder espirituais que recebemos, após ter contato com Wiraqocha ao seguir o caminho da direita. O lado esquerdo do caminho envolve a execução de magia, curas e terapias. É o lado mais rústico do caminho e pode ser mais caótico. Até então, estivemos trabalhando quase que unicamente no lado direito, mas agora vamos entrar no lado esquerdo.

Lembrei-me de Juan dizendo que eu era completamente lado esquerdo quando nos encontramos pela primeira vez. Mas isso não tinha nada a ver com o que a ciência ocidental dizia sobre as diferenças dos lados direito e esquerdo do cérebro. Talvez desse para entender agora por que o Caminho Andino focalizava mais o corpo do que o cérebro. O lado direito do caminho é o lado organizado e estruturado que tem relação com o conhecimento místico, enquanto que o lado esquerdo é o poder caótico e travesso. Agora, em relação aos meus primeiros dois anos de treinamento, entendi o que ele queria dizer. Apesar de ter desenvolvido o lado esquerdo, não podia usar os dons desse lado, pois não tinha desenvolvido suficientemente o lado direito.

Antes de ir ao Peru, era uma pessoa moderadamente ordenada. Quando voltei aos Estados Unidos, senti como se tivesse sido despedaçada, e até agora não tinha conseguido colocar as peças de novo no lugar. Tornei-me espiritualmente desorganizada e não podia progredir em meu caminho sem a integração mística e a ordem que o lado direito proporcionava. Pensei que estava tentando escapar das limitações da mente racional. Agora compreendia que a ordem e a estrutura tinham a sua importância. Uma estrutura natural ajuda a criar a ordem. Não se pode usar o poder se não se tem a habilidade de organizar ou canalizar esse poder. Lembrei-me de que Pachakamaq, outra palavra andina para Deus, quer dizer "aquele que põe ordem no Universo".

Ocorreu-me que meu primeiro mestre, Ricardo, era superdesenvolvido no lado esquerdo e não era organizado. Talvez fosse por isso que bebia demais e era tão pobre. Ele estava sendo controlado por seu poder, porque lhe faltava a integração e o conhecimento de como direcioná-lo.

"Por favor, Deus, coloque ordem em mim", orei enquanto, abrindo nossos *qosqos,* cruzamos a linha que marcava a entrada no lado esquerdo do caminho e começamos a descer a trilha de duas horas e meia que nos levava à caverna Pachamama.

Enquanto caminhávamos, Juan nos disse para respirar a energia rica e viva que era tão forte neste jardim subtropical. Descendo cada vez mais, caminhamos, conversamos, cantamos e rimos como crianças. Sentimo-nos leves e felizes, flutuando devido a alguma força invisível, talvez pelo efeito do mundo de energia viva que Juan tinha mencionado.

Energia viva. Por que o idioma quíchua tinha tantas palavras para descrever as experiências humanas na energia? Meditava nisso ao descer cada vez mais por aquela trilha na floresta. *Sami* é energia refinada; *huaca* quer dizer a energia sagrada de uma pessoa, local ou objeto; *hoocha* é a energia pesada; e *poq'po* a energia bolha; e, lógico, *kausay,* a energia viva que se espalha pelo mundo. Inserida na própria língua está uma profunda compreensão da natureza energética do Universo. Era óbvio que a energia era importante para os indígenas andinos.

Quíchua, até pouco tempo, não era uma língua escrita. Era apenas um idioma energético. As palavras não podiam ser capturadas em duas dimensões e escritas em uma página. Juan dizia que cada palavra era uma vibração, semelhante ao sânscrito. Cada palavra tem o seu significado genérico, mas isso pode mudar completamente, dependendo do contexto da sentença ou do estado de espírito do orador. O povo quíchua, Juan nos disse, é mestre no jogo de palavras. A língua, como o próprio povo, é tão mutável quanto o clima da montanha. A idéia que os quíchuas têm da natureza da realidade é completamente diferente da nossa, e por isso eles podem fazer coisas que para nós parecem mágica. Os mestres andinos, vivendo em profunda reciprocidade energética com a natureza, acreditam que são parte do clima e que, portanto, podem provocar as mudanças nele.

Iniciação: A experiência de uma mulher com a espiritualidade inca

Lembro-me de uma história que Juan contou sobre seu mestre, Dom Benito. Certo repórter da *National Geographic* tinha vindo a Cuzco para fazer um estudo sobre o uso tradicional da folha de coca e, obviamente, disseram-lhe que fosse ver Juan. Quando Juan lhe contou certas histórias sobre Dom Benito, esse repórter quis imediatamente encontrar-se com ele e fotografá-lo. Juan conseguiu a entrevista com Dom Benito e serviu de tradutor, enquanto o repórter o fotografava executando os rituais tradicionais com a folha de coca. Já era final da tarde e as nuvens chegaram para cobrir o sol que estava se pondo, enquanto o fotógrafo tirava suas últimas fotos. Ele desistiu, dizendo a Juan que não havia luz suficiente para as fotos. Dom Benito agitou as mãos e disse: "Oh, as luzes? Isso não é um problema sério." Então pegou três folhas de coca e, encarando diretamente o Sol, soprou nelas, rezando uma oração. As nuvens imediatamente se dissiparam, para surpresa do fotógrafo, que pôde então tirar suas fotos. A crença desse povo, pensei eu, era o que lhes dava um tipo completamente diferente de poder sobre seu mundo. Meus pensamentos terminaram quando por fim chegamos à Caverna Pachamama.

Uma grande pedra natural cobria a entrada da caverna, e os nichos das cinco *ñust'as*, ou princesas incas, eram visíveis do exterior. As pedras entalhadas faziam uma junção perfeita com o enorme muro de lava vulcânica. Silenciosamente e com grande respeito, entramos na caverna da Mãe Terra. Juan gesticulou para irmos para o fundo. Dava para ver que, no passado, a caverna era muito mais profunda, mas agora tinha sido intencionalmente obstruída, para se chegar somente até aquele ponto da Mãe. Sentamo-nos em um altar de pedra no fundo da caverna, na maior escuridão.

— Esta é a caverna de Pachamama, aquela que lhes dá a vida. Agora vocês devem oferecer-lhe o melhor de sua energia — disse Juan, com a voz vibrando na escuridão, suave mas séria.

Até agora tínhamos dado a Pachamama apenas nossa energia pesada, para que ela a absorvesse e reciclasse. A idéia de lhe dar minha energia mais fina me tocou. Uma profunda humildade e gratidão tomou conta de mim, enquanto oferecia minha energia refinada a Pachamama, meu presente para ela. O sentimento de conexão foi instantâneo. Senti que estava no colo de uma mãe enorme e infinitamente amorosa. Ela era larga e escura e suave e rica, muito sólida e bem diferente da energia da Mãe cósmica na igreja. Ouvi o choro abafado dos outros iniciados a minha volta, pois eles também estavam fazendo essa sagrada oferenda à verdadeira mãe de todos e recebendo a *ayni* de seu amor profundo e compassivo.

Agora imagens passaram por minha cabeça sobre a destruição e o desrespeito pela Terra, perpetrados pela cultura norte-americana, por ignorância do fato de que a Terra é um organismo vivo que também necessita de amor, respeito, reconhecimento e agradecimento por aquilo que dá. Enquanto oferecia minha energia refinada, entendi mais sobre nossa profunda relação com Pachamama. Como filhos egoístas, aprendemos apenas a tirar de nossa Mãe. O fato de que ela precisa de nosso amor humano, nosso carinho e cuidado tanto quanto precisamos dela para sustentar nossas vidas veio como uma revelação. Isso é *ayni* vivo! Pensei nos antropólogos descrevendo religião "primitiva" como animismo. E se esses "primitivos" estivessem na verdade atuando de acordo com um sofisticado conhecimento do equilíbrio energético entre os seres humanos e a natureza? E se eles tivessem no instinto aquilo que Einstein provou cientificamente, que a energia e a matéria têm uma relação, e se sua adoração animista fizesse parte de um intercâmbio energético necessário tanto para a Mãe Terra quanto para nós?

Fiquei profundamente grata, agradecendo-lhe pelo próprio ar que respirava, o ar que as suas plantas tinham feito para nós, grata pela beleza tão forte da vida selvagem e das cachoeiras que tanto aliviam a alma, pela beleza impressionante de cada pequena flor, de cada pequeno detalhe de sua criação, por cada pêra ou ameixa que já tinha comido. Agora via tudo isso como dádiva para mim, um presente com alegria e para minha felicidade, sem esperar nada em troca. E nunca tinha nem mesmo agradecido por isso. Não pude mais conter meus sentimentos e agora soluçava sem parar e agradecia, agradecia e então pedia seu perdão por todos os anos em que não sabia o bastante para poder agradecer-lhe.

Iniciação: A experiência de uma mulher com a espiritualidade inca

Pensei em minha mãe biológica e silenciosamente comecei a agradecer-lhe pelos ossos em meu corpo, a carne e o sangue que ela me deu tão generosamente. De repente, e talvez pela primeira vez em minha vida, senti-me grata pela oportunidade da existência, a chance de respirar e saborear e cheirar e ver e ouvir e sentir com meu coração. Senti que ia explodir, ou gritar, ou cantar, mas só consegui suspirar e chorar.

Meus olhos, agora acostumados com a escuridão, olharam para os olhos vermelhos e rostos úmidos de lágrimas dos outros iniciados. Um a um, nossos olhares se encontraram e concordávamos com a cabeça que todos, de alguma maneira, estávamos experimentando a mesma coisa, a profunda dor e a beleza de ter um relacionamento verdadeiro com a Terra. Essa era a iniciação de grau quatro; estava cada vez mais me sentindo uma filha de Pachamama. Ela me amava e eu a amava e a todos esses seres humanos ao meu lado, meus irmãos e irmãs. Ninguém tinha de me dizer nada. Eu sabia disso, sentia isso. Todos nós sentimos.

Juan nos chamou ali no escuro, no ventre, o berço de nossa mãe. Ele nos chamou de volta à luz e ao trabalho nos nichos. Não falamos nada. Não precisava. Estávamos no fundo de nós mesmos e ainda assim conectados profundamente entre nós através da experiência mútua. O conhecimento era tão simples, tão profundo.

— Vocês vêem aqui esses cinco nichos? — perguntou Juan, apontando para os retângulos na pedra. — Eles representam as *ñust'as*, ou energias femininas da natureza. *Ñust'a* quer dizer "princesa" ou "fêmea real". Os nichos contêm as mais sagradas energias femininas da natureza, que agora vamos incorporar em nossas bolhas. O primeiro nicho é vermelho, o segundo, preto, o terceiro, dourado e o quarto, prateado. Vocês vão entrar em cada nicho e esquecer de tudo o que vocês sabem. Em cada nicho vocês vão oferecer todo o seu poder para a *ñust'a*. Depois de dar-lhe todo o seu poder, vocês vão abrir todo o seu sistema energético e dela vão receber o poder — instruiu-nos Juan.

Esse era um conceito difícil para mim, pois tinha passado todo o meu tempo como uma terapeuta, tentando fazer as pessoas não largarem seu poder. Mas talvez agora fosse diferente, desde que esse ato de entrega fosse algo consciente.

— Depois de terem trabalhado com todos os quatro nichos, vocês vão dar toda a energia pesada para esta pedra — disse ele, apontando para um grande assento entalhado em uma pedra. — E aí vocês vão pedir às quatro energias que se misturem dentro de vocês e então vão dar esse poder integrado à última ñust'a — disse Juan, apontando para o quinto nicho que ainda nem tinha visto, pois ficava fora e à esquerda da área retangular dos outros quatro nichos.

— Ela é verde. Recebam as bênçãos dela.

Todos concordamos e começamos o ritual. Entrei no primeiro nicho e exalei todo o ar, oferecendo meu poder. Uma onda de medo passou por mim e me senti tremendamente vulnerável ao oferecer todo o meu poder para o nicho e para a ñust'a. Será que essa ñust'a seria bondosa comigo quando estivesse indefesa dentro de suas paredes? Lutei para superar o medo e em seguida minha visão interna estava banhada em um mar de vermelho. Vi uma belíssima princesa dançarina em vermelho-rubi, como as dançarinas do ventre do Oriente Médio, usando um véu e lantejoulas douradas em roupas de um fino tecido vermelho que mostrava partes sedutoras de sua carne. Ela era sensual e movia-se com a agilidade de um animal selvagem. Tomou minha energia e quando pensei que não conseguia mais respirar, ela começou a jorrar sua energia em mim, enchendo minha bolha com um vermelho pulsante.

— Mudem — disse-nos Juan, com bastante autoridade. Eu saí tonta daquele nicho e fui cambaleando até o próximo. Quando me sentei no nicho da ñust'a negra, vi esqueletos, caveiras, ossos e carne decomposta. Muitas imagens da força feminina destrutiva vieram a mim. Pensei em Kali. Minha ansiedade aumentou e o coração batia mais rápido. Reassumi a coragem, e com um esforço tremendo dei, sem questionar ou duvidar, todo o meu poder à ñust'a negra. Ela estava furiosa e esbravejava, e me perguntei se isso tudo eram imagens que ela estava tirando de mim. Era assombroso.

Iniciação: A experiência de uma mulher com a espiritualidade inca

As imagens desapareceram e senti a energia da *ñust'a* negra como uma enorme serpente sucuri, brilhante e poderosa, com a pele quase queimando devido à força vital. Depois comecei a sentir a energia negra como luz, Luz Negra. Ela se contorcia à medida que o poder subia dentro de mim, por minha coluna, tentando incorporar-se em mim, enquanto eu tentava rejeitá-la. A voz de minha mãe apareceu em minha mente. Infinitas sentenças ecoavam: "Isso não é próprio de uma menina educada." "Por que você não age como uma menina?" "Boas meninas não dizem isso." "Boas meninas não falam assim." "Boas meninas não pensam assim." "Boas meninas não sentem isso!"

Essa energia *não* era nada própria de uma senhora educada. Era um poder grosseiro. Com certeza um poder feminino. Arrá! Pensei comigo mesma, este deve ser o poder feminino de que os homens têm tanto medo. Entendi isso ao ter uma visão repentina do dilema masculino; pois neste momento também senti esse poder. Tinha sido treinada para ter medo disso, mas ao mesmo tempo era uma parte inerente de minha feminilidade, meu direito de nascença. Senti os pêlos se eriçarem na nuca quando o medo e a fascinação tomaram conta de mim. Queria voar na cara de todo o meu condicionamento cultural, mas o medo era muito forte. Essa violenta tormenta interna chegou ao ápice no momento em que Juan disse:

— Mudem. — Agradecida, saí correndo do nicho e da *ñust'a* negra, buscando refúgio no próximo nicho, o dourado. Quando me acomodei ali, estava bem ciente de que meu alívio era temporário. A *ñust'a* negra ainda não tinha terminado o trabalho comigo.

No nicho dourado consegui dar facilmente o meu poder e me senti instantaneamente rodeada por raios de luz dourada. O medo começou a derreter como um gelo no sol quente, e o calor dourado radiava de meu peito. Aos poucos aquela tormenta interna se acalmou por completo, com o nascer do sol dentro de mim. Agradeci a *ñust'a* dourada e fui para o nicho seguinte quando Juan indicou, com um aceno de mão, para que mudássemos novamente.

Ao entrar no nicho prateado, senti-me imediatamente sendo tragada para uma freqüência superior. Experimentei internamente um sentimento de lua e estrelas, e sinos tocando. De repente, senti como se fosse muito alta e inimaginavelmente magra, como um raio de luz de uma estrela. Então compreendi que não era eu, mas que estava me relacionando com seres femininos muito altos e prateados que diziam terem vindo das estrelas. Esses seres me diziam que eram o aspecto mais elevado da *ñust'a* prateada e que agora eu estava pronta para incorporá-la. Incomensurável alegria e prazer entraram em mim e queria cantar suas vozes prateadas em meu corpo. Mas já era hora de mudar.

Em seguida fui para o assento de pedra, agradecendo às *ñust'as* e pedindo às quatro energias que se integrassem dentro de mim enquanto soltava minha *hoocha*. Com a indicação seguinte de mudar de posição, fiz uma reverência profunda à *ñust'a* verde antes de entrar em seu nicho. De repente, entendi que esses nichos eram as residências dessas energias da natureza e eu era uma convidada entrando na casa delas; oferecer meu poder era a coisa mais educada a fazer, como trazer uma garrafa de vinho para o jantar. Ao pensar dessa maneira, o processo ficou mais fácil e pude sentir-me mais livre em dar o poder à *ñust'a* verde.

Senti que havia quatro pequenos cordões de energia saindo de cada um dos quatro nichos e vindo até mim. No olho de minha mente vi as cordas vermelha, preta, dourada e prateada amarrando-me a cada nicho e eu as unia para amarrá-las no quinto nicho. Uma tremenda sensação de felicidade e expansão tomou conta de mim, quando dei meu poder para a *ñust'a* verde, e os tons mais lindos e delicados do verde da natureza começaram a entrar em minha mente. Essa *ñust'a* verde era a felicidade, amor incondicional e cura. Juan pediu-nos que mudássemos, mas não conseguia me levantar. Depois de algum tempo de esforço semiconsciente, consegui me erguer daquele nicho e sentei-me ao lado, esperando os outros iniciados terminarem seu revezamento nos nichos. Queria algum silêncio para que pudesse fazer uma prece final às *ñust'as*. Foi um privilégio poderoso encontrá-las.

Iniciação: A experiência de uma mulher com a espiritualidade inca 215

Com apenas um sinal e sem falar nada, Juan disse que era hora de partir. Havia mais trabalho a ser feito em uma caverna mais abaixo. Íamos à entrada de *ukhu pacha*, o mundo inferior, ou interior. Depois que o último iniciado saiu da caverna, voltei-me para a direção dos nichos mais uma vez. Notei como cada nicho parecia brilhar agora, como se estivessem mais limpos e com contornos muito mais acentuados do que quando chegamos. Será que era minha percepção ou uma mudança energética no nicho? Ou talvez ambos? Repentinamente recebi uma impressão de agradecimento, como se de fato tivéssemos servido às *ñust'as*, ativando-as com o nosso ritual e que elas também estavam gratas pelo intercâmbio.

Envergonhada por meus pensamentos, olhei para meus pés e do canto de meu olho vi quatro mulheres vestidas como a *ñust'a* vermelha, como princesas árabes, vestidas em vermelho, negro, dourado e prateado, inclinando-se um pouco para fora de seus nichos. Não movi os olhos, com receio de que a visão fosse desaparecer. Elas se curvaram, primeiro para mim, então entre si, em um gesto fluido, e se retiraram para seus nichos e fora de minha vista. Quase não conseguia respirar. Meus olhos correram para o nicho da *ñust'a* verde e lá no centro havia duas mãos em posição de prece, flutuando em um campo de energia verde. Fui tomada por um sentimento de profundo conhecimento e sabedoria, conhecimento sobre mãos e curas. As mãos permaneciam ali enquanto eu olhava e, embora não pudesse ver nenhum aspecto facial, nem olhos, ainda assim sentia que estava sendo observada.

Pouco depois Juan voltou para pegar os que tinham ficado para trás, mas parou quando me viu. Seus olhos se arregalaram e então todo o seu rosto se enrugou em uma maravilhosa crise de riso.

— Ah-ah Elizabeth — ele sorriu por entre as lágrimas de risadas. — Foi por isso que você veio aqui.

Respirei fundo antes de seguir Juan entre enormes samambaias e matagal que quase escondiam o caminho até a caverna seguinte. Não tinha certeza se agüentaria mais. Cada uma das experiências daquele dia foram profundas o bastante para que eu ficasse semanas digerindo e ainda nem tínhamos terminado.

Curvamo-nos para passar pela pequena entrada da caverna. Depois que meus olhos se acostumaram com a luz fraca, notei que os outros tinham dobrado seus ponchos e se sentado em cima. O chão da caverna era frio e úmido. Alguns morcegos nos assustaram com seus gritos agudos e vôos bem próximos de nossas cabeças. Agora éramos *nós* que estávamos invadindo a casa *deles* temporariamente.

— Esse é o único templo inca ainda completamente intacto que eu saiba que existe hoje em dia — explicou Juan. — Eu digo "intacto" porque se vocês olharem nos nichos vão ver que ainda contêm as *huacas* originais. — Quando nossos olhos se acomodaram à luz fraca, pudemos ver que pedras escuras, do tamanho de uma laranja até o de uma bola de futebol, ocupavam o chão central de cada um dos oito nichos. — Esse é o local onde podemos ter contato direto com o *ukhu pacha*, o local de Huaskar, o último inca livre.

— Juan — perguntou Maryann —, o que é exatamente o *ukhu pacha*? Será o inconsciente?

— De um certo modo sim e não — respondeu enigmaticamente. — É um local dentro de nós mesmos, o lugar onde você encontra aquilo que Jung chamava de "forças do inconsciente", mas é muito mais do que isso. É literalmente um local, dentro da Terra; é onde, se vocês se lembram, Huaskar e Atahualpa foram viver, quando não puderam retribuir o *ayni* de um império. Existem seres e energias poderosos no *ukhu pacha*, mas só terão serventia se primeiro forem organizados e contidos dentro do nosso eu. Aqui, com esse ritual, vamos pôr ordem nas forças de *ukhu pacha*. Como Jung dizia, "Não se pode matar a sombra". Nos Andes não queremos matar a sombra, mas sim *ordená-la*. Isso tem de ser experimentado na prática. Falar muito sobre isso é perder o impulso de nosso trabalho.

"Mas primeiro temos de nos preparar — continuou Juan. — Estivemos limpando nossa bolha de energia e trabalhando com a prática de fundir campos energéticos. Aqui, com a ajuda do poder desta caverna, que é um comedor voraz de energia pesada, faremos uma limpeza profunda em nossas bolhas."

Iniciação: A experiência de uma mulher com a espiritualidade inca 217

O grupo estava atento, aberto para a próxima instrução nessa fascinante viagem. Era claro que já estávamos sob a influência desse templo-caverna, que dava uma sensação tão diferente da Caverna Pachamama. Havia algo de assustador nessa caverna. Respirei fundo, pensando que talvez fosse meu próprio medo das "forças inconscientes". Havia um ar de poder grosseiro aqui, e sabia bem, de meu tempo com Ricardo, que o poder grosseiro atraía todo tipo de lixo. Eu, pelo menos, fiquei aliviada por fazermos uma limpeza antes. Achava apropriado.

Juan continuou suas explicações:

— Já falamos muito sobre a *poq'po*, ou bolha energética, porque neste trabalho vamos ver que de fato estamos amarrados pela energia vital. Na Caverna da Serpente, vocês limparam a energia pesada de sua mãe e de seu pai no momento da concepção, mas agora vamos trabalhar com um campo energético ainda maior. Primeiro, vocês têm de visualizar todos os amigos, amantes, colegas e conhecidos que vocês têm, cada relacionamento que têm com cada pessoa que conheçam. Vejam essa energia agora como uma teia de luz que une a todos com pequenos cordões de energia.

A caverna ficou muito pequena e distante quando comecei a seguir as instruções de Juan. Mas ainda podia ouvir sua voz falando:

— Usem o novo poder despertado de seu *qosqo*, o poder de Pachamama e das *ñust'as* e o poder desta caverna para segurarem vocês, enquanto puxarem toda a energia pesada daquela teia. Puxem-na da teia com seu *qosqo* e soltem-na no *ukhu pacha*. Essa energia pesada será uma energia refinada para os seres de lá. Façam uma oferenda de sua *hoocha* para eles. Vocês vão alimentá-los.

Inúmeros rostos vinham à mente, imagens de minha família, amigos, pessoas que amava, pessoas de quem nem mesmo gostava, antigos namorados, situações problemáticas passadas e atuais, tudo isso fluía depressa em minha cabeça. Depois de algum tempo, já não queria ver mais os rostos. Parei de olhá-los e eles desapareceram. Então, tudo o que senti foi um fluxo de energia, como se estivesse segurando um grande tubo no qual enorme quantidade de água suja saía.

Esperei até que o fluxo de energia parasse, e quando olhei para a teia novamente ela estava brilhando como a teia de Indra. Abri meus olhos, como se estivesse saindo de um pesadelo. Rostos de bebês em toda a volta me receberam e começaram a falar todos juntos, zumbindo excitadamente com o que tinham visto e sentido.

— Agora estamos prontos para o trabalho duro — disse Juan com olhos sorridentes, depois que todos se acalmaram novamente. — Primeiro, vocês têm de ir e se conectar com cada um dos nichos, trocando energias com cada pedra, assim como fizeram com as ñust'as. Vocês têm de começar pelo canto externo direito e ir em direção ao centro, e depois começar novamente pelo canto externo esquerdo até o centro. A pedra no centro tem que ser a última com que vocês vão trocar. É a pedra do inca Huaskar. Nela vocês vão fazer algo diferente; vão pedir para que todas as energias se ordenem através do poder de Huaskar. Chamem pelo espírito de Huaskar para ajudá-los.

— De que são feitas as pedras, Juan? — perguntou Nina.

— Se vocês tentarem pegá-las vão ver que são muito pesadas. São meteoritos.

Aos poucos fomos nos movendo naquela escuridão, ajeitando-nos em algum tipo de ordem orgânica. Um por vez, fomos nos aproximando dos nichos. Esses nichos eram muito menores do que os nichos das ñust'as e estavam todos na parede da caverna, até a altura da cintura. Mal tínhamos espaço de nos agachar em cada nicho e envolver nossas mãos nas *huacas* sem bater as cabeças no teto baixo da caverna. Depois de pouco tempo, notei que todos estavam tontos com o impacto das *huacas* e estavam indo diretamente à pedra inca. Por isso, decidi sair da fila e ajudar a direcionar as pessoas, primeiro para os nichos do lado direito da caverna e depois para o esquerdo. E por fim para a pedra central de Huaskar. No entanto, logo se tornou óbvio que minha "ajuda" aos outros era, pelo menos em parte, uma maneira de evitar o trabalho a ser feito. A última pessoa já tinha terminado com o primeiro nicho. Agora era minha vez.

Aproximei-me do primeiro nicho no canto escuro e mofado daquela caverna baixa. Estendi a mão naquele nicho escuro, pensando

Iniciação: A experiência de uma mulher com a espiritualidade inca

em esbarrar em morcegos e aranhas. Quando minha mão tocou na pedra, estava molhada e cheia de limo. Tirei rapidamente a mão, certa de que estaria toda coberta com alguma substância nojenta. Nada. Estava completamente seca. Quando a estendi de novo, vi que a pedra ainda estava muita fria, mesmo depois de onze pares de mãos terem-na tocado por tanto tempo. Fechei os olhos. Não sentia nada. Na verdade, tive o sentimento de que todos mais experimentaram alguma coisa e eu não. Tive um ataque de inveja e queria me esconder. Recordando a prática, acalmei-me e lancei a energia pesada através da bolha. Não era eu. Era a pedra! Ela emanava ciúme!

Como minha prática me deu um certo desapego, compreendi que, em vez de ser tomada pelo ciúme, agora o segurava em minhas mãos. Quando a mente racional aquietou-se, o ciúme tornou-se uma força tangível, da qual podia me aproximar ou me afastar. O jogo ficou mais fluido e comecei a não me identificar e a experimentar o ciúme de maneira mais objetiva. Sentia-o como uma textura, um molde energético, que podia passar facilmente agora pela bolha e chegar a Pachamama. Lembro-me de Juan dizer que a palavra quíchua para ritual, *pujllay*, literalmente quer dizer "brincadeira" ou "jogo sagrado". Mas já estava na hora de ir para a próxima pedra.

Sentia-me muito bem com a descoberta quando fui para o nicho seguinte. Ao colocar as mãos na pedra seguinte, mais redonda e chata que a anterior, comecei a sentir-me bastante orgulhosa e queria contar a todos que tinha desvendado o segredo das pedras. Na verdade, queria gritar para que todos pudessem reconhecer minha posição especial, inteligência e brilho. Quando esses sentimentos brotaram em mim e chegaram ao ápice, compreendi que estava na pedra do orgulho. Esse sempre foi um dos meus pontos fracos. "Orgulho grego", minha mãe costumava dizer. Só sei que em minha vida me levava ao pior dos problemas: muito orgulhosa para pedir ajuda, muito orgulhosa para admitir um erro, muito orgulhosa para precisar de alguém. Tentei fazer o que tinha feito na primeira pedra e assim me desapegar desse sentimento, mas não conseguia me distanciar. Essa energia sem dúvida estava em minha bolha, mas ainda não tinha aprendido a comandá-la. Pelo contrário, ela ainda me comandava. O que consegui fazer apenas foi notar o problema e passar para a pedra seguinte.

Logo que toquei nessa densa pedra negra, que curiosamente estava mais quente que as outras, experimentei uma sensação agradável por todo o corpo. De repente, lembrei que devia ser uma da tarde, e estávamos atrasados para o almoço. Comecei a pensar no que gostaria de comer; um hambúrguer com rodelas de tomate e molho de mostarda e maionese. Começou a dar água na boca e à minha mente vieram imagens de coisas que queria: o que queria comer, o que queria fazer, quão espiritual gostaria de ser, quanto dinheiro, fama e influência. Queria tudo isso. Querer querer querer querer querer querer. Num momento me via falando em um *show* ao vivo e em outro o desejo sexual me dominou. De novo, as pedras conseguiram. Estava agora na pedra do desejo. Comecei a brincar com o desejo e compreendi que, mesmo na brincadeira, o desejo de brincar crescia mais e mais até sair do controle. De novo, concentrei-me em soltar a energia pesada e aos poucos o desejo começou a baixar, apesar de não desaparecer completamente até eu sair da pedra e ir para o próximo nicho.

As três pedras seguintes eram a ira, o medo e a vergonha. Senti que tinha me saído bem ao reconhecer as energias e ter conseguido um quadro um pouco mais claro de como me relacionava com cada uma delas na vida. De fato, estava muito pretensiosa até que minha mão tocou na última pedra. Enquanto estava em profundo intercâmbio com essa pedra, comecei a pensar que não sabia se as outras pessoas estavam experimentando da mesma maneira. Presumi que sim. Que egoísta! Agora pensei em todas as partes de mim que as pedras conseguiram extrair: cobiça, inveja, orgulho, e senti uma mudança irresistível em meus próprios pensamentos e sentimentos. Só queria livrar-me de mim mesma. Estava claro que tinha chegado ao último desafio, a pedra do ódio a si mesmo!

Estava na hora de reconciliar tudo isso com a pedra do inca. Pelo menos pensei que essa pedra iria dar algum tipo de alívio. De forma reverente aproximei-me da última *huaca*, que era quase três vezes maior que as outras pedras. Agora, com muito respeito pelo intenso poder

Iniciação: A experiência de uma mulher com a espiritualidade inca

que essas pedras podiam produzir, orei primeiro antes de tocar nela. Orei com todo o meu ser para que o inca me ajudasse a ordenar essas forças e usar essa energia na vida para um propósito construtivo. Quando me ajoelhei perante a pedra do inca, pude ver, apesar do escuro, que ela tinha uma cor mais clara, era branca, com veios vermelhos e pretos. Essa pedra emanava uma energia bem diferente das outras: uma alta vibração que parecia soltar todas as moléculas de meu corpo. Fiquei por muito tempo ajoelhada diante dela em profunda comunhão energética, sem perceber o que se passava a minha volta e perscrutando se de fato meu inconsciente *podia* ser ordenado. Tive uma breve visão de uma força muito poderosa, uma força que podia mover o magma, mexendo bem dentro de mim, vagarosamente. Era a mão do fogo que se movia com o poder da vontade divina, vagarosa e seguramente, domando essas forças inconscientes, colocando-as de volta em seus lugares. Quando o intercâmbio de energia com a pedra do inca terminou, sabia que havia uma maneira segura de testar os efeitos desse ritual: eu teria de observar, nas semanas e meses seguintes, como a última parte desse ritual iria se confirmar em minha vida.

Por fim, levantei-me e saí da caverna para descobrir o resto do grupo reunido ali fora, todos suados pelo calor do forte sol da tarde.

— Temos de tomar uma decisão — disse Juan ao grupo, muitos ainda vibrando com a intensidade da caverna *ukhu pacha*. — Levamos mais de três horas para descer a trilha. Agora, se quisermos chegar a tempo de pegar o último ônibus até o hotel, temos de cortar nosso tempo pela metade — informou-nos Juan, elevando as sobrancelhas para acentuar o desafio.

— Oh, não! —Exclamou Julia, uma mulher jovial, de cabelos ruivos e bem pesada que já tinha passado dos cinqüenta. Ela tivera dificuldade durante todo o dia com o ritmo físico que estávamos mantendo. — Impossível. Já sofri muito descendo até aqui. Não dá.

— Tsc-tsc — censurou-a Juan, brincando. — Dá *sim* e acabei de descobrir como. Vocês todos se lembram daquele monte de *gusanos* ou, como vocês chamam, *minhocas* que vimos hoje de manhã? — As cabeças balançaram em confirmação a uma de nossas

primeiras experiências do dia, que agora já parecia ter ocorrido várias semanas antes. — Pachamama estava nos mostrando como usar a energia coletiva para nos mover como um grupo. Julia, você vai na frente...
— Não, não vou conseguir... — protestou Julia.
— Você vai na frente da fila — insistiu Juan com gentileza, olhando bem fundo em seus olhos. Então, colocou suas mãos com firmeza nos ombros dela e a dirigiu até a frente do grupo. — Elizabeth, você vai atrás dela e mantenha seu *qosqo* aberto, empurrando-a com a sua energia e recebendo um empurrão de energia daquele que está atrás de você. Cada um de trás vai fazer o mesmo e eu vou estar no final da fila. Vamos fazer um *amaru*, uma cobra de energia viva, e vai ser muito fácil, vocês vão ver. — Ele falou com tanta confiança e de maneira tão persuasiva que até mesmo Julia não teve argumentos. Além do mais, era gostoso pensar que nosso grupo ia se tornar uma longa cobra de energia. O que antes parecia uma situação pesada tornou-se agora um desafio interessante, e começamos a ter forte desejo de subir até o topo. Felizmente não tivemos muito tempo para pensar antes de partir novamente. Na verdade, o exercício físico entre cada ritual parecia ajudar a integrar a energia.

Começamos a fila, um pouco desajeitada no começo. Depois de uns quinze ou vinte minutos, o grupo pareceu entrar em um ritmo natural e nossa "cobra" deslizava montanha acima, pelas curvas e desvios da trilha em uma boa velocidade. Senti Julia primeiro resistir ao empurrão que lhe dava.

— Julia — disse-lhe com calma —, deixe-me ajudá-la. — Parece que ela precisava apenas disso, pois em pouco tempo estava literalmente no comando, e todos estavam rindo e conversando enquanto passávamos por aquela belíssima floresta de bambus e samambaias, com a trilha às vezes interrompida por ruínas de escadaria inca esculpidas na rocha maciça. Choveu um pouco, o suficiente para nos refrescar enquanto caminhávamos, e o único som que ouvíamos além de nossos próprios passos era o estranho gorjeio das "galinhas-do-mato" peruanas.

Não paramos até chegar ao topo, quando alguém disse o tempo gasto.

— Exatamente uma hora e meia! — anunciou Juan com orgulho, sorrindo para Julia e dando-lhe um enorme abraço de congratulação. — Muito obrigado por nos liderar até aqui em cima. — Julia só conseguiu balançar a cabeça e murmurar:

— Não acredito... ainda não consigo acreditar. — Pequenas lágrimas formaram-se no canto de seus olhos quando ela se virou e olhou para Juan e o grupo. — Muito obrigada — disse-nos. — Sem vocês nunca conseguiria isso.

— Juan — falei baixinho, puxando-o para o lado —, como você sabia que ela podia? — Como "líder" de nosso grupo, estava preocupada com a situação.

— Vi uma mulher com uma enorme força de vontade — respondeu casualmente. — Ela só precisava de um motivo para usá-la, só isso. — Fiquei feliz por haver mestres como Juan. Chegamos ao portão principal da ruína a tempo de pegarmos o último ônibus para o hotel.

O DIA AMANHECEU CLARO E SEM NUVENS, MAS ISSO NÃO GARANTIA QUE IA ficar assim. Em Machu Picchu, o tempo podia mudar em minutos. Vestimo-nos de maneira adequada e, depois de um rápido café da manhã e uma viagem de ônibus, novamente entramos nas ruínas fantásticas de Machu Picchu, com a luz clara da manhã. Seguimos Juan pelo lado direito da ruína e logo chegamos uma vez mais à pedra Pachamama, que guardava a entrada para a trilha. Hoje um grande desafio surgiu diante de nós. Íamos subir ao topo de Huayna Picchu, para ter um encontro com os *apus*.

Dessa vez desvendamos a trilha, que às vezes não era nada mais do que uma escada de pedras enormes indo sem fim até as nuvens acima de Machu Picchu. Enquanto subíamos, parando para respirar nos ziguezagues daquela encosta escarpada e lamacenta, às vezes conseguindo ver o vale e o rio Willkañust'a fluindo poderosamente por ele, centenas de metros abaixo. Em certas partes do trecho havia escadas incas esculpidas na face da própria rocha, que tínhamos de subir sem olhar para baixo para não corrermos o risco de passar mal com a idéia de estarmos suspensos sobre um abismo de mais de trezentos metros.

Ao virarmos uma curva perto do topo, deparamo-nos com uma vista quase que indescritível e espetacular. Suaves montanhas verde-esmeralda, mostrando quedas d'água finas como uma agulha e picos de um veludo negro ou de um branco nevado, que subiam majestosamente acima daqueles vales de vegetação subtropical riscados por rios prateados. O cenário mágico se espalhava diante de nós por todas as direções, até a linha do horizonte; e em toda parte aquela visão magnífica, o pulsar de Pachamama. Mensagens da tremenda força viva da Terra entravam por todos os órgãos dos sentidos: olhos, ouvidos, nariz, pele. Nossas próprias células vibravam com a resplandecente vitalidade dela. Ali não havia argumento, ou filosofia reducionista, ou qualquer outro dado científico que pudesse persuadir até mesmo o mais cético entre nós de que a Terra não era um ser vivo e palpitante. Ali, essa idéia seria inconcebível e ridícula diante do poder visceral da própria grande Natureza.

Mais linda ainda era a cidadela de Machu Picchu, agora distante abaixo de nós. Uma jóia envolta em nevoeiros revoltos, com seus longos terraços de pedra e simpáticas calçadas cortando a montanha em sua linha natural. Elegantes escadarias de pedra branca e prédios retangulares, em harmonia perfeita com os arredores, mostravam uma arquitetura que era uma canção sagrada, uma ode ao esplendor da beleza natural das montanhas.

Quando recuperamos a respiração, Juan nos juntou para dar as próximas instruções.

— Vocês vêem aquela caverna ali? — perguntou, apontando para um pequeno ponto preto parcialmente coberto pelas samambaias. — É outra caverna Pachamama. Mas aqui teremos de nos despojar de toda energia feminina e nos tornar jovens moços. O topo de Huayna Picchu é um local completamente masculino. É um local para incorporar novas energias masculinas. Aqui vamos usar nossas diferenças de sexo para ajudar um ao outro. Todas as mulheres no grupo virão

Iniciação: A experiência de uma mulher com a espiritualidade inca 225

comigo. Os homens devem ficar aqui, voltarei em poucos minutos para instruí-los — ordenou Juan, levando as mulheres até aquela abertura escura. Foi a primeira vez que nos separamos em dois grupos. Nosso grupo tinha mais mulheres do que homens, mas com Juan e o outro guia chegamos a um número quase igual: oito mulheres e seis homens.

— Por favor, senhoras, entrem e vejam onde podem ficar encostadas nas paredes da caverna. — Entramos no que parecia mais um longo túnel escuro do que uma caverna propriamente dita; o chão estava molhado e o único som era o constante e lento respingar da água correndo pelas paredes. Andando com cuidado para evitar as grandes poças d'água, encontramos lugares onde podíamos ficar de pé e nos encostar às paredes.

— Agora — disse-nos Juan ali da abertura da caverna — vocês vão ajudar seus irmãos a encarar seus maiores medos. No começo vai parecer estranho ou até mesmo errado fazermos isto, mas saibam que vocês vão estar prestando a eles o maior serviço. Primeiro, dêem toda a sua energia pesada para as paredes da caverna. Depois, deixem-se fundir ao poder feminino daqui. Tornem-se completamente magnéticas, unidas a Pachamama. Quando tiverem feito isso, dêem-me um sinal. Mas estejam preparadas. Quando virem os homens chegando à entrada da caverna, abram seus *qosqos*. Quando eles entrarem, vocês vão ter de "comer" todo o seu poder masculino. Puxem esse poder com seus *qosqos*.

Um silêncio pesado caiu entre as mulheres e um sentimento de apreensão dominou o ar. A idéia chacoalhava meu sistema nervoso, pois entrava em choque com um tabu inconsciente e profundo. *Isso* era o que os homens mais temiam nas mulheres: nosso poder de absorver, de sermos magnéticas! No entanto, do mais fundo de meu âmago, a noção produziu um grito de felicidade sem querer.

— Sim! — gritei, assustando até a mim mesma com a intensidade de minha voz. E para maior surpresa, a caverna começou a reverberar os gritos afirmativos das outras mulheres.

— Bom — disse Juan, enquanto saía.

Seguindo as instruções de Juan, começamos a soltar nossa energia pesada às paredes, respirando espontaneamente todas juntas e soltando a energia pesada em um alto suspiro, enquanto exalávamos. Após vários minutos de respiração intensiva, um canto baixo começou em várias partes da caverna ao mesmo tempo. "Pachamama, Pachamama, Pachamama, Pachamama." As vozes das mulheres ficaram mais fortes quando nos juntamos ao poder da grande comedora de energia pesada, Pachamama. E quando o som aumentou num crescendo, rapidamente coloquei minha cabeça para fora da caverna, dando a Juan o sinal de que estávamos prontas.

O ambiente energético da caverna, já rico com o poder feminino magnético, aumentou quando ouvimos o primeiro homem se aproximar. Abrindo nossos *qosqos,* preparamos-nos para "comer" sua força masculina. Nesse momento sabia que, como mulheres, fomos energeticamente formadas para fazer isso, para sermos receptivas, não no sentido tradicional passivo mas sim para absorver ativamente e usar nosso poder magnético. De fato, foi quando esse poder não pôde ser expressado diretamente que as mulheres tiveram de deformar seu poder, tornando-se passivas-agressivas.

Quando o primeiro homem entrou em nosso meio, todas nós puxamos seu poder masculino sem reserva, inspirando profundamente ao fazermos isso e, bem francamente, desfrutando da sensação. Experimentei uma tremenda liberação de energia sutil ao ter recebido a permissão de executar esse ato como cerimônia, intencionalmente e sem vergonha, e sabendo dentro de mim que na verdade estava ajudando e curando meu irmão.

A silhueta escura do homem balançou e momentaneamente ele perdeu o equilíbrio, enquanto tateava o chão por toda a caverna até a saída no final. Ele teve de suportar uns bons minutos dessa profunda limpeza energética, enquanto passava pelo túnel-caverna que tinha pelo menos quatro metros de comprimento. Quando por fim conseguiu sair, o próximo homem entrou e depois de alguns passos caiu de joelhos, apesar de não sabermos se por medo ou por êxtase. Continuamos com nossa absorção feliz, limpando a bolha do segundo iniciado, enquanto ele tentava várias vezes se levantar e depois engatinhar alguns metros em direção à saída. Ele não foi capaz de ficar de pé até o primeiro homem estender uma perna e um braço pelo buraco de saída, e conseguir içá-lo para que ficasse de pé, e saísse, longe das fêmeas devoradoras. Foi aí que pude ver que o primeiro homem tinha sido Juan.

Quatro outros homens passaram pela caverna, um por vez, cada um tremendo ou cambaleando, com o movimento vagaroso de seus membros atestando o fato de que agora eles atravessavam uma substância mais viscosa que o ar.

Quando todos os homens iniciados já tinham passado pela caverna, Juan nos chamou de volta através da abertura, dizendo-nos para deixarmos todo o nosso poder feminino na caverna como uma oferenda a Pachamama, e para sairmos do outro lado. Despojar-se da potente força magnética que nos transformou não foi fácil. Ainda assim, ao mesmo tempo, era um alívio saber que não tínhamos de ficar identificadas com um tipo de energia, mas que agora podíamos sair disso e ir para algo mais. Mas o quê? A resposta surpreendente estava do outro lado da saída da caverna.

Esforcei-me para poder passar pela estreita saída, onde uma folhagem fria e samambaias me espetavam. Quando saí para a luz clara do sol, fortes braços masculinos me envolveram em um caloroso abraço que era como o sol.

— Receba o novo masculino — ouvi Juan dizendo. Tinha saído de um campo de energia e entrei em outro, completamente diferente mas complementar. Tomei o sentimento confortante e protetor do abraço, entendendo que era um tipo de energia masculina que pessoalmente tinha experimentado raras vezes em minha vida. Proteção amorosa, segurança, integridade e poder vieram a mim naquele abraço. Era um tipo de energia masculina que não temia ou odiava a feminina, mas ficava em harmonia com ela.

— Aceite essa nova energia masculina completamente em sua bolha — instruiu Juan— e deixe-se tornar agora completamente masculina. — Surpreendentemente, isso não foi nada difícil. Queria me identificar com esse tipo de poder masculino, poder construtivo. Por certo os iniciados tinham ido aos extremos, e isso me inspirou a fazer o mesmo. Imaginei-me como um jovem garoto. Quando olhei para cima, vi que estava rodeada por cinco outros casais em profundo abraço.

— Juan — uma das mulheres perguntou hesitante —, o que foi que aconteceu?

— Vocês acabaram de ter uma verdadeira experiência de *yanantin*. Deixe-me explicar. *Yanantin* é o princípio fundamental do Caminho Andino. Quer dizer "relacionamento harmonioso entre coisas diferentes". Como homens e mulheres biológicos, tanto o masculino quanto o feminino estão contidos em vocês. Nesta cerimônia vocês foram capazes de experimentar um ao outro em suas formas mais potentes. As mulheres na caverna, na cerimônia a Pachamama, estavam polarizando as bolhas de energia completamente para o lado feminino. Nós, homens, enquanto ainda estávamos fora da caverna, movemos nossas bolhas até a sua polarização mais masculina, ao executarmos a cerimônia para o Sol. Quando viemos à caverna para oferecer a vocês nosso poder masculino, vocês nos ajudaram absorvendo toda a nossa energia masculina.

— Foi terrível e maravilhoso ao mesmo tempo — interrompeu Sam, parecendo muito masculino. — Na caverna senti que estava sendo espremido como uma esponja. E quando cheguei ao outro lado, estava vazio e completamente livre para absorver a energia masculina nova e pura que estava ali.

— Masculino puro e feminino puro são a alquimia perfeita de poderes que chamamos de *hapu* ou "casal sagrado" — continuou Juan.

— O ritual evoca não só um medo primordial mas também um desejo primordial, pois ser "comido" completamente por uma mulher é ser levado ao sagrado. Agora vocês mulheres vão experimentar o desafio de se deixarem absorver completamente pelo poder masculino. Nós faremos isso na cerimônia dos *apus*.

— Vamos, rapazes — disse Juan, rindo e piscando para as mulheres. Saí dali sentindo-me vigorosa e energizada, como imaginava que um menino se sentisse. Andamos alguns metros até uma outra abertura na pedra e, subindo por ela, conseguimos chegar ao topo do

Iniciação: A experiência de uma mulher com a espiritualidade inca

pico Huayna Picchu, uma área de grandes rochas cinzentas de mais de três metros. A vista era espetacular e vários de nós paramos para tirar fotos, enquanto o resto do grupo ainda engatinhava pelas pedras. Quando todos chegaram ao topo, Juan apontou para uma pedra comprida e lisa inclinada em um ângulo de uns quinze graus. Era aqui que iríamos encontrar os *apus*.

Juan acenou-me para que subisse na pedra. Observando aqueles belíssimos picos de montanha, não conseguia imaginar que eles tivessem qualquer outra energia que não fosse benevolente. Minhas experiências anteriores com Ricardo e seus *apus* vieram à mente. Fechei os olhos, então, e vi novamente os condores de luz, radiando seus brilhos no topo de cada pico. Eles tinham poder e ao mesmo tempo eram um desafio para mim.

Sabia que ainda existia em uma parte de mim o medo de conflito e também sabia que não queria lutar o tipo de batalha que Ricardo e seus *apus* de terceiro grau travaram comigo. Mas isso queria dizer que teria de evitar todo conflito? Estava ciente de que um dos meus desafios pessoais era manter-me firme diante da oposição e até mesmo lutar em represália quando e onde fosse apropriado, embora fosse sempre muito submissa. As poucas vezes que fui corajosa o bastante para me manter firme, os resultados foram soluções criativas para os problemas, em vez dos desastres de minha imaginação hiperativa. Havia ainda algo que não podia resolver sobre meu próprio poder masculino. Juan explicou que o grau três era aquele em que se aprende sobre poder e controle, mas será que realmente tinha aprendido ou apenas tentava me esquivar do assunto?

Aproximei-me daquela pedra cinza com grande respeito e orei silenciosamente para receber o ensinamento de que mais precisava sobre conflito. Juan gesticulou para que eu me deitasse.

— Você está em uma tigela de montanhas, rodeada pelo poder masculino jovem em todos os seus picos. Eles virão desafiar você agora. Você tem de lutar contra eles com seu *qosqo*.

— Mas, Juan, como? — perguntei, quase chorando. — Não gosto de lutas.

— Esta é a energia guerreira de que você vai precisar para cumprir seu trabalho no mundo. Não é sempre que as pessoas vão concordar com você, Elizabeth. Você não pode temer sua própria energia agressiva ou julgá-la não-espiritual. Você tem de aprender a dominá-la bem. — Fechei os olhos e no mesmo instante os vi chegando, nada assustadores mas poderosos. Os *apus* pareciam homens fortes em roupas de guerreiros do decorrer da história: guerreiros samurais, guerreiros com armadura e espada, lutadores de sumô, faixas-pretas de kung fu, até mesmo do tipo Rambo com revólver. Eles vieram a mim dentro do campo de guerra de minha própria visão interna. Um por vez. E cada vez eu construía uma onda de energia em meu *qosqo* e, usando-a como um enorme punho, empurrava-os para o chão. Cada vez me sentia apavorada, com medo de feri-los e envergonhada por afirmar minha própria energia agressiva.

Os *apus* não eram irados ou terríveis em seus ataques. Pelo contrário, eles eram persistentes e inflexíveis de uma maneira fraterna, como se estivessem tentando me treinar, testando minha energia. Em pouco tempo já estava esgotada. Mas foi aí que Juan pediu que fosse mais forte.

— Acabe com eles, todos eles!

Nessa altura já estava suando profusamente e quase esgotada por essa exaustiva batalha não-física. Lembrei-me da noite na Argentina, quando os morcegos vieram à minha janela e de como tive de encontrar forças que não sabia que tinha. Evoquei um nível mais profundo de reservas e focalizei cada grama de intenção e energia que tinha em meu *qosqo*. Depois disso, a única coisa que percebi é que estava sentada na pedra, chorando muito. Em minha mente pude ver que tinha vencido e mandado de volta para os picos das montanhas todos os que me atacavam. Eles estavam sorrindo para mim! No momento seguinte, caí na gargalhada. Compreendi afinal que ao lutar para afugentar essa energia "masculina" eu a despertei em mim mesma!

— Bom — disse Juan simplesmente. — A próxima.

12

Willkañust'a:
Princesa da Luz Negra

Nossa última manhã na área de Machu Picchu começou com um sol quente, às dez horas, que encheu o céu sem nuvens. Como só tínhamos um último ritual para executar antes de pegarmos o trem das quatorze horas para Cuzco, recebemos permissão para dormir até mais tarde, e o descanso necessário foi muito bem-vindo. As experiências do dia anterior, e o que dizer da caminhada?, foram extenuantes em todos os sentidos. Dormi muito bem, um sono profundo, nos braços dos grandes *apus* que rodeavam Machu Picchu. Depois do café da manhã, descemos pela longa escadaria externa de madeira que ia de nosso hotel até o impetuoso rio Willkañust'a. O rio corria bem ao lado de nosso hotel e sua música nos embalava o sono todas as noites. Agora, quando nos aproximávamos da margem do rio, matutei sobre os possíveis significados do sonho poderoso mas confuso que tinha tido. Quando chegamos à margem do rio já tinha resolvido que o contaria a Juan.

— Esse rio é conhecido por muitos nomes — disse Juan ao grupo, de pé em uma das pedras jogadas à margem pelas águas cor de café-com-leite que bramiam à nossa frente. Encontramos nossos poleiros em pedras próximas, hipnotizados pela água que se retorcia e caía sobre as cascatas em enormes pedras irregulares, com estranhos formatos esculpidos pela correnteza. Juan teve de aumentar a voz, que naturalmente era muito suave, e quase gritar para poder ser ouvido acima do rugido ensurdecedor do rio. — Ele é em geral conhecido por Urubamba, ou também Vilkanota, mas o antigo nome inca conta melhor sua história. O nome antigo é Willkañust'a: *Willka* quer dizer ao mesmo tempo "sagrado" e "perigoso", *e* tem uma relação com o poder da Luz Negra. *Ñust'a* é a palavra inca para "princesa". Por isso, o nome antigo quer dizer "Princesa da Luz Negra".

"Como vocês se lembram, o poder da Luz Negra é o poder mais sagrado e mais perigoso em nossa tradição, pois aquele que doma a Luz Negra tem o poder sobre a vida e a morte. É, na verdade, o poder criativo mais elevado que segue paralelo ao poder da destruição." — Juan parou e olhares profundos foram trocados entre todos. Isso era coisa pesada.

"Outro fato importante sobre esse rio — Juan continuou — é que ele liga fisicamente todos os templos sagrados da região andina. Se vocês se lembrarem, esse rio esteve nos acompanhando desde o primeiro dia, quando começamos o *hatun karpay* na catedral central de Cuzco. E é o mesmo rio que fluía por nós em Pisaq e Ollantaytambo, e agora aqui em Machu Picchu.

"Como vocês sabem, em nossa tradição tudo tem uma energia viva. A bolha energética desse rio é muito importante porque, energeticamente, leva o poder de todos os lugares sagrados da redondeza, unindo-os com sua bolha.

— Era impressionante pensar que os incas pudessem planejar tão bem o desenho de seus templos sagrados para que todos estivessem ao longo do curso de um único rio. Como fizeram? Será que tinham um mapa topográfico detalhado da área? Ou será que trabalhavam sob uma perspectiva diferente, sintonizados em outra fonte que lhes ensinava como trabalhar dentro do desenho da grande natureza? Essas perguntas fervilhavam em minha cabeça como as bolhas na superfície do rio sagrado. Juan começou a falar de novo, instruindo-nos sobre o próximo ritual.

— Agora, vocês já aprenderam a se conectar com a energia viva de muitos locais sagrados, mas vai ser a primeira vez que faremos essa prática com uma bolha tão importante e poderosa como a bolha da energia viva desse rio sagrado. Primeiro, ofereçam uma prece ao espírito do rio, e então abram toda a sua bolha para o rio e permitam que o poder dele limpe a sua *hoocha*. Quando tiverem feito isso, tentem ver cada uma das áreas sagradas onde já trabalhamos. Unam-se a todas elas através da bolha do rio.

Escolhi uma pedra para ficar perto da margem do rio, mas um pouco distante dos outros, e ali me sentei, com os olhos baixos observando a correnteza e o turbilhão da água. Ofereci uma prece ao rio, agradecendo-lhe sua força e beleza. Então soltei minha *hoocha* facilmente, com liberdade. Ao sentir a energia pesada passando vagarosamente por mim, o próprio fluir tornou-se um raio ou feixe de partículas que me levaram pelas incessantes ondas do rio. Podia agora me ver como uma forma humana compacta e estática, ou podia jogar minha consciência no enorme e imensamente longo cilindro de energia viva, que descia horizontalmente acompanhando a superfície da Terra, como uma imensa cobra em constante movimento.

A cobra! A base de minha coluna começou a formigar e então a queimar com um fogo brando. Sim, era a mesma energia que tinha experimentado no nicho da *ñust'a* negra. Fiquei curiosa para saber o que aconteceria se tomasse o espírito desse rio pela base da coluna. A força era imensa. Uma muralha viva de poder, cru e selvagem. Um momento de terror passou por mim. Mas dessa vez não me impressionou. Sabia que poderia me fundir a essa força ou separar-me dela, e também sabia que qualquer poder que viesse a mim eu daria a alguém mais. Estava aprendendo a direcionar o poder, mas esse poder não era *eu*!

Agora, que já não tinha mais tanto medo, pisei no fluxo de energia e me deixei carregar pelo rio. Vi cada lugar onde tínhamos trabalhado, Wakaypata, a praça principal de Cuzco, a Caverna da Serpente, a Caverna Pachamama e o Templo do Sol em Pisaq, a Ponte do Vento em

Ollantaytambo e cada um dos templos em Machu Picchu, com uma clareza surrealista. No entanto, ao reconhecer cada localização, ouvia o barulho da água e sabia que estava observando todos esses templos sagrados a partir do ponto do próprio rio. Senti o amor do rio por todos esses lugares ao ver sua descida, como uma criança feliz estendendo as mãos para tocar a cerca que corre paralelo ao caminho da escola. O rio estendia sua bolha para afagar amorosamente cada templo sagrado com sua graça, seu poder. De repente ocorreu-me que a nova compreensão do poder da Luz Negra tinha algo a ver com meu sonho. Mas não conseguia concatenar as coisas. Tinha de falar com Juan.

Algo me chamou a atenção, fazendo-me olhar para cima. Quando separei minha consciência do rio, puxando-a para o corpo e olhando para cima em apenas um movimento tonto, fiquei estupefata com o que vi. Juan estava em uma posição de prece, olhos fechados e cabeça baixa, com suas mãos cobrindo as de um iniciado. Linhas poderosas de força pareciam como ondulações ou ondas de calor no ar, estendendo-se a partir do rio e fundindo-se em sua bolha. A força fluía de sua bolha até a bolha do iniciado, infundindo-o com o poder do rio. Parecia que Juan tinha momentaneamente extraído e desviado a imensa bolha de energia do rio. Alguém chamou o meu nome e a percepção energética desapareceu na hora.

— Elizabeth! — Nina chamava com excitação, vindo por detrás. — Juan está nos dando *khuyas*, pedras de poder tiradas do rio para colocarmos em nossas próprias bolsas pessoais de *mesa*. — Uma por uma, Juan carregou doze pedras com o poder do rio e cerimoniosamente deu a cada um de nós uma delas para colocarmos em nosso pacote de ritual. Ele explicou que essa pedra dotada de poder destinava-se a nossas *mesas* pessoais, junto com a pequena pedra quadrada que ele tinha dado no primeiro dia de iniciação, para marcar o despertar de nossas "sementes incas". Juan explicou que poderíamos chamar o poder do rio a qualquer hora usando essa pedra. Com isso, o ritual do rio estava completo.

Ao embarcarmos no trem de volta a Cuzco, decidi sentar-me ao lado de Juan. Tinha de perguntar a ele sobre meu sonho. Sabia que tinha de fazer isso logo, pois ele em pouco tempo cairia no sono e eu perderia a oportunidade.

— Juan, você se importa se me sentar aqui? — perguntei, um pouco constrangida. Ele já tinha dado tanto para nós que me sentia gananciosa por pedir mais. No entanto, sabia que o sonho tinha um significado que sozinha não conseguiria desvendar.

— Por favor, sente-se, Elizabeth — disse ele, atenciosamente. — Eu ia tirar uma soneca... mas vamos conversar. Como você está?

— Estou muito agradecida a você, de fato. Todos os seus ensinamentos têm sido de muita ajuda para mim e agora posso entender muito mais o que aconteceu comigo do que quando estive aqui antes. Mas... você sabe, ontem tive um sonho... um sonho estranho... por alguma razão quero contar-lhe. Pode ser?

— Lógico! — respondeu cordialmente. — Os sonhos eram muito importantes para os incas. De fato, eles eram mestres na interpretação dos sonhos. Sim, por favor, comece.

— Bem — comecei devagar, meu rosto vermelho de vergonha. Respirei fundo e entrei direto: — Sonhei que estava em uma academia de ginástica onde, para fazer o exercício, tinha de remover uma das pernas e colocá-la no armário. Sabia que, enquanto estivesse fazendo o exercício, as pessoas que trabalhavam na academia iam encurtar minha perna, ou podá-la, como parte do serviço normal que a academia oferecia. Já tinha desaparafusado a perna, guardado no armário e ido para outra sala para começar o exercício quando me encontrei com uma antiga colega de escola. Contei-lhe sobre minhas dúvidas em relação à poda de pernas e ela me disse que eu devia ir lá e dizer para eles que não queria fazer isso, que não era obrigada a fazer isso.

"Com as palavras dela, tive coragem de voltar e vi que o homem que fazia a poda já tinha a minha perna em uma bancada de serrar e já ia cortá-la, quando cheguei e pedi a perna de volta. Ele resmungou mas a devolveu, dizendo: 'Faça como quiser, senhora. Oferecemos esse serviço de graça e se tem alguém que não tem inteligência suficiente para aproveitar isso... bem, não posso fazer nada.' Quando peguei a perna de volta e olhei para a parte de cima, foi como se estivesse vendo um corte transversal do local onde seria aparafusada de novo em meu quadril. Esperava encontrar uma massa toda ensangüentada. Mas em vez disso vi arranjos perfeitos de ligamentos e músculos, rodeados por sete camadas perfeitas de pele e um belo tutano no osso ao centro. Parecia uma flor. Fez-me lembrar do colégio quando olhávamos as plantas no microscópio para ver como eram perfeitamente organizadas suas estruturas celulares. Mas ao mesmo tempo as plantas do jardim lá de fora pareciam crescer de maneira tão natural, selvagem, sem estrutura ou organização. Bem, minha perna parecia assim! Podia ver a ordem e detalhes de todas as estruturas físicas dela e de repente isso pareceu-me algo muito belo *e* natural. Todas as partes organizadas com tamanha perfeição artística."

— Que perna foi? — A pergunta de Juan me surpreendeu e tive de parar por um momento para lembrar.

— Foi a perna direita — disse-lhe.

— Ah! — disse Juan.

— Ah? — perguntei.

— É, bem como pensei. — E sem hesitar ele começou uma análise profunda do sonho.

— Primeiro — disse ele, com o gosto de um artista mostrando suas pinturas favoritas —, a perna direita representa o lado direito do caminho, que você removeu de propósito porque interfere com o seu exercício, ou pelo menos você pensa assim. O lado direito do caminho tem a ver com a estrutura. Em segundo lugar, sua intervenção para impedi-los de cortar sua perna, sua antiga colega, representa o poder de discriminação que você desenvolveu para saber o que você quer apesar das "normas" ou pressões da sociedade.

"Terceiro, o fato de você primeiro entregar a perna e depois, no final do sonho, pegá-la de volta transformada, mostra que você está indo por um processo de renúncia e regeneração com o lado direito de sua natureza. Você primeiro tem de renunciar a ele, para então ver a sua beleza. É *muito* importante que no final do sonho você tenha sido capaz de ver sua perna direita como uma 'flor', como uma bela parte da natureza. O sonho diz que agora você é capaz de ver que o lado direito,

Iniciação: A experiência de uma mulher com a espiritualidade inca 237

tudo o que tem a ver com o aspecto racional, estrutural e ordenado de sua natureza humana, também é sagrado e natural. Não é um inimigo ou impedimento para o seu caminho espiritual, mas sim uma parte que tem de ser aceita e reintegrada se você quer continuar progredindo em seu caminho. Isso aponta para o poder místico da mente crítica."

Não consegui nem respirar depois da interpretação que Juan deu ao meu sonho. Ele acertou tão em cheio que senti claramente como se tivesse recebido um golpe inesperado do vento. Pedi que explicasse, devagar, duas ou três vezes mais, para que pudesse digerir.

— Vocês, americanos, têm a tendência de achar que a mente crítica é um inimigo. Que tudo o que vocês têm de fazer é abrir sua intuição e tudo vai dar certo. Besteira! É certo que o Ocidente enfatizou demasiadamente a importância do pensamento racional em detrimento de outros tipos de conhecimento, como, por exemplo, conectar-se com a natureza selvagem e caótica do lado esquerdo do caminho. Mas por que ir de um extremo a outro? Não se pode "jogar fora o bebê junto com a água do banho", não é assim o ditado? — Juan disse, sorrindo.

Embora não fosse uma grande entusiasta dos teóricos que localizam a consciência dentro dos hemisférios do cérebro, o lado direito do caminho parecia de fato relacionado com o que, de modo geral, chama-se "funções do cérebro esquerdo", e o lado esquerdo do caminho com o "cérebro direito" mais criativo, como Juan descreveu. Com certeza os andinos centralizavam-se no corpo e não no cérebro. Juan continuou sua fascinante elucidação.

— Para alcançar o grau quatro, você tem de desenvolver os poderes tanto do lado direito quanto do lado esquerdo, juntos! Você tem de ter o discernimento. Quando você chegou na primeira vez, você estava totalmente no lado esquerdo. Ser totalmente do lado esquerdo é perigoso, porque deixa você aberta ao grande problema do delírio místico.

— Delírio o quê? — perguntei.

— O delírio místico. O perigo de se identificar com os arquétipos das energias que você está descobrindo. À medida que o ego começa a se dilatar para conter a identidade espiritual maior, ele passa por um período intenso de contração e expansão. Primeiro você pensa que você não é nada, e depois que é tudo. Isso está bem enquanto o iniciado reconhece o processo e não leva nenhum extremo muito a sério, ou age nele de alguma maneira. Infelizmente muitos iniciados começam, nesse ponto, a pensar que alcançaram algum tipo de verdade absoluta só porque se conectaram com um poder maior do que o seu eu individual. Mas esse poder ainda está sendo filtrado através dos egos individuais. Muitos mestres inspirados podem surgir de repente, mas se apagam logo como uma estrela cadente. Eles não podem conter ou sustentar seus poderes.

"Essa é uma fase muito perigosa quando se está tentado pelos poderes, que nas tradições orientais chamam-se de *siddhis*. Aqui chamamos de delírio místico. O poder da mente crítica é exatamente o que é necessário como contrapartida nessa hora potencialmente desastrosa. Seu sonho é um sinal excelente. Marca um *passo* vital para você, pode-se dizer assim." — Os olhos de Juan brilhavam de felicidade e ele olhou para mim como um pai orgulhoso.

— Além do mais, em nossa tradição e especificamente com respeito a interpretações de sonhos, vemos o corpo como um oráculo. Você sabe como uma pessoa tradicionalmente se torna um iniciado neste caminho? — Juan perguntou.

— Ouvi dizer que ela recebe um raio, vindo da própria natureza — respondi, lembrando-me das histórias que ouvia freqüentemente na *mesa* de Ricardo.

— Certo — confirmou Juan —, mas você sabia que tem de cair três raios em cima da pessoa? O primeiro raio mata o iniciado, o segundo desmembra o corpo e o terceiro junta o corpo novamente, mas em uma nova configuração. Se olharmos para essa antiga experiência iniciatória de uma maneira metafórica, vemos que o ego morre, é dilacerado e por fim reconfigurado em uma forma mais apropriada que possa reter mais energia. Os mestres andinos também dizem que se você move o corpo de alguém antes de ter sido golpeado três vezes pelo raio essa pessoa morre.

— Mas Juan, por que vi tantas vezes aqui nos Andes que essas "metáforas" têm uma realidade psíquica e uma física? Maria, uma das

Iniciação: A experiência de uma mulher com a espiritualidade inca 239

aprendizes do grupo de Ricardo, certa vez me contou sobre uma história de sua infância. Ela vivia na selva e certo dia, durante uma tempestade, sua irmã de onze anos foi golpeada por um raio. Tentando protegê-la, a família levou seu corpo inerte para um lugar abrigado e viu que dois outros raios caíram no mesmo local onde tinha caído o primeiro. A menina morreu e Maria sempre pensou que ela poderia ter sobrevivido se eles soubessem o bastante para deixar o processo se completar.

— É um ponto muito interessante, que seu grupo deve levar em consideração. Pois se usarmos esse exemplo novamente no sentido metafórico, vamos ver nele a sabedoria que, ao se submeter a um profundo processo iniciatório tem-se de permanecer no local, sem fazer movimentos muito grandes na vida, ou decisões, ou mudanças até que o processo termine.

— Juan, o que aconteceu lá no rio? — perguntei, incapaz de resistir à pergunta. — Que poder é esse que primeiro encontrei no nicho negro e depois no rio Willkañust'a? Primeiro me assustou, mas agora...

— Agora? — perguntou ele, olhando fundo em meus olhos com sua peculiar intensidade.

— Agora me sinto calma sobre isso. Não acho que ele puxe de mim, mas que ele se move através de mim. Não sei como explicar isso. — Olhei para baixo, sentindo-me tola, envergonhada por minha incapacidade de articular a experiência.

— Bom — disse Juan. — Você sabe que o primeiro círculo é o círculo de energia que está relacionado com a Luz Negra? — Eu balancei a cabeça, confirmando. — Mas é só quando a Luz Negra é puxada até aqui — disse ele, tocando o ponto entre as sobrancelhas — e guiada pela força da consciência, ou seja, pelo poder místico da mente racional, que ela vai ser útil. Você conhece a cerimônia do chapéu preto dos tibetanos? — perguntou-me Juan.

— Não — disse —, como é?

— Acho que deve ser uma cerimônia relacionada a essa mesma prática esotérica. Ouvi dizer que o chapéu preto é feito na verdade dos pêlos públicos das yogues. É uma metáfora para a mesma idéia, de trazer a energia da força vital do centro inferior até ser direcionada pela consciência superior.

O trem movia-se com seu barulho costumeiro e nós dois nos dispersamos, Juan para a sua soneca atrasada e eu para digerir tudo o que tinha sido falado. Chegamos em Cuzco tarde da noite e Juan foi para sua casa, pedindo-me que contasse a nossa conversa para o grupo durante o jantar.

De volta à casa da *señora*, comemos avidamente a deliciosa refeição quente e ficamos conversando até bem tarde. Contei sobre meu sonho e a interpretação de Juan. Falei da conversa sobre o delírio místico, o que levou o grupo ao pesado tema de poder, abuso de poder e a sedução do poder. Praticamente todos no grupo já tinham tido alguma experiência profunda com isto, fosse como vítima ou como perpetrador, e na maioria dos casos como ambos.

Todos concordaram que nenhuma posição era realmente satisfatória e que agir como vítima ou como perpetrador baseava-se no medo. Medo era o problema. Como terapeuta familiar, já tinha visto isso muitas vezes. O medo fazia as pessoas agirem de maneira terrível. Todos ali no grupo, em uma ocasião ou outra, tiveram de lutar contra um medo opressor, antes de partirem para o Peru. Na verdade, a viagem inspirou um medo tão profundo que forçou alguns a fazerem seu testamento antes de partirem. Outros tiveram sonhos de morte, acidentes ou de serem mortos.

A diferença com este grupo é que todos já tinham seus recursos psicológicos para saberem que esses sentimentos apontavam uma experiência importante, para mudar a vida. Uma verdadeira iniciação. A experiência seria uma morte psicológica ou do ego, diferente da perda literal do corpo físico. O engraçado é que alguma coisa em nós desejava esse tipo de morte. Enquanto conversávamos, vi que eu, também, tive os mesmos sentimentos naquele dia no deque de Santa Cruz, quando minha própria voz interna me advertiu que, se fosse ao Peru, minha vida não seria mais a mesma. Era a ameaça da morte e o desafio de um novo tipo de vida, um novo começo, uma iniciação. Estava tudo ali naquele momento.

Por fim, fomos forçados a ir para a cama, pois no dia seguinte teríamos de acordar cedo para a visita cerimonial ao Templo da Morte.

13

Templo da Morte

CHEGAMOS A UMA RUÍNA NOS ARREDORES DA CIDADE, DEPOIS DE passarmos pela costumeira estrada esburacada e poeirenta. Ainda estávamos sonolentos, bocejando e nos espreguiçando por termos acordado tão cedo. Levamos apenas quarenta minutos para chegar a uma belíssima ruína, famosa por sua fonte de água, chamada Tambomach'ay. Era um templo grande de três níveis, muito bem entalhado na pedra, num dos lados de uma colina. No topo havia cinco nichos grandes. Em frente aos nichos, água corrente fluía de um aqueduto inca e caía em grande cascata até o segundo nível, onde outro canal separava a água em duas canaletas, que caíam novamente em uma grande piscina de pedra no nível do térreo. A nascente não era visível e presumi que vinha da terra. Juan nos reuniu ao redor da piscina, para dar os ensinamentos daquela manhã.

— Dizem que o poder da Luz Negra, sobre o qual vocês estiveram conversando com Elizabeth ontem à noite, tem o controle ou a chave da vida e da morte. Por isso os *paqos*, que podem controlar esse poder, mantêm a força da criação e da destruição, ou a vida e a morte, em suas mãos. Encontrei muitos mestres que me mostraram muitos poderes, mas nenhum deles conseguia ter domínio completo dessa força. Pelo menos até agora.

Ficamos ali, recebendo quietamente as palavras de Juan, a gravidade evidente do tema pesando forte em nossas mentes. Ele gesticulou para que o seguíssemos pela pequena escada de pedra para o outro nível do templo. O poder tinha de ser manejado com verdade e conhecimento, ou poderia ser usado para propósitos egoístas ou para a destruição. Aqueles comentários de Juan me fizeram voltar à conversa do jantar, quando surgiram imagens e sentimentos em todos nós de muitas situações — ou da vida inteira — nas quais abusamos do poder ou ficamos à mercê do abuso de alguém mais. Psicologicamente, ou até de minha própria experiência, sabia que abuso de poder levava a um ponto: ser incapaz de tolerar meu próprio desamparo, meu próprio poder limitado e imperfeito. Isso era terrível, e quando sentia tanto medo assim, queria atacar os outros, seja verbal ou emocionalmente, ou até mesmo em pensamentos.

Compreendi que para seguir esse caminho era necessário um profundo exame da própria sombra, para se reconciliar com sua própria incapacidade, sua própria vulnerabilidade, seu próprio sadismo, ciúme, inveja, ou qualquer coisa que pudesse fazer alguém usar o poder de uma maneira maléfica. Compreendia agora por que tanto conhecimento esotérico tinha sido mantido em segredo.

— Vocês vêm de uma cultura que nega a morte. Mas aqui, em meu país tão pobre, vivemos lado a lado com a morte, todos os dias. No entanto, isso não quer dizer que é mais fácil lidar com a morte só por ser peruano e ter sido criado em uma sociedade estritamente católica. Essas idéias sobre purgatório, paraíso e inferno só servem para nos amedrontar, matar nossa curiosidade e evitar a exploração dos grandes mistérios da vida humana... morte — disse Juan, de maneira casual. Fiquei bastante surpresa com sua tranqüilidade ao falar sobre o tema. E ele continuou.

— Mas se for realmente possível adquirir o poder místico sobre a vida e a morte, temos então de compreender o que na verdade é a morte — Juan continuou, falando em voz alta os pensamentos de

Iniciação: A experiência de uma mulher com a espiritualidade inca

todos no grupo. — Meu mestre, Dom Benito, era um homem muito engraçado, como a maioria dos índios quíchuas. Ele me ensinou sobre a morte de uma maneira bela e com humor. Vocês gostariam de ouvir a história?

— Claro! — responderam enfaticamente ao mesmo tempo, Barbara e Maryann. Outros balançaram a cabeça, concordando com entusiasmo. Eu, pelo menos, era fascinada pelo tema, mas dificilmente encontrava alguém pronto para falar sobre isso. Fiquei feliz por Juan ter uma história sobre o tema. Como terapeuta, já sabia que tópicos muito difíceis eram sempre mais fáceis de digerir quando vinham na forma de histórias. Juan começou o seu conto.

— Quando Dom Benito morreu, fiquei arrasado. Ele já tinha uns oitenta anos quando o vi pela primeira vez, e depois trabalhei com ele por mais dez anos antes de ele morrer, em abril de 1988. Meu pai e eu éramos muito íntimos e compartilhávamos o mesmo trabalho, mas ele era um acadêmico. Ele e eu não conversávamos sobre temas espirituais. Dom Benito, no entanto, era como um pai espiritual para mim. Ele me ensinou tudo o que sabia e eu o amava de todo o meu coração.

"Como a maioria do mestres andinos, Dom Benito sabia quando ia morrer. Uma semana antes de sua morte, ele chamou todos os seus discípulos. Por um estranho contratempo, não recebi a mensagem de que ele tinha me chamado e por isso não estive lá para dizer-lhe adeus, ou receber suas palavras finais ou presentes que ele quisesse me dar. Assim, quando me falaram que ele tinha morrido, fiquei traumatizado. Joguei minha *mesa* contra a parede e jurei que nunca a usaria novamente. Se todo o meu treinamento só tinha me levado a esse sofrimento, então não valia o esforço, disse para mim mesmo.

"Por sorte, no entanto, uns meses antes tinha acertado um compromisso de dar a iniciação *hatun karpay*, a mesma que vocês estão recebendo agora, para um estudante de Lima. Esse rapaz chegou a Cuzco e não me deixou quebrar o compromisso. Agora pergunto a vocês, quem é o mestre e quem é o discípulo neste caso? — Juan sorriu, e sua humildade o fazia ainda mais adorável. — Por isso, tive de treiná-lo por toda a cerimônia, começando como vocês, na catedral, e depois indo para Illia Pata. Vocês devem se lembrar da plataforma de luz, onde trabalhamos com os *qosqos* pela primeira vez.

"Bem, estava em Illia Pata quando Dom Benito apareceu para mim, sorrindo e concordando com o meu ensinamento, e depois desapareceu. Eu o vi claramente, tanto quanto estou vendo vocês diante de mim agora. Depois, aqui no Templo da Morte, ele apareceu para mim de novo e me disse, rindo e sorrindo como de costume, que não deveria ficar aturdido com a ilusão da morte, mas que para compreender a morte eu teria de ir além dela.

"Agora você vai ter de ir além da morte" — Juan repetiu quando seus olhos prenderam-se nos meus. Estávamos no nível superior do templo em frente aos cinco nichos de pedra. O templo cobria uma área bastante grande, de uns sete metros quadrados, com os mais refinados artefatos em pedra que já tinha visto. Maravilhei-me com a beleza do aqueduto que passava diante de nós e caía em cascata até o nível inferior, onde se separava em dois canais, para depois cair em uma piscina mais abaixo. Daquela piscina, outro aqueduto inca levava a água para além de uma estrada de terra até chegar a um rio do outro lado. Lá a água fluía para uma outra ruína que parecia ter sido completamente destruída. Nada além da fundação de pedra permanecia. Notei que essa fundação estava bem em direção oposta aos nichos, na ruína onde agora estávamos. Sempre tinha ouvido falar que Tambomach'ay era um templo da água, e nada mais. Juan nos dizia agora que sua função era, na verdade, bem diferente.

— Vocês vêem como a água desce pelo canal principal aqui — disse ele, apontando para a forte corrente de água diante de nós. — Então ela se separa em dois canais. — Meus olhos seguiam seus dedos que iam apontando o caminho. — Essa separação representa o momento da morte, a separação do corpo e do espírito, ou da bolha humana de energia viva de seu invólucro. Depois, vocês vêem como os dois canais de água voltam a se encontrar na piscina, lá embaixo onde entramos, e então cruzam o pequeno rio do outro lado da rua?

— Cabeças balançavam para cima e para baixo ao olharmos para

Iniciação: A experiência de uma mulher com a espiritualidade inca

onde ele apontava. — Vocês podem ver como aquele canal vai até o templo do outro lado do rio — disse-nos, referindo-se àquelas fundações de pedra como um templo. — Isto é uma metáfora. Representa a jornada que a alma faz depois da morte, cruzando o rio.

— Como o rio grego Styx! — Concordei com vigor.

— Exato — disse ele, sorrindo para mim. — O templo no outro lado representa o lugar para onde vamos quando morremos. Agora, vocês vão se conectar aqui com a energia viva desse templo, entrando em cada um desses cinco nichos e deixando-se encher com a energia do local. E depois de terem feito isso, venham até aqui e olhem para o templo do outro lado. Usem seus *qosqos* para construírem uma ponte de energia viva deste templo para aquele.

Fechei os olhos e entrei em cada nicho, com a intenção de conectar minha bolha com a bolha de energia do templo. Senti os soluços familiares pouco antes de o fluxo de energia sair do templo e entrar em meu corpo. Concordei comigo mesma, estava conectada.

Voltei-me para encarar a ruína do outro lado. Usando meu *qosqo* comecei a puxar a energia viva de todo aquele ambiente a minha volta e também dos nichos. Aos poucos comecei a construir a ponte de energia. Como uma aranha, estava formando essa ponte a partir de meu próprio corpo, juntando todos os fios de energia. Quando começou a crescer a partir do centro da barriga, direcionei-a para o templo do outro lado do caminho. Minha percepção começou a mudar e não só eu podia ver mas também saborear com meu *qosqo* a sensação da energia viva no outro lado, no Templo da Morte. Por quê?, esse local não parecia nada morto!

Minha mente e meu coração ficaram chocados ao reconhecer que esse local, o Templo da Morte, ou pelo menos o que pensava que seria a morte, era na verdade um outro reino de energia viva! Era apenas um outro tipo diferente de energia, mais refinada. Havia seres e atividades e vidas nesse outro templo. A energia viva de meu *qosqo* estava fazendo a ponte não só entre dois locais físicos, mas também entre dois reinos. Minha energia viva conectada à energia viva do outro lado. Entendi que, se quisesse, poderia atravessar a ponte que tinha acabado de construir e visitar o "outro lado".

— Vamos? — a voz de Juan interrompeu meu transe profundo. Meus olhos se abriram para ver seu rosto sorridente. — Sim — disse ele, lendo meus pensamentos. — Outro dia você vai cruzar aquela ponte. — Começamos a andar passando por turistas tirando fotografias. — Elizabeth — disse Juan, interferindo novamente no meu estado de transe com intensidade.

— Sim — respondi sonolenta, achando difícil voltar ao mundo normal.

Ele ficou mais suave e começou a rir de mim.

— Você tem de aprender a se tornar invisível. — Senti-me embaraçada com esse pedido. Mal estava aprendendo a usar meu *qosqo* e a puxar as linhas de energia, e compreender o poder e a morte, e agora ele queria que eu aprendesse a ficar invisível também? Franzi meu rosto, e Juan caiu na gargalhada, fazendo-me sentir ainda menor. — O que eu queria dizer é que você pode estar tendo as experiências místicas mais fortes dentro de si, mas deve parecer uma turista do lado de fora. Isso é ser invisível.

Subimos no ônibus e voltamos para Cuzco. Durante a tarde haveria outro ritual. Enquanto chacoalhávamos naquela estrada de terra que nos levava do Templo da Morte até a capital inca, pedi a Juan que explicasse mais sobre o sistema de energia andina, tão diferente do conceito de chakras da Índia, mais familiar para todos.

— O sistema andino é, na verdade, muito simples — Juan começou a explicar para aquele ônibus cheio de aprendizes, com rostos e bolhas brilhando da recente experiência no templo. — É mais parecido com o sistema taoísta do que com o hindu. Em vez de chakras, ou "rodas de luz" como descrito pelos místicos e videntes da Índia, nossos sacerdotes entendem que temos quatro cintos ou faixas de energia que rodeiam o corpo. Temos até um tipo especial de *paqo* com *khuyas* especiais, ou pedras, que servem como ferramentas usadas em uma certa cerimônia para abrir esses *chunpis*, ou cintos de energia. Na tradição hindu é necessário estudar durante muito tempo para poder abrir esses chakras, mas no sistema andino você pode trabalhar com o *chunpi paqo* e ter uma experiência imediata.

— Mas, Juan, quem vai ser nosso *chunpi paqo*? Você conhece um? — perguntei.

— Sim — Juan respondeu, balançando a cabeça com humildade. Então ele apontou para si próprio. — Eu. Dom Andres Espinoza de Q'eros me treinou na arte do *chunpi paqo* em 1982. Depois Dom Benito deu-me o ritual novamente quando terminei a Grande Iniciação, e consegui encontrar um antigo grupo de pedras no mercado. Hoje à tarde, depois do almoço e de um descanso, vou para a casa de vocês e vamos executar a cerimônia de abrir os cintos.

Chegamos de volta à casa e a *señora* nos recebeu no portão com o latido dos cachorros e os rostos sorridentes de Panchita e do pequeno José, o assistente de Panchita. Todos muito felizes por nos ver. Ela já tinha o almoço pronto, esperando por nós.

Por volta das duas horas, depois de almoçarmos fartamente — uma deliciosa sopa *quinoa* e *lomo saltado*, um prato peruano de bife, arroz, batatas, tomate e alho — concluindo com uma xícara de chá preto do próprio local, fomos descansar ou escrever nos diários enquanto esperávamos por Juan. Às duas e meia decidi ir procurá-lo, e estava descendo aquelas barulhentas escadas de madeira quando olhei para cima e notei que o céu tinha se fechado bastante. Em direção ao sudoeste, no pico de Apu Ausangate, estava quase que completamente escuro. Passava pelo jardim em direção ao portão quando a campainha tocou. Era Juan.

— *Hola, Maestro* — disse com um pouco de irreverência, segurando a velha porta de madeira para que entrasse.

— *Hola*, discípula — Juan contra-atacou, ambos rindo enquanto trocávamos o costumeiro beijo de cumprimento.

— Vamos para cima. Estão todos esperando — disse para ele, correndo na frente através do jardim e pelas escadas em passos bem largos. A esta altura meus pulmões já estavam acostumados com a altitude. Passei pelo corredor batendo em cada porta como se fosse um sargento, anunciando que Juan tinha chegado e que todos tinham de sair do quarto para se apresentarem. Quando tinha batido nas seis portas e recebido as respostas abafadas lá de dentro, voltei para a sala. Juan não estava mais.

Achando que ele tinha saído para fumar um cigarro, pois ele sabia que eu não permitia que fumassem em casa, saí para a escada externa. E lá o encontrei olhando intensamente para o vale e a tempestade iminente. Ele não estava fumando.

— Juan? — disse baixinho. Não houve resposta. Fui até o lance da escada e desci uns degraus até onde ele estava e quando olhei na direção em que ele olhava, um enorme raio caiu em nossa frente. Dei um pulo para trás, assustada. Juan continuava olhando, parado como uma pedra. O raio nem conseguiu fazer com que ele piscasse os olhos.

Ele cochichou algo para mim, mas sua voz se perdeu com o barulho dos primeiros grandes pingos de chuva que começaram a bater no telhado de amianto que cobria a escada. Curvei-me, esforçando-me para ouvir o que dizia. Seu olhar fixo não se desviou um momento do vale, enquanto eu levantava minha cabeça para ouvir suas palavras.

— Abra o seu *qosqo* — dizia-me. Meu ouvido já estava do lado de seus lábios para que pudesse ouvir o próximo comando, quase inaudível: — *Coma a tempestade.*

Um arrepio de terror e excitação correu por mim, com aquele seu brilhante e impetuoso comando. Imediatamente me virei, imitando a postura de Juan, e encarei a tempestade. Experimentei comandar meu *qosqo* para que se abrisse e alcançasse aquela massa revolta de nuvens cinza, a chuva forte e pesada e os raios com seus feixes de luz metálica. Senti um tremendo poder ali. Podia ver com meus olhos. Mas o mais fascinante era poder também saboreá-lo com o *qosqo*. Tive uma sensação cálida e forte, e um choque elétrico. Minha consciência fundiu-se com a tempestade, enquanto vibrava com o sopro forte do vento, a carga do raio e o delicioso ar da chuva.

Comecei a puxar a tempestade para o *qosqo* como se estivesse alimentando-o com a própria força da tempestade, trazendo-a para o meu corpo. Será que era imaginação minha ou a tempestade respondia para nós? Parecia que a tempestade, satisfeita com a atenção que estava recebendo, estava chegando cada vez mais perto. Ou será que a estávamos puxando? *Talvez estivesse apenas no seu curso normal*, matutou a mente racional.

Iniciação: A experiência de uma mulher com a espiritualidade inca

Quando criança, sempre adorava as tempestades, que eram muitas no interior onde cresci. Agora, em vez de estar apenas desfrutando da tempestade, estava aprendendo a como me conectar com o seu poder. Isso era incrível! Impressionante!

— Elizabeth? Juan? Onde estão vocês? — Chamavam as vozes dos iniciados. Colocando um dedo em seus lábios, Juan sorriu e piscou para mim e nós dois começamos a subir a escada até a sala.

Quando estavam todos reunidos ali, Juan começou a abrir um belíssimo tecido de lã alpaca com bordas de uma faixa bem preta e unido pelos quatro cantos com uma fita colorida. Dentro daquele pano havia um outro, quase todo preto e com desenhos geométricos em rosa-*shocking*. Imediatamente reconheci as cores dos índios q'eros, e da bela manta de alpaca, tecida com a mão esquerda para a proteção espiritual. Sabia que Juan tinha sido treinado com os q'eros, um grupo de indígenas andinos que ainda viviam em vilas a cinco mil metros de altitude e eram considerados descendentes diretos dos incas, e que seus outros mestres principais, além de Dom Benito, tinham sido Dom Andres Espinoza e Dom Manuel Q'espi de Q'eros. Mas não sabia mais nada além disso.

Ao abrir o tecido interno, Juan revelou cinco pedras branco-amarronzadas, esculpidas de maneira peculiar, cada uma do tamanho de um grande ovo. Cada pedra tinha uma ou mais saliências estranhas. As primeiras três eram chatas na base retangular para que pudessem ficar de pé, com o topo esculpido em forma de um, dois e três seios elípticos apontando para o céu. A quarta pedra era mais arredondada, com quatro saliências, e a quinta pedra era maior, quase do tamanho de uma maçã e com a forma de uma estrela de cinco pontas. As pedras pareciam ser brancas originalmente, mas tinham ficado meio marrons com o passar do tempo. Queria saber quantos anos tinham.

— Essas são as pedras sagradas, as ferramentas do *chunpi paqo*. Vocês vêem a cruz gravada aqui? — disse ele, apontando para a base da pedra de uma saliência. Lá, podia-se ver uma cruz cristã muito bem esculpida. — Essa cruz indica que esse conjunto de pedras foi provavelmente esculpido por volta do século XVII. — Olhamos para aquelas pedras com assombro. Elas eram belíssimas e pareciam pulsar suavemente com energia viva.

— Isso quer dizer que os *chunpi paqos* ainda praticavam sua arte bem depois da conquista dos espanhóis — disse Barbara com uma voz bastante grave.

— Exatamente! — corroborou Juan. — É por isso que ainda existem *chunpi paqos* praticando a sua arte hoje em dia. E o fato de essas pedras mostrarem a cruz cristã revela de novo a flexibilidade e sincretismo do sistema andino. — Era fascinante pensar que os incas tinham desenvolvido todo um diferente modo de ver, interpretar e trabalhar com o sistema energético humano que datava de bem antes da chegada dos espanhóis, e que depois mantiveram sua arte e até mesmo incluíram símbolos cristãos em suas práticas.

— Agora — começou Juan novamente, prendendo a atenção de todos ao levantar no ar a primeira pedra, a de uma saliência, diante de nós. — Nos Andes acreditamos que, no momento da concepção, três diferentes poderes se juntam: o poder da matéria, o poder da alma individual e o poder eterno do espírito. Esses três poderes se encontram aqui — disse ele, apontando para uma área da cabeça um pouco acima da linha do cabelo. — Quando somos crianças essa área ainda está muito aberta e recebemos muita energia vital pura ou "luz branca" através dessa abertura. Mas quando crescemos, esse centro de energia se fecha. Vamos usar essa pedra para abrir o centro novamente.

Juan trabalhou com essas pedras sagradas para abrir cada um de nossos cintos energéticos. Ele começou com o cinto negro na base da coluna, que estava relacionado à água. Então foi até o *qosqo*, o centro para o cinto vermelho que rodeava o corpo e estava relacionado com a terra. Em seguida usou a pedra especial para abrir o cinto em volta do coração, que era dourado e tinha relação com o fogo e o sol. O cinto de energia na garganta era prateado e se relacionava com o espírito do vento. Por fim, ele usou a quinta pedra para abrir o ponto entre as sobrancelhas: era púrpura e tinha relação com as energias mais finas do mundo superior. Ele usava uma pedra diferente para abrir cada cinto de energia.

Iniciação: A experiência de uma mulher com a espiritualidade inca

Enquanto Juan trabalhava pacientemente com cada um e o resto de nós observava, a tempestade aumentou. Tive de me levantar várias vezes e fechar a porta no topo da escada, pois ela sempre se abria com as poderosas rajadas de vento. Quando anoiteceu e a sala ficou escura, a tempestade estava tão ativa que os relâmpagos curtos mas intermitentes criavam luz bastante para podermos enxergar. Ninguém se moveu para pegar alguma lanterna ou acender qualquer outro tipo de luz. O efeito dos relâmpagos nos rostos dos iniciados, à medida que Juan ia trabalhando com cada um, era magnífico. Parecia que a própria natureza estava adicionando o seu poder e bênção em honra à nossa cerimônia.

Juan trabalhava sem parar, repetindo as preces com cada mudança de pedra sagrada e então parando para fazer uma oração mais longa quando começava com um iniciado novo. Logo seria a minha vez e estava intrigada para descobrir se iria ver as coisas que Juan tinha falado ou se pelo menos iria sentir alguma coisa.

Quando chegou minha vez, todos os demais já tinham ido para seus quartos, estavam relaxados demais ou em um estado alterado de percepção tamanho que não conseguiam fazer mais nada. Juan parou por um momento para sair e absorver mais energia viva da tempestade, antes de se voltar para mim. Ele abaixou sua cabeça e começou a orar novamente, enquanto segurava o primeiro *khuya* bem firme na mão. Fechei os olhos, querendo manter um estado de atenção.

Senti o toque macio e refrescante da primeira pedra quando ele a colocou em minha cabeça. Senti na hora um formigamento quente na raiz dos cabelos em volta da pedra. Meus braços se arrepiaram. De repente, senti um pequeno estouro e um brilho de luz. *Deve ter sido um raio*, a mente falava.

— Você sente? — cochichou Juan para mim. Balancei a cabeça afirmativamente, porque não conseguia falar. De novo, entrei em transe profundo. Ele mudou o *khuya* e senti o calor se mudar para a nuca, onde parecia cair em duas poças. — Sente a separação dos campos? — perguntou Juan. Confirmei, pois não tinha nem mesmo de tentar, era tão fácil sentir. Senti as cordas dourada e prateada puxarem-me para baixo, a partir da nuca, a dourada à minha direita e a prateada à esquerda. O *khuya* estava se movendo para baixo na espinha, mas a consciência movia-se antes do *khuya*. Correu para a base da coluna, quando se abriu em uma linda flor verde, da cor exata da *ñust'a* verde. Depois a verde correu pela coluna e, fundindo-se com a prateada e a dourada, tornou-se um preto vivo e brilhante.

O *khuya* de Juan chegou bem na base da minha coluna.

— Aberta? — perguntou, para saber se sentia a base central aberta.

— Sim. — Minha língua afrouxou e fui capaz de murmurar algo. Observei a Luz Negra pulsando intensamente. O preto era brilhante, com o prata e o dourado, mas não eram as cores que faziam o preto parecer luminoso. Pelo contrário, o prata e o dourado davam ao preto a dimensão e o volume. A Luz Negra crepitava e pulava em minha nuca.

— Agora misture as três juntas — pediu-me Juan.

— Feito — respondi suavemente.

— Arrá, você está sempre adiantada — brincou Juan. — Certo, traga a Luz Negra de volta ao centro da base de sua coluna. — Essa Luz Negra era de um poder caprichoso, e tive de exercer bastante de minha vontade para direcioná-la de volta à base da espinha. Juan rapidamente puxou o cinto negro em volta de minha bacia colocando seus *khuyas* ao redor do quadril, assegurando-se de que o cinto estava conectado na frente e atrás. Podia sentir o cinto como se estivesse usando um, como se estivesse marcada por um. Do centro de meu baixo ventre ele levou seu *khuya* até um ponto uns oito centímetros acima do umbigo e diretamente acima do diafragma, o meu *qosqo*. Ele então pressionou um pouco seu *khuya* naquele ponto.

— Aberto? — perguntou ele. Uma pulsação vermelha fluiu em meu *qosqo* e antes de ele começar a trabalhar com o *khuya*, já tinha sentido o cinto vermelho ao redor da cintura começar a "ligar" sozinho. Juan trabalhou o *khuya* pelo lado esquerdo de meu torso, conectando-o à coluna e depois voltando para a barriga. Depois trabalhou o *khuya* pelo lado direito de meu torso e foi até a espinha. — Conectada? — perguntou ele. Agora tinha um cinto vermelho de energia vibrante ao redor do meio do corpo. Com os olhos fechados fiz sinal que sim.

Iniciação: A experiência de uma mulher com a espiritualidade inca

Então, ele moveu seu *khuya* para o meio do peito e um fogo dourado e quente acendeu-se em meu coração. Enquanto ele movia o *khuya* ao redor do corpo, fazendo círculos na altura dos ombros, vi um fogo dourado sair do coração e tomar toda a área do peito, formando um cinto de profunda luz dourada. Juan dirigiu o *khuya* para minha garganta e aí ouvi o canto da *ñust'a* prateada, enquanto via e sentia a luz prateada se juntar na área da garganta. Juan mudou o *khuya* e começou a fazer círculos ao redor da garganta, conectando o cinto de prata na frente e atrás. Então traçou uma linha, com uma das saliências do *khuya*, de minha garganta até o meio do rosto. Ele parou no ponto entre as sobrancelhas.

— Agora, absorva a energia púrpura de meu *khuya* — disse-me ele. Novamente, aconteceu quase que por si próprio. E não pude dizer o que veio primeiro, suas palavras ou a luz púrpura. Era um violeta forte e magnífico, minha cor predileta desde a infância. Não era escuro, mas um violeta brilhante e rico. A cor parecia iluminada de dentro assim como a Luz Negra, um tipo de púrpura incandescente. A cor por si própria era pura felicidade.

— Certo. É isso mesmo. Desfrute — disse-me Juan. Só então percebi que tinha um enorme sorriso em meu rosto quando recebi a energia púrpura. — Agora, solte toda a sua energia pesada para a minha pedra — disse Juan, virando a pedra para que o lado oposto da saliência tocasse em minha testa. Deixei a *hoocha* sair e me senti mais leve, e a mente ficou vazia e relaxada. — Agora você pode absorver toda a energia púrpura — disse Juan. Fiquei bastante tempo sentindo as belas cores de minha bolha energética. Ela parecia diferente, gorda e redonda e cheia e saudável! Disse isso para Juan. Ele riu e concordou, dizendo: — Vá e reúna os outros. Tenho algumas coisas mais para dizer, antes de ir embora.

Depois de algum trabalho para reunir todos novamente, Juan falou-nos como um grupo:

— Suas bolhas ficaram agora completamente recarregadas, o que significa que muitos pequenos apegos à sua bolha energética foram cortados. Suas relações com as pessoas podem mudar, e podem ter certeza de que a reação das pessoas para com vocês vai mudar. Estejam cientes de que agora vocês poderão receber muita projeção dos outros — Juan nos advertiu. — Como a bolha de vocês está cheia e harmonizada com a natureza, vocês podem atrair ciúme e projeções da sombra de outros. Lembrem-se, vocês têm de comer a energia pesada deles, essa é a prática que vocês já começaram. Agora vou lhes dizer mais sobre o nosso caminho, pois amanhã é a cerimônia de coroação.

"O ponto aqui é tornar-se um 'vidente', *qawaq* em termos andinos. Se olharmos para as grandes tradições de nossos tempos — disse Juan pausadamente e com clareza, seus olhos brilhando à medida que se empolgava com o tema —, vamos ver os gregos se relacionando principalmente com conceitos. Segundo eles, o conhecimento teórico e a construção de belas estruturas conceituais, tais como a matemática, eram de importância primordial. Os judeus, no entanto, estavam mais preocupados com os preceitos, os Dez Mandamentos de Moisés e a lei moral que, de certo modo, tiveram enorme importância para a tradição judaica.

"Os profetas andinos, no entanto, enfatizam pontos diferentes. Para eles, a *percepção* é muito mais importante. Lógico que conceitos e preceitos também são importantes, mas para nós a *percepção* é fundamental. Isso quer dizer que uma pessoa realmente avançada é capaz de ver o mundo de energia viva atrás de todas as formas manifestas.

"A cultura ocidental é uma cultura muito visual. Vocês dão muita ênfase às aparências e às informações que recebem através da visão física. Mesmo a tradição hindu chama o olho espiritual de 'terceiro olho', referindo-se aos olhos físicos como os outros dois. Mas o olho *qawaq* é o 'sétimo olho' em nossa tradição, e vou dizer-lhes por quê. Com essa cerimônia das pedras sagradas, abrimos seus quatro cintos de energia e cada cinto tem um centro, ou um 'olho': a base da coluna, a barriga, o coração e a garganta. Estes, nós consideramos como os primeiros quatro 'olhos'. Adicionem seus dois olhos físicos, o que dá um total de seis. Uma vez que esses seis olhos estejam abertos, vocês estarão prontos para abrir o ponto entre as sobrancelhas. Ele recebe o

Iniciação: A experiência de uma mulher com a espiritualidade inca   255

nome de sétimo olho. Em nossa tradição, tornar-se um vidente quer dizer que todos os seus sete olhos estão abertos e que vocês podem ver ou perceber com todo o corpo, com toda a sua bolha energética. Esse é um grau muito elevado de percepção, que poucos de nossos sacerdotes de quarto grau alcançaram.

"Dom Benito era um dos poucos. Eu lhes disse que os místicos andinos se baseiam em uma realidade de energias vivas e na percepção direta desse mundo energético. Para explicar isso de maneira mais clara, deixe-me contar uma história sobre Dom Benito. — Todos concordamos e Juan continuou.

"Em 1986, eu estava em contato com um grupo de pessoas muito envolvidas com os ensinamentos do calendário maia. Havia uma data que eles descobriram ser a da grande transformação mundial. Essa data seria em agosto de 1987. O grupo me perguntou se os profetas andinos concordavam com essa data. Disse-lhes que iria investigar. Fui até a vila de Huasao, para me encontrar com Dom Benito.

"Estávamos conversando em sua casa quando lhe disse sobre essa data e qual o seu suposto significado, ou seja, um momento de transformação para toda a humanidade e para todo o mundo. Dom Benito ouviu-me atentamente e depois, sem dizer uma palavra, levantou-se e saiu. Após alguns minutos fui ver onde ele tinha ido e o encontrei fora de casa, olhando para o vale em direção a Cuzco. Estava parado, sem se mexer, e não quis perturbá-lo. Quando voltou para dentro de casa, simplesmente balançou a cabeça e disse, 'Não, ainda não'. 'Mas Dom Benito, protestei, como o senhor sabe? Como pode ter tanta certeza, se os meus amigos passaram meses e fizeram tantos cálculos matemáticos para chegar a essa data?'

"Dom Benito apenas riu e disse: 'Eu sei porque eu vi. A bolha energética de Cuzco está apenas na metade das montanhas. Para indicar a hora de que seus amigos estão falando, a bolha tem de estar no topo das montanhas. Essa hora ainda não chegou, mas vai chegar. Diga aos seus amigos.' Dom Benito parecia indicar que em relação a predições e profecias, as datas são incertas e mutáveis. Temos de depender de algo mais imediato, como a percepção direta da energia."

— Mas, Juan, você não nos contou tudo sobre as profecias. Como é que elas entram no contexto? O que são de fato as profecias? O que elas dizem? — perguntou Maryann, com insistência.

— Estou pesquisando e analisando as profecias há doze anos. Isso é difícil porque não há nada escrito, somente a tradição oral. As profecias falam diretamente desse período da história como um momento de transformação, o que nos Andes chamamos de *taripay pacha*. Literalmente quer dizer a "era de se encontrar novamente", mas se refere ao potencial para uma era dourada de abundância. Esta é uma época no qual os seres humanos têm de realmente começar a trabalhar juntos. Mas também é uma época em que ocorrências milagrosas podem e devem acontecer. Deixem-me explicar.

"O dia primeiro de agosto de 1993 marcou o final de *pachakuti*, uma transmutação cósmica que preparou a Terra para a primeira fase de *taripay pacha*. Esta fase inicial deve durar de 1993 até o surgimento do grau cinco de consciência. Já falamos algumas vezes sobre esse grau cinco, mas o que vocês não sabem é que os sacerdotes do grau cinco vão ser pessoas com poderes milagrosos de cura. Eles terão de ser capazes de curar as pessoas de todos os tipos de problemas e doenças, com um simples toque. E terão de ser capazes de fazer isso sempre."

— Será alguém que tenha conseguido domar o poder da Luz Negra? — perguntei nervosamente.

— Isso é bem possível — concordou Juan, e continuou sua narrativa. — A segunda fase vai durar até a manifestação do inca Sapa, um sacerdote do grau seis de consciência e que vai ter de mostrar liderança extraordinária, grande força social e poder político. Alguém que possa reconstruir o império inca, mas de maneira muito mais gloriosa do que a alcançada no passado. A forma completa de *taripay pacha* vai começar quando os sacerdotes do sexto grau emergirem, o que pode ser por volta de 2012, por aí. As datas não são certas, pois isso é apenas uma oportunidade. Nós, a humanidade, temos de fazer o trabalho.

"Esse período, de 1993 até 2012, representa um 'período crítico' no desenvolvimento da consciência humana coletiva. Esses dezenove anos marcam a época em que uma significativa percentagem da humanidade pode e deve passar do terceiro ao quarto grau. Temos de ser capazes de deixar de lado o medo e aprender a compartilhar nossos dons e conquistas culturais. Se realmente pudermos aprender a viver *ayni*, a reciprocidade sagrada, e compartilhar todo o nosso conhecimento acumulado sem medo de ninguém, então poderemos descobrir nossa integridade, como juntar peças de um quebra-cabeça que constitui a nossa família humana, nossa *ayllu*. Depende do povo da Terra, ou seja, nós, maximizar esse período crítico a fim de trazer a *taripay pacha*. Não podemos perder essa oportunidade!

"Agora vocês estão entrando no quinto dia de sua iniciação e devem compreender que alcançar o grau quatro significa que vocês podem entrar em uma sinagoga, um templo hindu, uma igreja católica, uma mesquita muçulmana, um mosteiro de lamas tibetanos, um templo budista ou uma caverna andina com o mesmo sentimento do sagrado em seus corações. A capacidade de fazer isso indica alguém que começou a chegar ao grau quatro, alguém que pode ver, sentir e reconhecer diretamente a *huaca*, a energia sagrada, das pessoas, de um local, ou de um objeto. Essas pessoas são capazes de ver através dos símbolos, além deles, movendo-se na percepção energética direta. Esse é o verdadeiro significado de ser um *qawaq*, um vidente místico. Os profetas andinos chegam a uma compreensão do que está acontecendo e do que vai acontecer, ou seja, a profecia, através de uma percepção e interação diretas com o mundo das energias vivas.

"Amanhã iremos ao Templo de Wiraqocha, para a cerimônia de coroação. É o lugar para falarmos sobre a profecia completa. Nesses últimos oito dias, vocês estiveram acumulando conhecimento, experiência e, o mais importante, energia. Se tivesse falado antes sobre as profecias, só seriam mais palavras para vocês. Agora, talvez, vocês tenham a habilidade de compreender não só as palavras, mas também as implicações do que vou contar amanhã. Durmam bem nesta noite. Vou chegar amanhã cedo com o ônibus, para pegá-los. Estejam preparados. Vai ser uma viagem muito, muito longa."

14

Inca Mallku: O Grau Cinco

FICAMOS DESLUMBRADOS DIANTE DO ENORME TEMPLO INCA, COM SUAS colunas quadradas de pedra e adobe de um tom pêssego pálido, elevando-se mais de quinze metros ao profundo azul do céu andino. Estávamos diante de dez outras gigantescas colunas, que exigiam de nós respeito e atenção. Parecendo enormes figuras humanas, elas formavam a parede central do templo principal. Seguimos Juan até a base daquelas pedras e ficamos em círculo ao seu redor. O silêncio do grupo mostrava admiração e reverência. Todos estavam esperando ansiosamente por esse momento.

— Agora vou contar-lhes sobre este local... e sobre a profecia completa em relação ao retorno do inca — Juan falou vagarosamente e com voz baixa, na sua costumeira casualidade. — Esse é o templo de Wiraqocha, construído pelo inca Wiraqocha, o oitavo inca e pai de Pachakuteq. Wiraqocha é o nome andino para Deus, da mesma maneira que Jeová ou Alá, e refere-se à força de inteligência criativa metafísica ou invisível além desse mundo visivelmente manifestado. Dizem que o oitavo inca recebeu a revelação desse conhecimento e assim conseguiu o nome de inca Wiraqocha. Ele construiu esse templo no século XV para a honra de Deus.

"O templo Wiraqocha é o mais importante, até mesmo mais importante, poderoso e sagrado do que Machu Picchu. No primeiro dia do *hatun karpay*, começamos no *qosqo* dessa geografia sagrada, na catedral na praça principal de Cuzco. De lá fomos para a base do sistema em Machu Picchu. Agora estamos no topo do sistema. A altitude de Machu Picchu é 2.600 metros, a da praça principal de Cuzco é de 3.300 metros e aqui neste templo estamos a 3.600 metros acima do mar. Na área de Cuzco trabalhamos bastante com os *kay pacha*, ou seja, com os *apus* e os seres e energias deste mundo. Em Machu Picchu, trabalhamos muito com o *ukhu pacha*, ou o mundo interior. Aqui vamos trabalhar fortemente com o *hanaq pacha*, o mundo superior. — Achei curioso e fascinante que havesse tanta estrutura implícita nesse ritual de dez dias.

"Na época inca — Juan continuou —, não havia apenas uma, mas sim doze famílias reais ou linhagens, relacionadas com os doze tipos de pessoas. Por causa da preservação desse ritual de coroação através da tradição oral, passadas por pessoas como Dom Benito e seus mestres, ainda sabemos que ritual era usado na época inca para escolher o novo rei. Aqui neste templo vocês vão ver que existem doze casas ou templos para cada uma das famílias reais. Quando chegava a hora de escolher o inca *sapa* seguinte, que quer dizer 'senhor único', ou 'alto rei', todas as doze famílias se reuniam aqui e apresentavam seus candidatos, de um modo geral aquele entre todos que era o melhor e mais eficiente trabalhador das artes mais importantes que um inca tem de fazer, incluindo o trabalho espiritual. — Olhamos pelos doze templos tentando imaginar o que deveria ter sido presenciar esse evento, durante a época dos incas.

"Como os incas tinham um sistema de poder centralizado, governando as esferas econômica, social e espiritual, o candidato escolhido para representar cada linhagem tinha de ser o melhor economista, assim como o melhor na organização social *e* o mais desenvolvido espiritualmente. Dessa forma, a cultura inca promoveu o oposto exato à extrema especialização que vemos na cultura ocidental de hoje em dia. Na época inca, você tinha de ser mestre de todas as artes.

Iniciação: A experiência de uma mulher com a espiritualidade inca

"Cada família apresentava o seu candidato e então executava muitos rituais coletivos, para dar poder e apoiar seu candidato. Cada candidato, apoiado por sua comunidade, juntava-se aos outros candidatos e executava o ritual que vamos fazer agora. Ao final do processo do ritual, que se move de uma ponta do complexo do templo até a outra, um dos candidatos literalmente começava a brilhar ou reluzir com uma forte luz, capaz de ser vista por todos presentes. Esse candidato se tornava o inca *sapa* seguinte, escolhido pelo próprio Wiraqocha, ou Deus mesmo."

Exclamações podiam ser ouvidas por parte do grupo e alguém comentou:

— Podem imaginar se nossas eleições para presidente funcionassem assim?

— Outra coisa que sabemos é que o inca reinava junto com sua *qoya*, uma esposa com o mesmo nível de desenvolvimento espiritual. Vocês vão ver a evidência disso durante o próprio ritual. Certo? — perguntou Juan, olhando pelos rostos de todos e buscando por sinais de compreensão, antes de continuar. — Agora vocês têm de entender que a palavra *inca* refere-se a um nível ou condição espiritual. O inca *sapa*, aquele que brilha durante o ritual, é um sacerdote do grau seis. A habilidade de brilhar é considerada, nos termos andinos, uma indicação de alguém no sexto grau de consciência, como Moisés por exemplo. Acreditamos que os reis incas, começando da época de Wiraqocha até terminar com o inca Huaskar, foram todos escolhidos dessa maneira. As profecias dizem que depois do dia primeiro de agosto de 1993, o mundo passou por uma reorganização cósmica necessária, a fim de criar as condições para o retorno de seres espirituais do grau seis.

— Mas, Juan, pensei que estivéssemos sendo iniciados apenas no grau quatro. E o grau cinco? — perguntou Maryann.

— O *hatun karpay*, ou a "grande transmissão", é o ritual que nos leva do terceiro ao quarto grau. Mas aqui neste templo, o ritual que executarmos hoje vai nos permitir sermos candidatos ao grau cinco, um nível de desenvolvimento espiritual que tem de preceder o retorno profético do *sapa* e da *qoya* incas. Como estava falando para vocês ontem, as profecias dos mestres andinos dizem que agora estamos na fase inicial de *taripay pacha* e, durante essa época, aproximadamente entre os anos de 1993 até 2000, podem surgir sacerdotes do grau cinco a qualquer hora. Os sacerdotes homens do grau cinco chamam-se inca *mallku*, que quer dizer aqueles que pertencem à linhagem inca. E as sacerdotisas mulheres chamam-se *ñust'a*, que quer dizer "princesa".

Juan parou para dar uma tragada em seu cigarro, dando-nos um momento para digerir essa riqueza de informação.

— O que define um sacerdote do grau cinco é que ele vai ter a habilidade de curar qualquer doença, ferimento ou enfermidade com um simples toque, e vai poder curar sempre. Hoje em dia temos excelentes pessoas que curam, mas às vezes elas podem curar, às vezes não. Por quê? O surgimento do inca *mallku* vai marcar um passo vital na espiral da evolução humana, e a humanidade tem de estar preparada para essa transformação, pois vai indicar que nós, como raça, fomos além dos limites do karma individual que a doença de cada um pode representar, e nos movemos para o nível do karma coletivo.

— Mas, Juan — interrompeu Barbara —, de onde vêm essas profecias?

— Essas são as profecias dos mestres andinos contemporâneos e elas dizem exatamente como e onde cada inca *mallku* e *ñust'a* vão aparecer. A única coisa que eles não especificam é quando. Só havia dois de meus mestres que traziam a profecia completa, Dom Benito Qoriwaman, da linhagem Huaskar, e Dom Andres Espinoza, da linhagem Inkari de Q'eros. Com minha pesquisa e estudos sob a orientação desses dois mestres, a linhagem do primeiro inca, Inkari, e a do último inca, Huaskar, se juntaram. Em todos os meus vinte e cinco anos de estudo nesta misteriosa tradição de sacerdotes carismáticos, vi várias e várias vezes, mesmo nas rebeliões indígenas do século XVII, o tema que se repete do retorno do inca. Isso mostra a natureza profundamente devocional e firme dos indígenas andinos, que nunca se deixaram conquistar pelos espanhóis.

Iniciação: A experiência de uma mulher com a espiritualidade inca

"Descobriram que os indígenas q'eros eram descendentes diretos dos incas — disse-nos Juan. — Eles são os guardiães do 'espírito dos incas', aqueles que mantiveram os padrões incas nesses últimos quinhentos anos. Esses incas modernos possuem o que vocês podem chamar de 'ecorreligião' e para eles, ao contrário do que acontece nos países do Ocidente, a única base pela qual um verdadeiro líder político pode se sustentar é uma profunda espiritualidade interpenetrada com a natureza. Existem atualmente apenas poucas centenas de q'eros."

— Juan, não foi seu pai quem descobriu os q'eros em 1955? — perguntei, lembrando-me das palavras do guia que me deu o nome de Juan.

— Sim — respondeu Juan com humildade. — Foi meu pai também, junto com vários outros antropólogos, que trabalhou para livrar os q'eros de sua escravidão pelos donos de terra e devolver-lhes suas terras, em 1959. — Era claro que havia muito mais da história dos índios q'eros que tinha de ser revelada. Juan continuou sua explanação.

"Depois que meu mestre Dom Benito deu-me a iniciação do grau quatro, ele me contou sobre o ritual de dez dias do *hatun karpay*, incluindo o ritual de coroação. Enquanto falava, uma coisa muito estranha aconteceu. Em vez de ouvir suas palavras, comecei a ver quadros em minha cabeça de todos os lugares que ele estava mencionando. Foi aí que vi que ele não estava falando comigo em espanhol ou em quíchua, mas naquela estranha língua em que falou no primeiro dia em que nos encontramos. Foi a segunda e última vez que o ouvi falar essa língua.

"Quando me contou sobre o ritual de coroação, disse que este estava quase que perdido, porque por mais de quatorze anos não havia sacerdotes de grau quatro em número suficiente para fazer o ritual pleno. *Pujllay* é a palavra para 'ritual' em quíchua, e literalmente quer dizer 'jogo sagrado'. Por isso, vocês podem ver que nosso ato de hoje de 'praticar o ritual' é, na verdade, uma maneira de preservá-lo.

"Vocês já devem ter entendido até esse ponto que esse trabalho espiritual é um esforço coletivo de energia humana em colaboração com a natureza. Aqui nos Andes, nunca esquecemos que somos parte da natureza e, para evoluirmos ao ápice da glória, temos de participar dentro da ordem natural maior de Pachamama. Os rituais que aprendemos ao nos submetermos ao *hatun karpay* ensinam a colocar nossas bolhas de energia juntas uma da outra e com as energias da natureza. Mas para meu mestre o *hatun karpay* era apenas um passo no caminho de se tornar um candidato ao grau cinco."

Mal estávamos nos acostumando ao grau quatro, e por isso era difícil imaginar tentar o grau cinco.

— A profecia diz que o local do surgimento do primeiro sacerdote do grau cinco, o inca *mallku,* vai ser no festival Q'ollorit'i. Isso faz enorme sentido porque é um ritual coletivo que envolve mais de setenta mil pessoas e é feito aos pés de uma geleira.

— Você quer dizer que as profecias dizem que esse local, Q'ollorit'i, é o local exato onde o primeiro inca *mallku* vai aparecer? — perguntou Maryann, com os olhos arregalados.

— Exatamente — respondeu Juan. — Meu mestre me mandou a Q'ollorit'i por nove anos até eu compreender o verdadeiro significado do festival. Todos os anos voltava a Dom Benito e lhe dizia que tinha visto isso ou aquilo. Todas as vezes ele simplesmente balançava a cabeça e dizia que tinha de voltar lá no ano seguinte. Agora posso lhes dar o benefício de meus nove anos de experiência.

"Q'ollorit'i reúne um número enorme de peregrinos, vindos de toda a área dos Andes, todos com um sentimento profundo de devoção. Eles trazem seus ícones e dançarinos e há grandes competições de dança entre grupos de várias regiões. Ao final do terceiro dia, ocorre uma enorme procissão. Por fim, no nono ano, e com a ajuda de minha esposa, Lida, fui capaz de perceber com meu sétimo olho que uma bolha coletiva enorme de energia viva estava se formando, como resultado do ritual em grupo. Quando voltei e contei isso a Dom Benito, ele então sorriu para mim e disse que estava começando a compreender.

"E de fato, agora compreendo que é essa enorme coleção de energia psíquica humana, junto com o poder natural do local, que podem

Iniciação: A experiência de uma mulher com a espiritualidade inca

criar as condições para o surgimento do primeiro inca *mallku*. Cada peregrino que vai ao festival faz a sua parte, consciente ou, na maioria das vezes, inconscientemente, no cumprimento da profecia. É através de nossa energia coletiva que os grandes milagres são possíveis. Somos afortunados de termos o conhecimento consciente do que estamos fazendo. Durante o festival, há rituais públicos e privados que têm a ver com o cumprimento da profecia, mas todos os rituais envolvem o uso da energia humana coletiva em colaboração com a natureza. Vocês vão ver à medida que for relatando os detalhes exatos da profecia."

Nina fez um sinal a Juan para que parasse até ela trocar o cassete em seu gravador. Ninguém queria perder uma palavra sequer daquilo que estávamos ouvindo. Juan limpou a garganta e começou.

— Tão logo o primeiro inca *mallku* surja em Q'ollorit'i, que pode ser a qualquer momento agora, ele vai ter de seguir uma rota específica de viagem até a vila de Urcos e lá, na porta da igreja, deverá encontrar e reconhecer outro inca *mallku*, que vai surgir simultaneamente aqui, perto do templo de Wiraqocha. Esses dois devem, então, viajar juntos até Cuzco, onde vão se encontrar e reconhecer o terceiro inca *mallku*, que vai surgir durante o ritual público de Corpus Christi, na praça principal em frente à catedral de Cuzco, o antigo Templo de Wiraqocha em Cuzco.

"Esses três, juntos, devem viajar até Lima onde vão reconhecer o quarto inca *mallku* e a primeira *ñust'a*, a sacerdotisa do grau cinco, que vai surgir simultaneamente no enorme ritual público do Senhor dos Milagres, perto do antigo Templo de Pachakamaq. Esses cinco juntos têm de viajar de barco até Arequipa, onde vão se encontrar com a segunda *ñust'a*, que vai surgir no Festival da Virgem de Chappi. Os seis então vão viajar pelo altiplano até o lago Titicaca, para se encontrarem e reconhecerem a terceira *ñust'a*, que vai surgir durante o Festival da Virgem de Copacabana. Os sete depois terão de viajar juntos de volta para Cuzco e reconhecer a quarta *ñust'a*, que vai surgir durante o Festival da Virgem de Paucartambo. Os oito devem então se encontrar com dois outros casais do nível cinco, que virão do norte.

De onde exatamente esses casais virão ainda é desconhecido. Os doze deverão se reunir aqui, no Templo de Wiraqocha, e executar o ritual da coroação. Mas em vez de usarem as ferramentas da Grande Iniciação como estamos fazendo, eles vão ter uma nova iniciação, que virá como um resultado natural de se alcançar o grau cinco.

"O veículo para essa nova iniciação deve ser o colibri real, o único pássaro de todo o sistema andino que tem acesso direto ao centro de *hanaq pacha*. Também, uma vez que se alcance o grau cinco tem-se de, e deve-se, pela lei da *ayni*, transmitir esse grau para qualquer outro candidato preparado. Por isso, vocês vêem, não estou preocupado se você ou você — disse ele, apontando para Peter, Justin, Sam e depois Nina — alcançarem o grau cinco antes de mim, porque vocês vão ter de compartilhá-lo comigo."

Os olhos de Juan brilharam de prazer e orgulho da esperteza de sua tradição. Era de fato uma filosofia impressionante e ainda assim muito sensível, tão profundamente diferente do modo individualista de pensar da nossa cultura ocidental. Nunca tinha ouvido falar de uma tradição espiritual como esta, que cooperava em nome do avanço espiritual. Juan continuou sua explicação com eloqüência incomparável.

— Quando esses doze incas *mallkus* se encontrarem aqui no Templo de Wiraqocha, irão executar o ritual de coroação que trará os novos incas *sapa* e *qoya*, que possuirão o poder plenamente desenvolvido de reunir e redistribuir, e assim serão capazes de reunir as pessoas dos quatro cantos do antigo império inca. Se o inca *sapa* e a *qoya* surgirão de um desses doze *mallkus,* de um grupo de turistas que esteja por aqui, ou virão dos fazendeiros da cidade de Raqchii, isso ninguém sabe. Os mestres andinos dizem que esses líderes da nova era podem vir de qualquer parte. Não é mais necessário ser um "inca de sangue", mas tem de ser um "inca de alma".

— Mas Juan, o que vão fazer os incas *sapa* e *qoya*? Será que vão ser capazes de mudar alguma coisa? Talvez possam ser reconhecidos por aqui, mas e nos outros países? — perguntou Barbara, a mística sempre prática.

Iniciação: A experiência de uma mulher com a espiritualidade inca 267

— Eles vão ser conhecidos por seus atos — respondeu Juan simplesmente. — Lembrem-se, os verdadeiros incas *sapa* e *qoya* têm a consciência de grau seis. Não só têm de brilhar, mas vão ter de ser capazes de reunir poder e redistribuí-lo, que é o antigo significado da palavra *inca*. Os incas *sapa* e *qoya* vão ser capazes de encher novamente o antigo império inca com *kausay*, com "energia viva". Lembrem-se, também, de que os mestres predizem um mundo que deve superar o império inca do passado. Por isso, eles vão ter de ser ainda mais poderosos do que antes. Os mestres dizem que o surgimento dos incas *sapa* e *qoya* e suas realizações subseqüentes vão assinalar a chegada do estágio maduro de *taripay pacha*, um tipo de *plenipotência*, ou "paraíso na Terra". E a partir daí, a cidade metafísica de Paytiti, semelhante à Shambhala dos tibetanos, vai se manifestar no plano físico. É sem dúvida a afirmação de uma era dourada para a humanidade, e com certeza um trabalho que vale a pena fazermos. Não?

A pergunta de Juan foi recebida em silêncio, com todos estarrecidos. Tudo o que os iniciados podiam fazer era concordar com o que tinham ouvido, balançando as cabeças. Mas eu sabia que, entre esse grupo pensativo, a revelação de uma profecia assim com certeza seria um tópico para uma discussão pesada. Nesse momento mágico, no entanto, a incredulidade de todos parecia ter sido suspensa momentaneamente, como se o ceticismo inato do grupo estivesse desativado para se considerar, então, a possibilidade que a profecia nos dava.

— Você quer dizer que aqueles doze incas *mallkus* vão aparecer como resultado do ritual que vamos fazer agora aqui? — perguntou Maryann.

— Sim, estamos ajudando a criar as condições para isso — respondeu Juan.

— Bem, o que estamos fazendo aqui então? — exclamou ela. — Vamos lá! — A declaração positiva e poderosa de Maryann ajudou a quebrar a rigidez que tinha se instalado no grupo.

Acredito que o grupo estava, na verdade, experimentando um estado de choque, algo como o choque de uma criança muito pobre, quando recebe o seu primeiro brinquedo reluzente no Natal. *Será que isso pode ser verdade?* Perguntávamos a nós mesmos. No âmago de nossos corações todos acreditávamos ou queríamos acreditar na possibilidade, mas, como a criança pobre, todos tínhamos uma vida com outra realidade e conhecíamos a dor da desilusão que era o preço de nossa esperança.

Agora nos voltamos para seguir Juan, que nos levou para uma outra área do enorme complexo do templo, passando pelas altas figuras das colunas. Em pouco tempo estávamos no meio de uma área de mais ou menos dois campos de futebol, com seis grandes casas de pedra e adobe em cada lado. No centro havia uma grande área aberta que continha uma pilha de pedras escuras, parte da ruína que estava sendo reconstruída.

Cada casa ou templo de pedra tinha uma base de mais ou menos três metros de altura e uns três a cinco metros de parede de adobe em cima. As casas eram retangulares e as paredes internas mostravam seis nichos em cada parede maior, e dois nichos nas paredes do fundo. Na maioria desses templos faltava pelo menos uma parede e alguns tinham apenas uma parede, mas a fundação de pedra mostrava o formato original dos templos.

— Cada um destes doze templos pertencia a uma das doze famílias reais dos incas. Neste local, cada família trazia o seu candidato para o ritual da coroação — informou-nos Juan. Olhei aqueles prédios muito bem projetados, ainda muito agradáveis, mesmo depois de quinhentos anos. Se fechasse um olho e projetasse uma linha reta poderia ver a fachada e o telhado de todos os doze templos. Eles pareciam ter sido construídos em alinhamento perfeito um com o outro, ou, conhecendo os incas, provavelmente foram construídos ao longo de uma linha de energia natural.

"Em nossa tradição acreditamos que cada local mantém a energia das pessoas que ali vivem e trabalham. Para começar o ritual de coroação, cada um de vocês vai escolher um dos doze templos. Vocês irão a este templo e farão o ritual de troca de energia com ele, oferecendo suas preces e lançando sua energia pesada ao sagrado espírito da terra

Iniciação: A experiência de uma mulher com a espiritualidade inca

daquele templo. Depois, quando tiverem limpado sua *hoocha*, poderão encher sua bolha com a energia viva da linhagem real associada ao templo em que cada um de vocês está.

"Depois de terem feito isso, vocês vão andar lentamente de seu templo até esse pátio central, concentrando-se em levarem consigo o cordão de energia, que vai se estender do templo até aqui. Elizabeth, você vai ficar aqui, no centro. — Meu coração pulou quando fui a escolhida entre todos os outros. Senti-me envergonhada, quase que culpada e meu rosto ficou vermelho. Tenho certeza de que fiquei toda vermelha.

"Vocês vão puxar o poder do templo através desse cordão de energia e colocar toda essa energia na bolha de Elizabeth — Juan explicou. Não estava tão certa de ter gostado disso. — Elizabeth, você vai puxar todos esses cordões com o seu *qosqo* e concentrar a energia em sua bolha. Depois, quando sentir que está plena com a *kausay*, avise-nos, porque você e todo o grupo vão, então, começar a construir uma coluna ou pilar de energia coletiva, assim como fizemos na pedra Wiraqocha, em Machu Picchu. Vocês vão construir essa coluna de energia usando as energias do templo, alta o suficiente para que chegue até o *hanaq pacha*. Compreenderam?"

Todos pareciam confusos.

— Para onde vamos? — perguntou um dos iniciados. Pressenti problemas. Algo me fez agir e rapidamente dividi o grupo em dois e novamente em dois, fazendo quatro grupos de três.

— Existem doze templos e vocês são doze. Vocês três vão para o canto direito do complexo e cada um de vocês escolhe um daqueles três templos. Vocês três vão para o lado oeste, e assim por diante — disse para eles. Em pouco tempo distribuímos e despachamos os iniciados e eles já estavam a caminho de seus templos. Juan concordou com a cabeça e piscou, querendo dizer "bom trabalho".

Eu fiquei no centro do pátio, sentindo-me às vezes boba e outras vezes orgulhosa, e afortunada de ter a experiência de ser esse "centro da roda". Juan me explicou antes que essa era a posição do *taqe*, aquele que une os campos de energia. Comecei o serviço de um *taqe* só por ter reunido um grupo de doze e tê-los trazido ao Peru. Não tinha compreendido totalmente o que queria dizer um *taqe* mas vi que, como de costume, Juan queria que tivéssemos primeiro a experiência para depois recebermos a explicação. Sabia que era parte daquilo que tinha de fazer para me tornar um sacerdote do grau quatro plenamente desenvolvido, a única maneira para depois me tornar uma candidata ao grau cinco. Eram necessárias muitas outras tarefas, mas Juan só me contou alguns detalhes. Não tinha tido tempo ainda de lhe perguntar.

Às vezes me questionava se isso tudo não era um monte de idéias bobas que não tinham nenhuma base na realidade. Mas não acreditava nisso porque, parecesse racional ou não, havia algo que me atraía muito sobre as profecias. A idéia de um trabalho espiritual coletivo me fascinava e o conceito de que poderíamos criar mudanças milagrosas no mundo, se fôssemos capazes de cooperar um pouco mais, era para mim um fato inegável.

Tinha visto famílias, e vidas individuais dentro de suas famílias, mudarem radicalmente para melhor com um pouco de aconselhamento e muita força de vontade da parte dos indivíduos. Acho que não poderia ser uma terapeuta familiar se não acreditasse nisso. Mas por certo não era toda família que mudava para melhor, e não era sempre!

Pensava agora na nova família que estava criando com essa viagem, uma família espiritual, uma *ayllu*. Meu coração ficou quente só de imaginar cada membro do grupo em minha mente. Segurei cada um em meu coração e senti um amor muito terno, como o amor de mãe. Sabia naquele momento que todos eram muito queridos para mim.

Uma sensação em meu *qosqo* trouxe a atenção de volta para o corpo. Senti como se meu *qosqo* estivesse se abrindo, quase que por si próprio, querendo buscar alguma coisa. Os cordões! Podia realmente senti-los ligados a cada um, enquanto estava com os olhos fechados. Eles se aproximavam. De novo, senti o afeto sincero que me ligava a cada um dos iniciados e, então, comecei a compreender que isso me ajudava a reunir a energia deles, de encontrar os cordões e puxá-los

Iniciação: A experiência de uma mulher com a espiritualidade inca

para o meu *qosqo*. Por um momento apenas, consegui ver as gerações, incluindo as linhagens incas, que apoiavam cada iniciado ou iniciada em seu trabalho espiritual. Apesar de ter sido bem rápido, ainda assim foi impressionante, mas tive de voltar rapidamente a focalizar a atenção em reunir e concentrar a energia em minha bolha, como Juan tinha me instruído.

Quase que fui jogada para trás com o influxo de energia e tive de ajustar minha posição para evitar que caísse. Dei uma olhada e vi que todos os iniciados estavam ao meu redor em um círculo e por um instante pude ver linhas vermelhas de energia saindo de seus *qosqos* e entrando em mim! Fechei os olhos e me concentrei mais. Tentei jogar minha bolha para o céu. Nada aconteceu. De fato, senti como se houvesse uma parede em cima de mim que me impedia de continuar.

Depois do que pareceu ter sido muito tempo, mas provavelmente foram apenas poucos minutos, senti-me exausta com esse esforço. Estava tonta e assim decidi tentar estender minha bolha de energia para baixo, até Pachamama, para recuperar o equilíbrio. Engraçado é que quanto mais para baixo puxava minha bolha, mais alto ela flutuava, fácil e naturalmente, até, para minha visão interna, o próprio topo de nossa bolha, uma enorme bolha grupal, quase tocar o teto.

Sentia-me perder a consciência por um momento e então, puff!, ouvi um breve estalo e fui coberta por uma sensação gloriosa, como se estivesse nevando suaves plumas luxuosas ao meu redor. Fui envolvida pela sensação da energia mais suave e sedosa que já experimentei, que parecia emanar de cima. Ouvi o grupo suspirar, como se todos tivessem soltado o ar suave e simultaneamente, e tive uma sensação de repouso muito mais profunda em meu corpo físico, como se parte de mim se sentisse aliviada. Até esse momento não tinha tido a certeza de que poderia sentir uma paz tão perfeita e completa e ainda existir dentro dos limites de um corpo físico. De alguma forma, esse fato foi um enorme alívio e descanso para minha mente *e* meu corpo.

— Desfrutem disso — veio a voz suave de Juan. — Estamos entrando em contato com o grau cinco. Puxem essa energia púrpura do **hanaq pacha**.

Foi só quando ele disse essas palavras que notei que essa energia tão linda e suave era de um púrpura brilhante, o mesmo púrpura incandescente que vi durante a cerimônia dos cintos de energia. Com a sugestão de Juan pude agora puxar essa *sami* púrpura pela longa coluna de energia que tínhamos criado e assim cobrir o grupo inteiro, ou ver que todo o grupo já estava coberto com esse belíssimo campo de energia rarefeita. Estava flutuando... alto... e ao mesmo tempo com os pés bem no chão.

— *Inka mallku pacha bandera... bandera* — Juan cantava, no estranho ritmo dos índios q'eros, uma canção que invocava os incas *mallkus* para virem a esse plano. O grupo imitou os sons que Juan estava fazendo e a música reverberou de maneira suave e forte, parecendo ressoar por todos os templos. Nossa canção foi o término dessa parte do ritual.

— Maravilhoso! Maravilhoso! — Juan brilhava ao mostrar sua satisfação, e rapidamente entrou no círculo para abraçar cada um dos iniciados, fazendo *ayni* com sua alegria. Juan tinha o hábito de nos abraçar sempre que tinha uma experiência mística profunda durante os rituais. Só agora compreendi o que ele fazia. Na verdade, ele estava nos dando ou transferindo-nos, através de sua bolha, a energia de sua experiência, em um esforço de nos ajudar em nossos caminhos. Além do mais, não importa quem chegasse primeiro ao grau cinco, contanto que alguém chegasse.

— Agora vocês tiveram um contato com o poder verdadeiro — disse-nos Juan com excitação. — O poder na tradição andina — continuou Juan — é algo bom. Na verdade, é apenas a diferença entre as coisas que você pode fazer e as coisas que não pode fazer. Não temos medo do poder. É bom ter poder. Se vocês têm o poder de amar, devem demonstrá-lo. Se dizem ter esse poder, então devem mostrá-lo amando bem. Se vocês têm o poder de construir uma grande *saiwa*, uma coluna de energia, como acabamos de fazer, vocês precisam demonstrar isso, usando o poder para algum propósito.

"Vocês, americanos, ficarão surpresos ao descobrir que quanto mais energia vocês dão, mais abertos estarão para receber uma energia ainda mais poderosa. A sociedade de consumo treina vocês a acumularem, mas deve ser exatamente o oposto. Vocês pensam que o poder é algo que se deve reter e segurar. Isso não é verdade, pois quanto mais você dá o seu poder, mais *huaca*, ou sagrado, você se torna. Vocês se preocupam muito em manter as coisas. Esse é o pior erro. A melhor maneira de ganhar é quando se é capaz de trocar energia com outro sistema vivo. Isso é o que mantém vocês e Pachamama vivos.

"Olhem para isso de uma maneira simples. Quando vocês apreciam alguém, estão lhe dando parte de sua energia viva. Ao receber a energia de vocês, esse alguém vai ter mais e melhores condições de devolver-lhes parte disso. Esse é um processo natural de interdependência e auto-sustentação. Quando as frutas amadurecem, elas querem ser pegas e comidas pelos animais e seres humanos. As frutas são os beijos de Pachamama. Devido ao seu grande amor, ela quer dar as frutas aos seus filhos. A fruta sustenta o corpo da pessoa e do animal, e as sementes podem voltar ao chão através das fezes dos animais, e essa fruta pode viver de novo em outro lugar da Terra. Por isso, ao comer a fruta, vocês ajudam a mantê-la viva. Não mantemos nada para nós próprios. Estamos aqui em *kay pacha* para aprender a fazer *ayni*. Temos de ficar muito bons na arte do *ayni*."

Por certo estávamos todos começando a compreender que o poder que podemos gerar coletivamente era muito maior do que qualquer coisa que poderíamos experimentar ou fazer individualmente. Esse parecia ser um aspecto-chave da profecia.

Para a parte seguinte do ritual, ficamos no final do longo templo das figuras altas de pedra. Juan havia explicado que quando se encara o norte, o lado direito do templo é dourado e o lado esquerdo prateado. Ele nos disse para formarmos duas filas de sete pessoas cada, incluindo Juan e eu, e nos movimentarmos em um tipo de dança da cobra através dos altos pilares do templo, parando em cada uma das pequenas janelas para ficar do lado oposto do parceiro e conectar os *qosqos* através da janela de pedra. Então devíamos ir ao final dos pilares e cruzarmos para o lado oposto do templo no espaço aberto entre cada pilar, mudando os lados do templo com nossos parceiros, e dessa maneira avançar de um canto do templo a outro, tecendo um tipo de dança da cobra trançada com nossos corpos.

Cada vez que me conectava com meu parceiro na janela, um impulso de vermelho passava entre nossos *qosqos* e fiquei curiosa para saber que efeito nosso ritual estaria tendo no templo em si. Imaginei como o ritual pareceria visto de cima se pudesse ver energeticamente, uma linha dourada de energia pela direita, uma prateada à esquerda sendo costurada pela vermelha, que a atravessava pelo meio. No olho da mente vi que o formato fazia um caduceu!

Quando chegamos ao final do templo, Juan nos disse para cada um se sentar em um pequeno nicho na parede do outro lado e se concentrar em tornar-se ou completamente dourado ou prateado, dependendo do lado do templo em que tivéssemos terminado. Fui e sentei-me no nicho dourado, abrindo meu cinto dourado e sentindo esta cor envolver aos poucos minha bolha inteira. Tornei-me uma luz dourada. Pensei sobre os incas criarem suas estátuas de tamanho natural de ouro ou prata maciços, e quis saber se essas estátuas tinham um significado esotérico que tivesse uma relação com os cintos de energia ou com esse ritual. De qualquer maneira, era maravilhoso tornar-se completamente ouro e me entreguei à sensação, e só com relutância tive de deixar o nicho para o próximo iniciado que vinha atrás de mim.

Essa parte do ritual terminou depois que todos passaram pelo nicho dourado ou prateado e Juan nos disse que estava na hora da terceira e última parte do ritual, um trabalho com mais *ñust'as* e o *karpay ayni* final, ou o intercâmbio de poder pessoal. Essa última parte do ritual de coroação ia ser realizada no lugar mais sagrado do complexo do templo. Esse seria o último intercâmbio que então nos tornaria todos iguais e, como esperávamos, nos prepararia para sermos candidatos ao grau cinco.

Era incrível pensar no que essas profecias prediziam: um fim para o karma pessoal ou individual, um fim para o medo e a miséria, o começo de uma era de repartição e o desenvolvimento de novas e incríveis habilidades humanas! A idéia de que um ser humano pudesse

Iniciação: A experiência de uma mulher com a espiritualidade inca 275

desenvolver a capacidade de cura completa era impressionante. Mas a profecia era clara. Era uma época de milagres. Pensei sobre todos os problemas do mundo: guerras, pobreza, crise ecológica. Estou certa de que já havia falado mais de uma vez: "Vai ser necessário um milagre para resolver tudo isso."

Para mim, todas as minhas experiências no Peru forçaram-me a tirar a palavra *impossível* de minha cabeça. Aprendi que, como humanos, somos muito criativos e criaturas muito maleáveis, e que estamos inventando e modificando constantemente a realidade que vemos. Por certo foram meus estudos de psicologia que me ensinaram isso; e agora meu estudo sobre essa tradição espiritual, por mais estranha e bárbara que fosse, tinha me preparado ainda mais para reconhecer a potencialidade da natureza milagrosa dos seres humanos individuais, dos grupos de seres humanos e da própria realidade.

Juan estava certo. Se tivesse vindo ao Peru e ouvido sobre essas profecias antes de ter passado por todas as experiências dos últimos cinco anos, teria pensado que era mais outro conto de fadas idealista ou teoria utópica. Mas essas profecias, que se baseavam em princípios tão práticos e simples como compartilhar energia, tolerar as diferenças e aprender a harmonizar e usar diversos campos de energia, davam conselhos úteis e instruções passo a passo de como criar a utopia, ou pelo menos criar um mundo melhor. Apesar de o resultado parecer milagroso, fazia sentido claro e simples dizer que nós, humanos, estamos nos dirigindo para um milagre só por desenvolvermos mais nosso humanitarismo.

Se uma pequena semente contém dentro de si um plano para algo tão impossível como uma grande árvore, então, por que a humanidade não pode também ter o seu plano inato ou uma rede já programada para um ser humano maior e mais evoluído e, conseqüentemente, para uma sociedade? Por que essas profecias não poderiam se tornar realidade?

Andamos por um caminho que parecia uma trilha feita pelas vacas, ou melhor, uma trilha de lhamas, alinhada por dois muros baixos de pedra, até chegarmos na terceira área do complexo do templo.

Nesse campo aberto, tudo o que restava dos templos eram quatro pedras de fundação, duas perfeitamente redondas e duas retangulares. Juan gesticulou para que fôssemos até essas pedras e lá vimos cinco belíssimas fontes de pedra, de mais ou menos meio metro, que jorravam água de um aqueduto inca. Ao redor desse templo da água, vimos novamente os refinados trabalhos em pedra que marcavam os lugares mais sagrados dos incas. Juan explicou que iríamos executar outro ritual das águas, mas dessa vez um ritual de purificação, antes de entrar na área mais sagrada de todo o complexo do templo.

— Exatamente como na Caverna Pachamama, em Machu Picchu, aqui estão mais cinco *ñust'as*, ou espíritos naturais femininos. Não vou pedir para vocês tomarem um banho, mas vocês podem se conectar com cada *ñust'a*. Tentem experimentar a energia de cada uma delas à medida que forem lhes dando o poder e incorporando a energia delas em suas bolhas.

Aproximei-me das *ñust'as* com grande respeito e sentei-me diante de cada uma, sem molhar minha cabeça na água até sentir um tipo de permissão concedida. Coloquei a cabeça debaixo d'água e também molhei a garganta, coração, barriga e sacro. Ofereci-lhes minha energia refinada e esperei que elas retornassem a *ayni*, e com o influxo de energia, senti-me conectada com cada *ñust'a*. De novo, senti uma pequena diferença na energia feminina de cada uma delas. A primeira *ñust'a* parecia calma e clara, a segunda mais indisciplinada, com uma forte energia muito da terra, a terceira sensual e selvagem, a quarta sábia e a quinta elegante e imponente, como uma princesa. Recebi o poder delas e ofereci minha energia pesada para Pachamama.

Quando saí da última *ñust'a*, Juan me chamou de lado.

— Você vai ser a quinta na fila, vai levar a *mesa* e fazer a prece para a nova iniciação. — Ele colocou sua *mesa* firmemente em minhas mãos e foi embora. Não lhe fiz perguntas nem protestei, mas fiquei parada. De novo, ele me oferecia uma grande honra, mas uma parte de mim queria apenas dar a volta e fugir.

Sabia que para o próximo passo no ritual, dois homens e duas mulheres tomariam seus lugares dentro dos templos masculino e

Iniciação: A experiência de uma mulher com a espiritualidade inca

feminino, as duas pedras retangulares e as duas pedras redondas na parte de cima do templo. Aqui, esses quatro sacerdotes receberiam a iniciação da última troca de poder pessoal. Eu seria iniciada primeiro, levando a *mesa* pelos quatro templos e recebendo as bênçãos dos primeiros dois sacerdotes, e depois das duas sacerdotisas. Teria então de invocar o espírito de Wiraqocha em nome de cada candidato, para que eles um dia pudessem receber a nova iniciação, a que os faria sacerdotes do grau cinco. Para este ritual não havia instruções. Não tinha idéia de como fazer essa parte do ritual. Foi então que compreendi que Juan não só estava me dando uma honra, mas também um teste.

Os dois homens e as duas mulheres foram escolhidos pelo consenso do grupo em frente ao templo da água das *ñustas*, antes de entrarmos na parte mais sagrada. Eles foram tomar seus lugares dentro de seus respectivos templos. Lá iriam se conectar com o poder do local e atuar como transmissores, para a energia do templo passar pelas suas bolhas e ser recebida por cada iniciado. Fui primeiro, levando a *mesa* de Juan em minhas mãos trêmulas, apenas fingindo que sabia o que estava fazendo.

Peter estava no primeiro templo e soltei um suspiro de alívio quando me aproximei dele, pois ele sabia como sair do caminho e permitir que a energia passasse por ele. Subi pela fundação de pedra baixa e entrei no templo, curvando a cabeça diante de Peter. Ele colocou suas mãos em minha cabeça e imediatamente um grande retângulo de energia começou a se construir a nossa volta. Para meu olho interno, era como se um prédio retangular feito de energia pura tivesse se formado, deixando-nos dentro, em nosso templo particular. Essa energia cresceu mais e mais em relação direta com nossa intenção de elevar a *saiwa*, a coluna de energia, até tocar no *hanaq pacha*. Quando a transferência de energia terminou, a imagem do retângulo a nossa volta começou a se dissolver e Peter tirou suas mãos de minha cabeça. O ritual foi simples e durou poucos minutos, parecendo ter sua própria duração orgânica. Curvei-me diante do sacerdote e saí do templo retangular.

Fui para o templo seguinte com expectativa. Como tínhamos poucos homens no grupo, Ivan, o filho de Juan, iria receber sua iniciação aqui. Ele já tinha sido completamente iniciado por Juan uns anos antes e eu me sentia muito bem com ele. Embora não fosse um teste de personalidade, sentia-me melhor recebendo iniciações daqueles cujas bolhas pareciam mais capazes de manter e transferir as energias. Nada daquilo que eles me ensinaram na faculdade me preparou para esse tipo de percepção. Isso parecia ter algo a ver com a integridade do campo energético individual que decerto tinha tudo a ver com a integridade pessoal. Havia lições poderosas a serem compreendidas ali. Ofereci minha abertura e novamente senti a estrutura retangular crescendo a nossa volta, e então ocorreu um intercâmbio de energia muito satisfatório entre mim, Ivan e o templo.

Aproximei-me do templo seguinte, o primeiro templo redondo feminino, com receio. A sacerdotisa estava em uma condição fraca. Podia ver que sua bolha não retinha energia, mas ela tinha sido eleita pelo grupo. Não pude dizer nada, apenas seguir a lógica insondável do grupo. Ofereci uma prece e abaixei minha cabeça para receber a energia. A princípio, esta veio bastante dispersa até eu conscientemente aumentá-la com a minha energia. Na hora cresceu uma torre a nossa volta, alta e forte, e redonda dessa vez. Pude entender que sua energia da terra estava fraca, mas com um pouco de ajuda ela fez um trabalho excelente de transferir as energias. De certa forma, lembrei a mim mesma que era por isso que estávamos fazendo o trabalho em grupo. Minhas opiniões ou julgamentos pessoais tinham se intrometido inadvertidamente. Curvei-me diante dela e fui para o templo circular seguinte.

Entrei no círculo de pedra e fiquei imediatamente maravilhada pela beleza do interior desse templo. Abaixei a cabeça para receber a energia da sacerdotisa, que a essa altura já tinha tomado proporções arquetípicas. Connie, com seus cabelos ruivos e olhos verde-esmeralda, já parecia uma fada ou princesa, e naquele templo ela irradiava toda a sua glória de fadinha. Imediatamente, um grande muro circular nos envolveu com uma profunda sensação feminina. Senti a potência de amor e força de vontade dessa sacerdotisa, que trabalhava tão bem a partir do centro do coração. Tomamos a sagrada comunhão junto com a terra e então me mudei para a quinta posição, ficando fora do último círculo de pedras, com a *mesa* presa bem forte nas mãos que já estavam suando e tremendo.

Fiquei segurando a *mesa*, em profunda oração, enquanto esperava pacientemente cada membro de nosso *ayllu* passar pelos templos, recebendo as iniciações como eu tinha acabado de fazer. Um a um, os iniciados vinham se juntar a mim. Fizeram um círculo ao meu redor e então eu me perguntei como deveria fazer o que me pediam. Sem instruções de como agir, ia fazer apenas o que me viesse à mente. Respirei fundo e comecei a me preparar. Maryann estava à minha direita e eu sabia em meu *qosqo* que iria começar com ela. Senti-me puxada energeticamente para começar pela direita, e então mover-me pelo círculo em sentido anti-horário.

Todos os iniciados já estavam no círculo, e meu coração batia forte com a responsabilidade e a santidade do momento. Enquanto estava ali, com a *mesa* na altura do coração, comecei a ouvir uma voz suave que saía da *mesa*. De alguma maneira estava certa de que aquela voz era de Dom Benito.

"*A Lua, as estrelas, o vento, o oceano, as árvores e os pássaros estão nesta* mesa." A voz saía de um dos pequenos *khuyas* redondos, dentro da *mesa*, e soprava diretamente em mim, como uma respiração quente. "*O Universo está nesta* mesa", continuava a voz. E enquanto isso, senti minha consciência expandir e expandir e tocar cada uma das coisas mencionadas, até me sentir tão grande quanto o próprio Universo.

"*Ofereça o Universo para cada um, pois é isso o que se tem a oferecer*", a voz falou de novo e pela última vez. As palavras pareciam flutuar uma a uma a partir da *mesa* e entrar diretamente em meu coração, até que não existisse nada mais de mim, apenas um vasto mar de estrelas, galáxias e planetas. Segurei a *mesa* acima da cabeça de Maryann e esperei pelo suave raio que vi descer de *hanaq pacha*, para tocar na *mesa*. Estava lá apenas para conectar esse raio de energia no topo da cabeça de cada um do círculo, como quem conserta telefone ou, menos ainda, como se eu fosse um simples cabo de ligação.

Quando coloquei a *mesa* no topo da cabeça de Maryann, pude sentir a coroa de sua cabeça se abrir energeticamente, como uma flor, para receber a corrente de força. Ela suspirou e balançou suavemente para a frente e para trás em seus calcanhares, enquanto se ajustava à nova sensação. Esperei até o fluxo baixar e fui para a pessoa seguinte. Enquanto trabalhava com cada um, recebi iluminações e visões sobre eles, vendo cada pessoa em um nível muito mais profundo. Senti compaixão por suas alegrias, esforços e aprendizagens.

Quando cheguei a Juan, não hesitei e coloquei a *mesa* em sua cabeça. Vi uma estranha série de imagens fluindo, algumas gloriosas, outras horrendas. Imaginei que talvez fossem suas vidas passadas. O "*show* de *slides*" terminou com uma imagem de Juan usando um turbante brilhante composto de três raios com cores diferentes saindo do topo e dos lados de sua cabeça. Enquanto o olhava, um longo raio vermelho saiu de seu lado esquerdo, um pouco acima da orelha, e foi para o céu. Do topo de sua cabeça saía um raio dourado em linha reta, e do lado direito, um raio prateado. Fiquei maravilhada com aquilo, fiz uma impressão mental das cores e localizações e continuei com o trabalho.

Quando terminei a décima primeira iniciação, meus braços e corpo estavam sobrecarregados de energia. Sentia-me muito viva e profundamente tranquila, mas nada rígida. Naquele intenso silêncio do grupo as palavras saíram de mim:

— Sinto que por fim encontrei cada um de vocês. — Outro profundo momento de silêncio dominou o grupo e, sem aviso, as gargantas se abriram e todos juntos cantaram ao mesmo tempo uma diferente nota musical, fazendo repentinamente uma belíssima música harmoniosa. E então, terminou.

NAQUELA NOITE ACAMPAMOS SOB O OLHAR VIGILANTE DOS ENORMES pilares de Wiraqocha. O vale estava silencioso e o céu da noite perfeitamente claro, com enormes e intensas estrelas projetando-se naquele belíssimo fundo de veludo negro. Após um quieto jantar na barraca da cozinha, alguns se aventuraram a andar pelas ruínas, enquanto outros simplesmente se arrastaram até suas barracas pessoais para dormir. Durante o jantar, poucas pessoas falaram de suas profundas experiências durante o ritual; outras mantiveram-se em silêncio fechado. Todas tinham sido profundamente afetadas. Não se falou mais sobre dúvidas ou ceticismo em relação às profecias.

Fui para a barraca do *baño*, uma encantadora construção como um grande saco de lona, com um zíper para fechar, armada pelo nosso grupo maravilhoso. Por certo, a melhor maneira de urinar fora de casa. Quando voltei, a tenda da cozinha estava vazia. Juan estava do lado de fora, fumando um cigarro e olhando para as estrelas.

— Juan, o que Dom Benito ensinou-lhe sobre as estrelas? — perguntei, não querendo perder esse momento valioso de obter resposta para algumas perguntas que havia tempo queria fazer.

— As estrelas? Oh... sinto, mas sempre fui um aluno terrível a esse respeito. Sei que Dom Benito falava constantemente à sua estrela-guia — disse-me Juan, parecendo perdido por sua falta de informação.

— Como? — insisti.

— Ele tinha uma grande bacia de pedra, como aqueles dois pratos de pedra que vimos no Templo dos Espelhos Cósmicos, em Machu Picchu. Ele colocava água naquela bacia e passava horas, todas as noites, olhando para a sua estrela no reflexo da água — respondeu Juan.

— Eu sabia! Então quer dizer que o prato cósmico servia mesmo como um tipo de elo com o cosmos — exclamei.

— O quê? — o rosto de Juan enrugou-se todo, confuso.

— Você se lembra... eu contei para você como os *apus* de Ricardo tinham me dado aquele prato cósmico e me mandado à Argentina para vendê-lo.

— Ah, claro — respondeu Juan.

— Bem, aquele prato parecia exatamente com os do Templo dos Espelhos Cósmicos, em Machu Picchu! — disse, ficando muito animada. — Deve ser como o que Dom Benito tinha.

Juan estudou meu rosto por um bom tempo antes de responder.

— Dom Benito me disse que todo mestre andino de grau quatro sabe quando vai morrer. Quando você morre, você viaja pelo céu, até a sua estrela-guia. É por isso que é muito importante estudar a sua estrela. É muito importante saber o caminho de volta para a sua estrela. Quando você morre, você entra no *hanaq pacha*, e toda a sua energia é absorvida novamente por sua estrela. A verdadeira direção para o caminho da alma vem de nossa estrela.

— Mas, Juan, como você sabe qual delas... entre tantas... é a sua? — perguntei, estendendo a mão pelo céu brilhante acima de nossas cabeças. Parecia impressionante.

— Da mesma forma como você sabe quem é o seu *apu*... você tem de ter uma visão, uma experiência ou o sentimento de ter uma relação pessoal com alguma estrela específica. Os iniciados tradicionais andinos chamam o seu *apu* de "estrela-guia", da mesma forma como vocês californianos têm um "guia espiritual", ou algo assim. À medida que você avança no caminho, sua estrela-guia muda. Por exemplo, quando você chegou a Cuzco pela primeira vez, teve uma visão do Apu Ausangate, sua estrela-guia para o grau três — explicou Juan.

— Mas, Juan, eu também tive aquela visão de Jesus, lembra-se?

— Sim, o que quer dizer que você já era uma candidata para o nível quatro. Mas como teve a visão de Ausangate, havia algo importante no nível três que você ainda não tinha terminado. Você sabe o que seria isso? — Juan perguntou-me com um sorriso perspicaz.

— Sim — disse, segurando a cabeça. E admiti. — Conflito.

— Conflito é a lição do grau três. Em nossa tradição existem três estágios de relacionamento e todos são descritos energeticamente com palavras muito específicas em quíchua. *Tinkuy* é o encontro entre duas bolhas de energia. *Tupay* refere-se ao estágio seguinte, de desafio ou confronto entre duas pessoas, duas vilas ou até mesmo duas nações. O grau três está cheio de *tupay*, ou confronto. Todas as experiências que você descreveu com o grupo do Ricardo e seus *apus* entram nessas primeiras duas categorias. Você foi à *mesa* dele, ele e seus *apus* a aceitaram, *tinkuy*. E depois começou *tupay*.

Iniciação: A experiência de uma mulher com a espiritualidade inca

— Mas, Juan, eu detestava aquilo. Parecia tão... tão infantil... tão ridículo — respondi, ficando agitada.

Juan levantou a mão, gesticulando para que me acalmasse.

— Como você pode dizer que é ridículo, quando estamos falando de um passo necessário para o seu desenvolvimento? *Tupay* não é mau. Na verdade, os desafios nos tornam mais fortes, permitem-nos testar a potência de nossas bolhas e discernir em que áreas estamos fracos. Não é verdade que muitos adultos em sua cultura se ocupam de *tupay*?

— Sim. Muitos — concordei.

— *Tupay* só se torna um problema se ele não progride ao terceiro estágio de relacionamento, *taqe* — proferiu o mestre.

— O que é exatamente *tah-quê*? — Tentei imitar o som que ele falou.

— *Taqe* refere-se literalmente à capacidade de juntar ou integrar diversos campos de energia viva. Esse é o terceiro estágio de relacionamento que, nos graus superiores de nossa tradição, devem suceder a *tupay*. Você se lembra do exemplo simples que lhe dei certa vez de dois índios que se encontraram na rua? — Respondi que sim. — Aquele encontro é *tinkuy*. Então, eles decidem fazer uma corrida ao topo da montanha. Esse é o desafio, ou *tupay*. O vencedor da corrida *tem* de ensinar como ganhou ou treinar o outro. *Isso é taqe*. Na época inca era considerado uma causa de grande vergonha se o líder não tivesse a capacidade de levar o relacionamento até o terceiro estágio. A habilidade de juntar diversas idéias, povos, comunidades, ou seja, bolhas de diferentes tipos de energias vivas, era um valor cultural muito apreciado entre os incas.

— Com certeza, os incas tinham algumas idéias que poderíamos aplicar hoje em dia — disse a Juan.

— A estrutura social inca não era perfeita, mas eles tinham alguns aspectos muito refinados em sua cultura — concordou ele.

— Mas, Juan — insisti, voltando à minha pergunta original —, estamos falando de "estrela-guia". O que quero saber é como as estrelas visíveis no céu se encaixam em tudo isso.

— De certo modo, é a mesma coisa — Juan balançou a cabeça, rindo de mim. — As estrelas formam parte do *hanaq pacha*, o mundo superior. Quando você se eleva ao grau quatro, como você sabe, torna-se um com Pachamama. Isso quer dizer que sua bolha de energia literalmente ressoa com o espírito de todo o planeta. Nesse ponto em seu desenvolvimento, você não pode mais estar sob a tutela de um *apu*, mas tem de estar sob a tutela de um ser do *hanaq pacha*. Esse pode ser Jesus, um dos outros santos, ou incas que vivem em *hanaq pacha*. Ou pode literalmente ser uma das estrelas do céu. Lembre-se, para nós as estrelas são *seres*, não apenas pedaços estéreis de matéria.

Essa explanação juntou o céu e a terra dentro de mim. Com a Grande Iniciação comecei a sentir como se pertencesse à Terra. Agora começava a compreender minha relação com o céu também. Além do mais, as estrelas eram apenas outra parte da natureza, como montanhas, plantas ou árvores. Elas *devem* possuir e emanar seu próprio tipo de energia viva também. Da mesma forma que poderia me conectar com a bolha de energia de um rio ou de uma montanha, eu poderia me conectar com a energia viva das estrelas!

15

O Retorno do Inca

O DIA SEGUINTE AMANHECEU COM UM AR PRECISAMENTE OPOSTO àquele de nosso ritual sagrado e profundo do dia anterior. O motor do ônibus teve problema durante a noite e agora teríamos de esperar horas até que o óleo, que aparentemente congelou naquela temperatura fria depois do pôr-do-sol, derretesse. Se isso não funcionasse, os motoristas teriam de andar por horas até a vila mais próxima para trazer um outro ônibus.

Gostássemos ou não, estávamos presos em nosso acampamento na vila de Raqchii, no mais sagrado de todos os santuários incas. Eu, pelo menos, gostei disso. Esse "infortúnio" nos deu tempo para relaxarmos e absorvermos a atmosfera desse magnífico templo. Também nos deu uma oportunidade de aprofundarmos nossa conversa com Juan sobre a tradição andina e o significado das profecias.

Mas o verdadeiro prêmio da manhã foi quando, durante o café, Juan abriu seu misterioso pacote da *mesa* pela primeira vez e nos mostrou o que tinha dentro. Sempre pensei que o conteúdo da *mesa* fosse um grande segredo, até que me ocorreu perguntar simplesmente a Juan se poderíamos ver. Talvez tenha sido a altitude ou a energia vital do templo que me fez ficar tão insolente. Antes do café da manhã, vi Juan sentado à fogueira com a *mesa* ao lado.

— Ei, Juan, o que há dentro dessa bolsa? — perguntei presunçosamente. Esperava ser reprimida por minha curiosidade, mas em vez disso ele assentiu com a cabeça.

— Venha — gesticulou Juan com sua caneca de plástico que eu fosse para perto dele. — Vou lhe mostrar. — Fui até a fogueira onde ele e o resto do grupo estavam amontoados, esperando pelo café e tentando se manter quentes naquele ar frio da manhã. Diante de nossos olhos, Juan abriu seu misterioso pacote. O círculo se apertou mais em volta de Juan, pois todos queriam ter uma boa visão. Parece que, sem eu saber, todos os membros do grupo tinham a mesma curiosidade que eu.

Com muito cuidado, Juan desembrulhou o pacote muito bem dobrado que, como uma grande peça origâmi de tecido, mantinha o seu formato devido a um padrão mágico de dobra. O pequeno e quadrado pano cerimonial, chamado *lliklla*, era de uma lã fina de alpaca preta e rosa. O pano tinha uma borda rosa-*shocking*, com duas barras finas com desenhos de flocos de neve rosa e branca nas pontas externas, seguidas por duas grandes barras pretas e um quadrado rosa e branco no centro. Dentro desse primeiro *lliklla* havia um outro pano, cinza, preso por um grande alfinete de prata.

Juan abriu a segunda trouxa para revelar o curioso conteúdo: uma cruz cristã de cinco centímetros, feita de *chontah* escuro, uma madeira muito dura da Amazônia, várias conchas do mar como as usadas nos *despachos*, quatro pequenas cruzes de ouro e prata, duas pequenas imagens de santos que não consegui reconhecer e muitas pedras pequenas de formato engraçado, algumas redondas e negras como o granito, outras chatas e brancas como o quartzo, outras ainda que pareciam pedras comuns dos rios, ou pedras que se podem achar em qualquer rua de cidade. Reconheci uma pedra redonda e cinza, a que trouxe a voz de Dom Benito para mim durante o ritual de coroação.

— Estes são todos os meus *khuyas*, presentes de meus mestres, incluindo essa — disse ele, segurando uma das cruzes de ouro. —

Este é um presente de um dos meus maiores mestres, minha esposa — disse-nos rindo. Ainda assim, apesar de sua risada, sabia que Juan estava bem sério. Não conhecia sua esposa, Lida, mas sabia que ele a considerava uma pessoa espiritualmente poderosa, e ele tinha me dito que os sacerdotes andinos trabalham sempre em casais, casais da alquimia sagrada. Ele também tinha dito que foi Lida quem desvendou o segredo de Q'ollorit'i para ele, mas nunca explicou totalmente esse comentário. Decidi aproveitar a oportunidade para perguntar.

— Juan, ontem você nos disse que um dos primeiros lugares em que os sacerdotes do grau cinco, os curandeiros por excelência, vão aparecer é no Festival de Q'ollorit'i. Deve ser um lugar muito sagrado e importante. Como é esse festival?

Juan fez uma pequena pausa, aproveitando para devolver o conteúdo de sua *mesa* ao pano menor e depois dobrar todo o embrulho, enquanto pensava em sua resposta.

— Ah, Q'ollorit'i — por fim respondeu, enquanto supervisionava com satisfação o seu pacote tão bem dobrado. — Q'ollorit'i acontece todos os anos na última lua cheia de maio ou na primeira lua cheia de junho, dependendo do ano. O local do festival é um santuário importante aos pés de uma enorme geleira, a uns cinco mil metros de altitude.

— É para lá que vão os homens-urso? — perguntei. Durante a época em que vivia em Cuzco, tinha visto homens vestidos com o que para mim pareciam estranhas fantasias de Halloween, roupas franjadas pretas e marrons, com máscaras. Quando perguntei sobre eles, disseram-me que eram os "homens-urso" indo a um festival que havia uma vez por ano em um pico gelado.

— Sim. Esses são os *ukukus* — Juan riu. — Eles executam muitas funções durante o festival, mas na verdade fazem parte de um outro caminho espiritual, completamente diferente e separado do caminho dos sacerdotes andinos, mas ainda assim relacionado. São guerreiros espirituais em treinamento e são parte da profecia também.

— Como? — perguntou Peter.

— Eles vão todos os anos ao festival e atuam como os guardiães da ordem, e você tem de tomar cuidado com o que faz ou então vai sentir o estalar do chicote de couro de um dos *ukukus* — advertiu-nos Juan. Isso me fez lembrar do chicote de couro que vi e ouvi ser usado há uns anos na *mesa* de Ricardo.

— Mas eles machucam você? — perguntei a Juan, um pouco assustada.

— Não, não. Só vão deixar você saber quando está desrespeitando as regras na área do santuário. Não se esqueça que mais de setenta mil pessoas vão a esse festival. Quando você chega perto do santuário, a multidão pode assustar e os *ukukus* estão ali para pôr ordem. Você vai ver que eles são muito amigáveis e engraçados também. Os *ukukus* são nossos palhaços sagrados. É uma contradição curiosa, pois ao mesmo tempo que são os guardiães da ordem, eles também têm a permissão para quebrar as regras sociais, agindo de maneira louca. Eles falam disparates e com a voz muito alta. Estão constantemente pregando peças uns nos outros.

"Mas são os *ukukus* que sobem à geleira e ficam lá durante a noite toda, para provarem que têm o poder de ficar perto das forças mais poderosas da natureza. Se conseguem sobreviver, recebem o direito de cortar e levar para baixo um pedaço do gelo. Muitas vezes uma pedra enorme de gelo, no formato de uma cruz. Com esse teste, eles mostram que podem incorporar o poder do *apu* em suas bolhas. Eles então derretem o gelo e trazem para servir como água sagrada às pessoas de suas vilas. Na verdade, eles estão levando o poder do *apu* para o seu povo. Tudo isso e mais ainda é o treinamento que os prepara para fazerem parte do exército espiritual do inca *sapa*. Vocês podem ver que eles também estão esperando o retorno do inca. Desse modo, cumprem seu papel na profecia também." — Juan se recostou enquanto nos maravilhávamos com mais essa elucidação da profecia.

— Que trabalho! — exclamou Sam. — Pensei que ser um programador de computador fosse difícil. Estou contente por não estarmos seguindo o caminho dos *ukukus*, parece perigoso.

Iniciação: A experiência de uma mulher com a espiritualidade inca

— E é — respondeu Juan. — Quase todos os anos um ou mais *ukukus* morrem na geleira. Seus corpos são considerados oferendas ao espírito da montanha.

— Soa como sacrifício humano — comentou Justin.

— Cada cultura tem sua própria forma. Sei que na cultura de vocês muitos jovens ou homens de meia-idade morrem de estresse ou do coração. Vocês não estão sacrificando seus homens ao deus do dinheiro, *status* e poder? — Isso fazia muito sentido.

"É claro que, no nível mais mundano — Juan continuou —, os *ukukus* ficam no festival depois que todos foram embora, para limpar a área, devolvendo-a à sua condição original. É assim que eles são os guardiães do santuário e servos tanto do *apu* quanto de Pachamama."

Esses *ukukus* pareciam mais palhaços que guerreiros espirituais. Na verdade, eles pareciam bem brincalhões. Talvez fosse isso o que estava aprendendo mais do que qualquer outra coisa aqui nos Andes, que a espiritualidade e a brincadeira seguem sempre juntos. O evento mais religioso para os andinos não era algo sombrio ou sério, mas era sempre executado com grande felicidade. Perguntei ao motorista do nosso ônibus, Eduardo, que soubemos naquela manhã que era um *paqo* também, o que ele pensava sobre isso.

— Ah, os *apus* não fariam de nenhuma outra forma — disse Eduardo, enquanto atiçava o fogo. Ele era um homem bonito, magro mas baixo, com cabelos bem negros e lisos. — Eles não gostariam de nada solene. Temos festivais em suas homenagens e do que eles mais gostam é de uma boa festa. Veja bem, cada *apu* tem um tipo de personalidade diferente. Alguns são mais firmes e sérios, como o Apu Salkantay. Outros são mais festeiros, como a *Mamita* Veronica. — Eu sabia que o monte gelado Veronica assim como a *Mamita* Putukusi eram raras montanhas femininas, visíveis na estrada para Machu Picchu.

Eduardo se encorajou devido ao nosso interesse.

— Se você precisa de mais autoridade em sua personalidade, ou se precisa aprender a brincar mais, pode fazer uma peregrinação ao *apu* que possui as características que você mais quer incorporar. Mas durante os festivais, todos os *apus* querem nos ver desfrutando. Que pai não quer ver seu filho feliz? — perguntou Eduardo, devolvendo a pergunta para mim. Ele estava certo. Gostava da idéia de que os deuses andinos queriam ver seu povo feliz. Sempre acreditei que Deus queria que fôssemos felizes. Isso parecia um sistema espiritual muito saudável.

Naquele momento tive uma percepção. O Deus temeroso e punitivo do sistema judaico-cristão era como os *apus* de Ricardo, um ser assustador, mas soberano, que punia e recompensava. Isso tinha a ver apenas com o grau três de desenvolvimento espiritual. No grau quatro era possível fazer amizade com os *apus* e eles agiam como seus aliados. Podia-se encarar o medo de autoridade e desenvolver uma relação mais madura e responsável!

Isso é o que me era tão reconfortante no Caminho Andino. Quanto mais eu o praticava, mais entendia que era verdade o que Juan explicava. Não havia regras ou dogmas rígidos para se seguir. Só havia uma regra muito simples, compartilhar, e uma estrutura simples que, para mim, fazia muito sentido. Juan nunca exerceu pressão alguma ou forçou alguém a fazer um ritual que fosse desconfortável. Com muito cuidado, ele nos encorajava a ir além dos limites, mas de uma maneira graciosa; ele nunca foi autoritário ou exigente, sempre nos convidando a participar do que oferecia.

Juan, no verdadeiro sentido, parecia incorporar o sistema andino tão flexível, tão inclusivo. Esse sistema não impunha suas regras e estruturas, e, pelo contrário, parecia revelar uma estrutura orgânica e natural que, com o tempo, fazia com que seus praticantes a descobrissem naturalmente. Agora podia compreender esse sistema religioso como um tipo de mapa rodoviário espiritual que, em vez de ter placas com o limite de velocidade e com o aviso da polícia rodoviária, tinha placas ocasionais e bem simpáticas com uma seta dizendo "Por Que Você Não Tenta Esse Caminho Para Ver O Que Acontece?". Tudo sobre esse sistema era agradável, e encorajava o descobrimento pessoal e a experiência direta. No entanto os ensinamentos místicos explicavam muito sobre a vida. Eles tocavam em um tema que foi completamente falho em minha educação.

Iniciação: A experiência de uma mulher com a espiritualidade inca 291

— Faz muito tempo que os peregrinos vão a Q'ollorit'i? — Barbara perguntou a Juan, enquanto colocava uma colher de chocolate na água quente e passava a lata para ele.

— Há um mito sobre as origens do festival Q'ollorit'i, e há muitas diferentes versões a respeito. Vou contar-lhes a versão que sei, e que vai dar uma certa idéia, pelo menos sobre a introdução dos aspectos cristãos no festival. — E sem maior esforço, Juan começou a contar.

— A história diz que, por volta de 1780, havia um jovem pastor de lhamas aqui neste vale que foi mandado junto com o seu irmão para apascentar os lhamas. O irmão mais velho era preguiçoso e malvado, e deixou seu irmãozinho fazer todo o trabalho. Dizem que o jovem pastor tentou o melhor que pôde, mas era demasiado serviço. Depois de vários dias exaustivos, outro jovem rapaz apareceu e disse que ajudaria o pequeno pastor a cuidar do rebanho. Em pouco tempo, com a ajuda desse misterioso amigo, o rebanho floresceu milagrosamente. O pai do menino quis recompensá-lo por seu bom trabalho, mas o menino insistiu que seu amigo também deveria receber a recompensa. Quando o pai perguntou ao filho o que seu amigo gostaria de receber, o jovem lhe deu um pedaço da túnica esfarrapada de seu amigo, dizendo que tudo o que ele queria era mais pano daquele para poder fazer uma nova túnica. O pai foi a Cuzco, uma longa caminhada naqueles dias, para comprar o tecido.

"Em Cuzco, ele descobriu que o tecido era na verdade um material eclesiástico muito fino, usado somente para fazer as roupas dos padres. A história chamou a atenção do arcebispo de Cuzco, que mandou seu coadjutor de Ocongate, a vila mais próxima ao santuário, para investigar o que parecia ser um ato abominável de sacrilégio. Quando as autoridades locais se aproximaram do menino e seu amigo, que estavam próximo a uma grande pedra, o amigo fugiu, parecendo desaparecer dentro da pedra num raio ofuscante de luz. Dizem que a imagem de Cristo apareceu naquele momento, gravada na pedra. O jovem pastorzinho de lhamas morreu com o choque e foi enterrado sob a pedra. Sabemos que, pelo menos desde 1780, é um importante lugar de peregrinação, mas suspeitamos que seja um local sagrado muito antes dessa data. Infelizmente a maioria dos *khipus*, os cordéis amarrados que eram as únicas gravações dos incas, foram destruídos pelos espanhóis.

"Recentemente, outra teoria interessante surgiu entre os eruditos da história inca. O ano de 1780 também coincide com a revolta poderosa de Tupac Amaru, que tomou toda a área andina e quase expulsou os espanhóis. Há quem argumente que o Cristo na pedra, embora visto primeiro por um jovem menino indígena, era na verdade uma trama por parte da Igreja católica para ajudar a esmagar a rebelião indígena.

"Isso pode ser verdade. No entanto, uma coisa que os livros de história não vão dizer a vocês é que toda insurreição indígena, do movimento Taki Ongoy do século XVI, do Tupac Amaru e o movimento nacional inca do século XVIII, até as rebeliões camponesas do século XX, todas têm, no fundo, a expectativa messiânica do retorno do inca. Todos os líderes desses movimentos foram, obviamente, *paqos* muito carismáticos. De fato, o líder do movimento Taki Ongoy era dessa região. Seu nome era Juan Ch'oqne, um sacerdote andino cuja estrela-guia eram as Plêiades."

— As Plêiades! — dei um pulo. Em minha infância tinha uma obsessão pelas Plêiades. — Juan, sempre ouvi falar que as pessoas chamam o Q'ollorit'i de Festival da Estrela Nevada e alguém me disse que é porque tem alguma coisa a ver com as Plêiades.

— Sim e não — Juan sacudiu a cabeça. — Isso aconteceu por causa de uma má tradução da antiga palavra *qollo*, que quer dizer "branco puro", por *qoyllur*, que quer dizer "estrela". O fato é que a constelação que vela pelo festival são as Plêiades, mas isso é por causa do significado esotérico e energético da constelação. As Plêiades servem como *taqe* para o festival. *Taqe* significa "o que une os campos de energia" — explicou Juan ao grupo, piscando para mim. — As Plêiades emanam a poderosa influência cósmica de juntar diferentes energias vivas em um todo coletivo, que de fato abrange o significado energético e espiritual por trás do Festival Q'ollorit'i. E para os mestres andinos

Iniciação: A experiência de uma mulher com a espiritualidade inca

elas representam os sete níveis de desenvolvimento psicoespiritual, marcando o fato de que existe um sétimo grau que não foi revelado, mais elevado que o *sapa* e a *qoya* incas do sexto grau.

— Juan, o que significa ter as Plêiades como sua estrela-guia?

— Ter as Plêiades, as sete irmãs, como sua estrela-guia é muito auspicioso. Pode significar que a pessoa tem a possibilidade de alcançar o sétimo grau nesta vida! — Minha mente já estava confusa com a mera idéia dos sacerdotes do grau cinco que podiam curar qualquer doença. Não podia nem mesmo começar a imaginar o que significaria alcançar a consciência do grau sete.

— O que quer dizer, Juan... um ser humano alcançar o grau sete? — Eu *tinha* de perguntar.

— Pouco se sabe a respeito das capacidades ou deveres dos sacerdotes do grau sete, além do fato de que eles serão capazes de ressuscitar seus corpos físicos, como Cristo. Cristo é uma figura muito importante para os índios de hoje em dia, talvez tão importante como os incas do passado. De fato, a imagem do Cristo naquela pedra é muito significativa para eles. O prédio do santuário em Q'ollorit'i só foi construído ao redor da pedra recentemente, para a adoração da imagem do Cristo, e a luz elétrica só foi colocada nos últimos anos. Há vinte anos só uns cinco mil, no máximo dez mil peregrinos iam até lá, mas nos últimos oito a dez anos a quantidade de peregrinos aumentou dramaticamente. Acho que a profecia é o que melhor explica esse fenômeno. Mais e mais pessoas são atraídas a esse local. Talvez nem saibam por quê, mas elas vêm porque são chamadas — disse Juan, apontando o peito para indicar a origem do chamado.

— Com certeza, é por isso que todos nós estamos aqui — disse Barbara, enquanto outros ali no círculo assentiam com a cabeça.

— Então tenho de dizer-lhes que todos vocês agora se tornaram parte da profecia. Há algo mais que ainda não contei. Acho que está na hora. Vocês gostariam de ouvir? — perguntou Juan.

— *Lógico!* — foi o que ressoou no grupo, quase como um grito.

— Eu disse que nos últimos anos o ritual no Templo de Wiraqocha quase se perdeu por causa da escassez de sacerdotes do grau quatro para executarem o ritual. Vocês se lembram? — Todos confirmaram. — Bem, acho que todos vocês já entenderam que essa profecia do retorno do inca se baseia em um esforço espiritual coletivo. Cada um de vocês agora tem uma *mesa*, que pode ser usada para ajudá-los a reunir sua família espiritual. Vocês têm agora a oportunidade, por já estarem quase completando a grande iniciação, de se tornar *taqes*, como as Plêiades, ou seja, os que unem os campos de energia, e trazerem seus próprios grupos espirituais de doze aqui ao Peru, para que eles se submetam à iniciação *hatun karpay*.

"Embora ela não saiba ainda, Elizabeth e eu já estamos trabalhando na parte da profecia que diz qual o momento maduro para doze grupos de doze sacerdotes do grau quatro se juntarem para executar o ritual no Templo de Wiraqocha. Isso vai dar o impulso necessário para ajudar a criar as condições energéticas — disse Juan, apontando o dedo para nós e repetindo —, para criar as condições *apropriadas* para a manifestação do primeiro inca *mallku* em Q'ollorit'i. Cada grupo de doze vai ter alguém que vai ser o *taqe*, o que vai unir, o que vai ser o centro da roda."

Imaginei então o ritual que experimentamos quando fizemos a coluna de energia no centro dos doze templos das linhagens reais dos incas. Só que desta vez, em vez de uma pessoa em cada templo, todo um grupo treinado de doze sacerdotes do grau quatro. O que tínhamos conseguido fazer com um mero grupo de doze já foi impressionante; mas o que faríamos com um grupo de 144 era algo que nem podia imaginar. Só de pensar na possibilidade, me arrepiava. A idéia de uma intenção coletiva de 144 bolhas energéticas treinadas, focalizando-se em um objetivo específico, fazia com que os pêlos de meu corpo ficassem de pé. Abria-se a possibilidade de um potencial energético enorme. No entanto, sabia que não seria algo fácil.

O tempo voou enquanto conversávamos. Eduardo chamou-nos para o almoço e, enquanto os pratos exalando calor eram passados pelo círculo, o grupo começou a ponderar a idéia de se tornar um dos doze *taqes*, o centro de um grupo de doze. Era uma responsabilidade assustadora. Devoramos com gosto a comida deliciosa e muito

Iniciação: A experiência de uma mulher com a espiritualidade inca 295

requisitada, que nos tinha sido preparada naquele ambiente tão reverencioso do poder sagrado da natureza. Cada um de nós perdido em pensamentos. Era um projeto ambicioso, mas que encantava meu senso de aventura, de prestimosidade e de comunidade. A estrutura para esse tipo de ritual enorme era de um esforço e interdependência comunitária. Vi um tremendo trabalho a ser feito, assim como uma verdadeira oportunidade de crescimento. Tinha certeza de que esse tipo de desafio me apresentaria todas as oportunidades possíveis de encarar meus próprios empecilhos e descobrir o que seria necessário para superá-los. Sabia que o mesmo seria verdade para os outros que escolhessem serem *taqes* também. Havia um potencial para o verdadeiro aprendizado espiritual, aqui.

Juan me fez entender que formar e manter um *ayllu* era um dos testes de um verdadeiro iniciado do grau quatro e um dos passos necessários para se tornar um candidato ao grau cinco. Essa, também, era uma parte fascinante do desafio, pois desde criança eu tinha a noção de que seria possível curar com um simples toque de mão.

Lembro que ficava fascinada com filmes que falavam de curas milagrosas e até mesmo com um episódio de *Jornada nas estrelas* em que um dos alienígenas era capaz desse tipo de cura. Nos termos andinos essa pessoa seria um inca *mallku*, um curandeiro por excelência, que desenvolveu plenamente os poderes do coração, mente e corpo. Estava fascinada com o fato de um grupo de sacerdotes andinos, em algum lugar das montanhas do Peru, ter tido o mesmo sonho que um produtor de TV, ou que eu, uma criança em Minnesota, tínhamos sonhado. Seria possível que muitos outros tivessem esse sonho também, em algum lugar dentro deles? Talvez esse tipo de visão viesse de nosso sonho coletivo.

Mas se o que Juan estava falando sobre o inca *sapa* fosse verdade, então o povo andino havia tido um ser de sexto grau no passado recente, os seus incas. Talvez isso facilitasse para o povo andino recordar seu verdadeiro potencial humano. O nosso Cristo, obviamente alguém que para os termos andinos tinha alcançado o grau cinco e ido bem mais além, tinha vivido há dois mil anos. E, sem dúvida, atrocidades profundas foram cometidas em seu nome desde então, incluindo a matança de centenas e milhares de andinos. Embora tivéssemos exemplos ocasionais de seres humanos proeminentes, como Gandhi ou Martin Luther King Jr., parecia que nós, humanos, ainda não tínhamos nos refinado o bastante para chegarmos perto do nível de um Buda ou um Jesus Cristo.

Como iríamos "crescer" como sociedade, como raça? Fiquei obcecada com essa pergunta. Parecia-me que tínhamos tanto ainda a percorrer, para superar o nível de medo e o desejo concomitante de dominar o grau três. Tínhamos de nos reconciliar com nossos mais profundos temores. Todas as tentativas de evolução que vi nos Estados Unidos, fosse o movimento da Nova Era, ou o movimento da psicologia, nunca produziram ninguém que de fato tenha ido além do grau três. O poder sempre parecia se tornar dominação em vez de afinação harmoniosa.

Parecia-me que este seria o verdadeiro grande desafio de nossa época. Nenhuma cultura ou sociedade até agora foi capaz de transcender o grau três coletivamente. Em nossa cultura somos fascinados pelos opostos e ainda assim não podemos reconciliá-los. Aqui, nos Andes, os homens e as mulheres eram diferentes, no entanto complementares. O conceito inca de *yanantin*, ou seja, reunir opostos como complementos com cada um retendo suas qualidades inerentes, era um conhecimento de que precisávamos urgentemente. O ideal inca de três estágios de relacionamento amadurecendo-se no *taqe* era algo fenomenal. A cultura inca parecia ter muito daquilo de que carece a cultura moderna, no entanto eu sabia que eles não tinham tudo também. Cada cultura tinha de compartilhar seu conhecimento, seu pedaço do quebra-cabeça humano, assim como a profecia falava.

— Não podemos controlar a profecia, temos de nos deixar levar por ela — disse Juan para quebrar o denso silêncio do grupo, emudecido com a possibilidade e o desafio que lhes estava sendo apresentados.

— Existe um tremendo poder se acumulando, mas é uma onda que temos de saber pegar. Creio que de onde vocês vêm, a Califórnia, dá para entender isso muito bem. Sua cultura de surfe deve saber algo sobre o poder da natureza. Um surfista não pode tentar controlar o poder da onda. Se tentar fazer isso, seguramente vai cair. Mas pode se dar muito bem se tiver a força e agilidade de ficar no topo da onda enquanto ela está se quebrando. Neste trabalho, alguém que tenha o ego rígido ou centralizado em si mesmo seguramente vai ser engolido pela onda. Somente aqueles com o ego muito ágil serão capazes de ficar na onda da profecia, enquanto ela continua se quebrando.

Eduardo anunciou que nosso ônibus amarelo, por fim, estava curado e pronto para nos levar de volta. Amontoamo-nos ali dentro e partimos pela estrada de terra em direção a Cuzco. O grupo continuava em silêncio, ponderando, digerindo. No dia seguinte estaríamos voando de volta aos Estados Unidos. Nossa grande iniciação estava completa. Juan nos lembrava sempre: "*Iniciação* quer dizer *começo*." Agora estávamos preparados para começar o trabalho.

Só conseguia sonhar com o que vinha pela frente. Tinha tanto mais para fazer. Havia os doze grupos de doze que tínhamos de reunir. Já tinha bastante experiência com grupos e com os problemas humanos que envolviam obrigações para saber que não seria fácil. Havia todos aqueles festivais a que ainda não tinha ido, os lugares da profecia, as muitas lições do grau quatro, em que mal acabara de embarcar. Sonhava em participar do Festival Q'ollorit'i e um dia ir a Q'eros para me encontrar com Dom Manuel Q'espi, o mestre mais velho de Juan que ainda vivia. Os muitos quilômetros de peregrinação que permaneciam diante de meus pés. Bem dentro do coração guardei então um desejo, um desejo profundo para mim e toda a humanidade: que vivêssemos para ver o retorno do inca, que iríamos trabalhar juntos incessantemente para criar as condições para a vinda de um mundo melhor. Uma coisa que sabia era que agora e para o resto de minha vida, para o bem de meus filhos e os filhos de meus filhos, usaria todo o poder de meu coração, mente e corpo para trabalhar em prol desse milagre. Porque tinha provado a doçura desse sonho e nada menos iria me satisfazer.

Posfácio:

O Mito de Inkari

Este é o mito da Criação, de acordo com o povo Q'ero. Foi coletado em 1955, por Oscar Nuñez del Prado, o pai de Juan Nuñez del Prado, e conta sobre o começo do império inca e a expectativa do retorno do inca.

Durante a época em que o Sol não existia, vivia um povo na Terra cujo poder era tão grande, que podia fazer as pedras caminharem ou converter montanhas em pradarias com um simples despacho de sua lança. A Lua irradiava seu mundo-sombrio, iluminando debilmente as atividades das pessoas conhecidas como nyauwpa machu *— os anciãos.*

Certo dia o Roal, o supremo espírito criador e chefe dos apus *(espíritos das montanhas), perguntou aos* nyauwpa machu *se gostariam que ele lhes legasse parte de seu poder. Cheios de arrogância, eles responderam que já tinham poder e não precisavam de mais. Irritado por esta resposta, o Roal criou o Sol e ordenou que brilhasse no mundo. Terrificados e quase cegos pelo brilho do corpo celestial, eles buscaram refúgio em pequenas casas, a maioria das quais tinha suas portas voltadas para o nascente. O calor do sol os desidratou, fazendo com que seus músculos aos poucos se tornassem nada mais do que carne seca, presa aos ossos. No entanto, eles não morreram e então viraram os* soq'as *(espíritos perigosos), que saem algumas tardes durante o anoitecer, ou na noite de lua nova.*

A Terra ficou inativa e os espíritos das montanhas decidiram forjar novos seres. Eles criaram Inkari e Qoyari, um homem e uma mu-

lher com pleno conhecimento.* *Eles deram a Inkari um bastão de ouro e a Qoyari uma varinha, como símbolos de poder e zelo. Inkari recebeu a ordem de fundar uma cidade no local onde seu bastão de ouro cravasse na terra, em pé. Ele tentou o primeiro arremesso, mas o bastão apenas caiu no chão. Na segunda tentativa, o bastão entrou na terra em um ângulo oblíquo, entre montanhas negras e as margens de um rio. Apesar de o bastão ter caído em perpendicular, Inkari decidiu fundar a cidade ali mesmo, chamada Q'eros. As condições não eram muito propícias e por isso achou conveniente construir sua capital ali próximo, na mesma região, começando a trabalhar pesado nas atuais ruínas de Tampu. Cansado desse trabalho sujo e cansativo, Inkari desejou se banhar, mas o frio era muito intenso. Por isso, ele decidiu trazer as águas termais de Upis, construindo ali os banhos que ainda hoje existem.*

Inkari construiu sua cidade apesar da orientação diferente dada pelos apus, *o que fez com que esses, para fazê-lo compreender seu erro, permitissem que os* nyauwpa machu, *que observavam Inkari cheios de inveja e rancor, tomassem nova vida. O primeiro desejo dos* nyauwpa machu *foi exterminar o filho dos espíritos das montanhas e, para isso, pegaram gigantescos blocos de pedra e os fizeram rolar pela encosta na direção de onde Inkari estava trabalhando. Amedrontado, Inkari fugiu para a direção do lago Titicaca, onde a tranqüilidade do local permitiu que meditasse. Ele voltou uma vez mais em direção ao rio Willkañust'a. Divertiu-se primeiro nos picos de La Raya e de lá lançou seu bastão de ouro pela terceira vez, e este caiu direto em um fértil vale. Ali ele fundou a cidade de Cuzco, onde viveu por muito tempo. Q'eros não podia ficar esquecida, e por isso Inkari mandou seu primogênito ir lá para povoar a cidade. Seus outros descendentes foram mandados para vários locais onde fizeram surgir as linhagens reais dos incas.*

Tendo completado seu trabalho, Inkari decidiu partir novamente na companhia de Qoyari, para ensinar seu conhecimento ao povo. Passando novamente por Q'eros, ele desapareceu na floresta, mas não sem antes deixar a pista de suas pegadas, que ainda podem ser vistas nas ruínas de Mujurumi e Inkaq Yupin, até o dia em que o inca retornar.

---

*Inkari é uma combinação da palavra quíchua *inka*, que quer dizer "governante", com a palavra espanhola para "rei", *rey: Inka-Rey*. Qoyari é uma mistura de *qoya*, que significa "rainha", e *rey* do espanhol.

A autora

Elizabeth B. Jenkins reside em São Francisco (EUA). Atua divulgando sua experiência espiritual em palestras e seminários. Em 1997 veio ao Brasil para participar do International Transpersonal Association, uma conferência internacional sobre as atividades transpessoais. Jenkins foi a fundadora e atualmente dirige a Wiraqocha Foundation for the Preservation of Indigenous Wisdom, uma entidade para a preservação da sabedoria indígena. A autora também é colaboradora da revista *Shaman's Drum*.

Para contatos via e-mail: elizabeth@inka-online.com

O site de Elizabeth B. Jenkins disponível para visitas é www.inka-online.com

Este livro foi composto na tipologia Agaramond
em corpo 11/14, impresso em papel
Offset 75g/m² no Sistema Cameron da
Divisão Gráfica da Distribuidora Record.

Seja um Leitor Preferencial Record
e receba informações sobre nossos lançamentos.
Escreva para
**RP Record
Caixa Postal 23.052
Rio de Janeiro, RJ – CEP 20922-970**
dando seu nome e endereço
e tenha acesso a nossas ofertas especiais.

Válido somente no Brasil.

Ou visite a nossa *home page*:
http://www.record.com.br